RÉSUMÉ CHRONOLOGIQUE DE LA VIE D'ÉMILE ERCKMANN ET D'ALEXANDRE CHATRIAN

1822 — Naissance à Phalsbourg, le 20 mai, d'Émile Erckmann, fils de Philippe Erckmann, relieur et papetier, et de Juliana Weiss. C'est le benjamin d'une famille de cinq enfants, comprenant également : Jules (1809), Philippine (1813), Julie (1815), Charles (1816). Le petit Émile se présente comme « un gros garçon joufflu, très désireux de vivre et prenant avidement le sein » (lettre d'Émile à son neveu Alfred, du 10 mai 1895).

1826 — Naissance au Grand-Soldat, commune d'Abreschviller, d'Alexandre Chatrian, le 18 décembre. C'est le deuxième fils de Jean-Baptiste Chatrian et de Marie-Anne Rastignat, propriétaires d'une verrerie en pleine décadence. Jean-Baptiste Chatrian, pour subvenir aux besoins de sa famille, se livre à des activités de contrebande. Mais la découverte de ces activités amène la ruine de la verrerie du Grand-Soldat qui fera faillite le 1er mai 1843. Cet événement marquera profondément Alexandre Chatrian.

1826-1829 — Émile Erckmann grandit sous l'influence de plusieurs adultes. Le soir, il retrouve ses parents qui tiennent une épicerie-mercerie, complétée d'un cabinet de lecture. Le jeune enfant, lorsqu'il se trouve dans le magasin, observe avec intérêt tous les passants. L'écrivain jugera toutes ces observations fructueuses. Pendant la journée, Émile est élevé par des amis de ses parents : le capitaine Florentin, ancien des armées napoléoniennes, et son épouse. Le jeune enfant est alimenté de récits militaires par Florentin. En outre, Émile effectue certains séjours chez son grand-père, à Petite-Pierre : il est très sensible à la beauté de cette région des Vosges et ces séjours sont de véritables vacances. Mais le grand-père meurt en 1828 et le capitaine Florentin en 1829.

1830-1832 — Lors des événements qui provoquèrent la chute de Charles X et l'avènement de Louis-Philippe, la ville de Phalsbourg fut isolée du monde pendant trois jours, chaque parti se croyant vainqueur. Émile Erckmann fréquente l'école du père Vassereau. Il en a gardé un souvenir d'odeurs d'encre, de renfermé et de crasse, qu'il a évoqué dans l'*Histoire d'un homme du peuple*. Le jeune Charles, Gratien, Louis, Alexandre Chatrian a surtout été élevé par un oncle, le capitaine Bertholin, ancien officier des armées napoléoniennes. Après sa première communion, le jeune Alexandre suit des études aux frais d'un oncle, Nicolas Rastignat. Toute sa vie, il restera marqué par le souvenir de cette période de gêne, par des malheurs qu'il ressent comme une injustice. Il évoquera régulièrement la prospérité des « gentilshommes verriers » d'autrefois, et le souvenir d'une grand-mère, dame d'honneur à la cour du roi Stanislas, à Lunéville.

1832 — Le 26 juillet, mort de Juliana Erckmann, la mère d'Émile. Le père se voit contraint par certains de ses enfants d'opérer un partage des biens. Il ne conserve plus que le cabinet de lecture. Émile est envoyé au collège, parce que sa présence gêne Julie et son époux, Hyppolite Weissé, qui ont repris l'épicerie.

1833-1840 — **L'internat au collège - Les années maudites.** Interne au collège de Phalsbourg, Émile Erckmann souffre profondément de l'isolement. Il en conservera un souvenir amer et de la rancœur. « On ne devait pas m'enfermer sept ans dans un misérable collège où j'ai souffert toutes les humiliations et toutes les privations d'un enfant abandonné. » Émile tire peu de profit de ses études. C'est seulement vers la fin de son séjour qu'il rencontre un professeur qui jouera un rôle important dans ses orientations littéraires : M. Perrot.

1841 — Baccalauréat, à Nancy.

ISBN 2-03-870405-1

1841-1842 — Émile Erckmann a une chambre dans une maison de Phalsbourg. C'est, pour lui, une année de détente, pendant laquelle il a des relations suivies avec son père, participe à des conversations nombreuses sur la période napoléonienne avec des amis de Philippe Erckmann. En outre, il complète ses lectures, et participe au concours littéraire de l'académie de Metz avec son maître Perrot.

1842 — Émile Erckmann débarque à Paris, en octobre, pour y suivre des études de droit. « J'aurais pu me blottir comme tant d'autres dans le nid paternel et devenir le coq du village, mais j'avais trop d'amour-propre pour cela » (lettre à Alfred du 30 novembre 1888). Mais il n'aime pas la ville de Paris, qu'il trouve froide, inhumaine, humide. L'étudiant Erckmann suit avec plus de passion les cours de Michelet et de Quinet que les cours de droit, ce qui finit par amener un échec à l'examen de juillet 1845. Les lettres adressées ultérieurement à son neveu Alfred par Émile Erckmann révèlent d'ailleurs un manque d'intérêt pour le droit et une attirance pour la littérature et la philosophie.

1845 — De retour à Paris, à la fin des vacances, Émile Erckmann tombe gravement malade. Son frère Charles, de passage à Paris, le ramène d'urgence à Phalsbourg, où l'on diagnostique une typhoïde. D'où un nouveau séjour à Phalsbourg. Durant cette période, Émile commence à écrire : deux drames, *l'Inquisition* et *le Juif de Strasbourg ;* une tragi-comédie, *Shinderhannes ;* deux comédies, *la Soirée à Weimar* et *la Décentralisation littéraire.*

Alexandre Chatrian, qui se croit marqué pour de hautes destinées, doit songer à gagner sa vie. Il rejoint ses frères à la verrerie de Val Saint-Lambert, en Belgique. Son instruction et son sérieux l'amènent à une place de comptable et de contremaître. Mais, un jour, il s'emporte et frappe un ouvrier. Assailli par les camarades de l'ouvrier, il manque de peu d'être jeté dans la Meuse. Il doit donc quitter cet emploi.

1847 — Alexandre Chatrian revient en France, comme maître d'études au collège de Phalsbourg, en mars 1847. Il a l'intention de faire carrière à l'Université, en se présentant au brevet supérieur, puis au baccalauréat (sur les conseils de M. Perrot).

Au printemps de cette année, Émile Erckmann reçoit une lettre en vers d'un inconnu. M. Perrot lui apprend qu'il s'agit de Chatrian. Au cours de l'été, **Émile Erckmann** et **Alexandre Chatrian ont des rencontres quotidiennes.** Ils sont très dissemblables, physiquement ; en outre, Émile Erckmann possède une aisance financière qu'Alexandre Chatrian ne connaît pas. Mais ce sont deux hommes jeunes, isolés, dont l'enfance a été bercée par les histoires de l'Empire et de la Révolution. Les deux amis aiment la littérature et ont l'intention d'arriver à la gloire par elle. Émile Erckmann va passer trois jours au Grand-Soldat avec son nouvel ami.

1848 — Émile Erckmann est de retour à Paris ; il dit avoir pris part à la révolution de 1848 comme combattant, mais son père l'a rapidement fait revenir à Phalsbourg. Émile Erckmann et Alexandre Chatrian ont l'intention de fonder un club républicain à Phalsbourg, mais c'est un échec. En juillet, première œuvre commune : *Georges ou le Chasseur des ruines*, imprimerie de P. Tresnel. Cette pièce, jugée trop audacieuse, ne peut être montée à Paris. Néanmoins, les deux amis ont décidé d'effectuer une carrière littéraire.

1849 — Erckmann-Chatrian publient des contes en feuilleton, dans *le Démocrate du Rhin : Malédiction* et *Vin rouge, vin blanc*. Ils passent ensemble les grandes vacances.

1850 — *Science et Génie*, drame en 10 tableaux. En août, Alexandre Chatrian part pour Paris ; ensemble ils écrivent des vaudevilles, qui n'ont pas été conservés, et tentent de se faire connaître dans l'ombre de Michel Carmé, homme de lettres, qui connaissait alors une certaine notoriété. Les tâches sont ainsi réparties : Alexandre Chatrian intrigue à Paris, tandis qu'Émile Erckmann écrit et finance. Mais des discussions apparaissent à ce sujet ; Chatrian juge nécessaire de prendre un emploi à l'administration des Chemins de fer.

1851-1858 — La période terne. Erckmann, contrairement à Chatrian, ne croit pas aux succès théâtraux ; il commence à composer le *Docteur Mathéus*. Les rapports entre les deux hommes se relâchent entre le début de 1852 et juin 1853, mais une lettre du 19 juin adressée parChatrian à ses frères affirme : « Je suis avec Erckmann comme par le passé, c'est-à-dire que nous ne sommes qu'un... »

1856 — Erckmann fait des démarches infructueuses pour faire éditer *Mathéus*. Mais, en juin, un de leurs contes est publié par *l'Artiste (le Bourgmestre en bouteille)*. De plus la *Revue de Paris* accepte *l'Illustre Docteur Mathéus*.

1858 — Mort du père d'Émile Erckmann. Sa famille pousse Erckmann à devenir notaire, mais il préfère regagner Paris et poursuivre ses tentatives littéraires, d'autant que Chatrian lui annonce la publication de plusieurs de leurs contes dans des journaux *(le Moniteur* et *le Constitutionnel)*.

Le rôle de Chatrian, pendant cette période, comme par la suite, est à la fois de négocier la publication des œuvres et de stimuler l'écriture de son ami, voire de l'orienter.

1859 — C'est l'année des contes. Bientôt Chatrian juge qu'il en possède assez pour constituer un volume qui s'intitulera : *les Contes de la montagne*. Puis Chatrian parvient à faire paraître chez Hachette les *Contes fantastiques*. Il entre en **relation avec Hetzel.** Le 19 juillet, premier envoi d'argent de Chatrian à Erckmann : un billet de 100 francs.

1859-1862 — Chatrian pousse désormais Erckmann à écrire des romans, parce que les volumes de contes, à son avis, n'ont pas la faveur du public, parce que le fantastique ne connaît qu'un succès de surface en France. En particulier, les deux amis pensent à un sujet qui leur est cher : la défense des Vosges par Nicolas Wolff et ses partisans en 1814 ; d'où *l'Invasion ou le fou Yégof*, édité en volume par Hetzel, le 1er janvier 1862.

1862-1865 — C'est une période féconde, marquée par de grands succès avec *Madame Thérèse* (1863), *l'Ami Fritz* (1864), ***Histoire d'un conscrit de 1813* (1864),** *Waterloo* (1865)...

1867 — **La consécration** est marquée par la publication chez Hetzel des *Romans nationaux*. *Le Blocus* figure dans cette série et forme avec *l'Historie d'un conscrit de 1813* et *Waterloo* une trilogie. Il est à noter que Chatrian avait insisté pour qu'Erckmann écrive des romans militaires. Désormais, Erckmann veut agiter des idées. Son *Histoire de la Révolution française racontée par un paysan* paraît dans *La Presse*, à partir du 7 octobre 1867, pour la 1re partie. Mais la censure gouvernementale s'exerce et il n'y aura pas de 2e partie publiée.

1868 — Triomphe sur la scène du *Juif polonais*, qui surprend d'ailleurs Erckmann-Chatrian. En octobre, Chatrian vend à Hetzel la totalité de l'œuvre commune parue à cette date pour la somme de 120 000 francs.

C'est la réussite et l'aisance financière pour Erckmann-Chatrian, qui connaissent des tirages très importants, dépassés seulement par Zola.

1870 — Un projet de roman (« Le maître d'école ») est brûlé sans être publié, car il n'a pas fourni ce que les auteurs attendaient. La guerre franco-prussienne est considérée par Erckmann comme une querelle de chefs, et par Chatrian comme funeste, une faille se crée entre les deux hommes. Le 9 décembre 1870, Phalsbourg ouvre ses portes. Erckmann y retourne. Il est candidat, sans succès, à l'élection du 8 février 1871.

1870-1885 — À Erckmann et à Chatrian, la possession de l'Alsace et de la Lorraine par les Allemands semble provisoire et précaire. Pour eux, la population demeure française de cœur et d'esprit. Ils écrivent encore des romans de terroir, mais on relève désormais un changement de ton dans leur œuvre. Leurs héros sont désormais des persécutés ou des proscrits. Notons : *les Deux Frères* (1873) ; *Maître Gaspard Fix* (1875) ;

Contes et Romans alsaciens (1876) ; *Contes vosgiens* (1877) ; *le Grand-Père Lebigre* (1880) ; *le Banni* (1882) ; etc.

1889 — Malgré cette production abondante, les deux hommes en viennent à se quereller. La brouille est définitive en 1889, pour des raisons qui n'ont pas toutes été élucidées. Il semble que des divergences politiques soient intervenues, mais il n'est pas certain que des rancunes anciennes (datant de 1850) ne soient pas intervenues pour Erckmann. Les témoignages objectifs manquent.

1890 — Mort de Chatrian à Villemomble.

1895 — Erckmann publie quelques ouvrages : *Alsaciens et Vosgiens d'autrefois ; Fables alsaciennes et vosgiennes* (1895). Il est également tenté d'écrire une autobiographie, qu'il ébauche à travers la correspondance adressée à son neveu Alfred.

1899 — Mort d'Émile Erckmann à Lunéville.

ÉMILE ERCKMANN (À GAUCHE) ET ALEXANDRE CHATRIAN.

Phot. P. Petit

ÉMILE ERCKMANN, ALEXANDRE CHATRIAN ET LEUR TEMPS

	la vie et l'œuvre d'Émile Erckmann et d'Alexandre Chatrian	le mouvement intellectuel et artistique	les événements politiques
1822	Naissance d'Émile Erckmann à Phalsbourg (20 mai).	Hugo : *Odes.*	Règne de Louis XVIII ; ministère Villèle auquel s'opposent les conspirations carbonaristes. La France est encore tenue à l'écart des décisions européennes.
1826	Naissance d'Alexandre Chatrian au Grand-Soldat, commune d'Abreschviller (18 décembre).	Hugo : *Bug-Jargal.* Vigny : *Cinq-Mars.*	Sièges de Missolonghi et d'Athènes par les Turcs.
1832	Émile Erckmann interne au collège de Phalsbourg.	Musset : *Un spectacle dans un fauteuil.* Vigny : *Stello.* Mort de Gœthe, W. Scott, Cuvier.	Insurrection républicaine aux funérailles du général Lamarque. L'armée de Méhémet-Ali victorieuse des Turcs à Konya.
1841	Émile Erckmann passe son baccalauréat à Nancy. Il participe au concours littéraire de l'académie de Metz.	Adolphe Adam : *Giselle.*	Traité des Détroits. Des complots bonapartistes se développent.
1842	Émile Erckmann étudiant en droit à Paris.	E. Sue : *les Mystères de Paris.* Balzac : *Un début dans la vie.* Aloysius Bertrand : *Gaspard de la nuit.*	Ministère Guizot (formé depuis 1840). Protectorat français à Tahiti.
1845	Débuts littéraires d'Émile Erckmann. Alexandre Chatrian travaille à la verrerie de ses frères à Val Saint-Lambert, en Belgique.	Mérimée : *Carmen.*	
1847	Rencontre d'Émile Erckmann et d'Alexandre Chatrian à Phalsbourg.	J. Michelet : *Histoire de la Révolution.* A. de Musset : *Un caprice.*	Campagne des banquets.

1848	Première œuvre commune : *Georges ou le Chasseur des ruines.*	Dumas fils : *la Dame aux camélias.* Mort de Chateaubriand. Publication des *Mémoires d'outre-tombe.*	Révolution de février. Mouvements libéraux et nationaux en Italie et en Allemagne.
1849	Publication dans *le Démocrate du Rhin* de contes en feuilleton : *Malédiction ; Vin rouge, vin blanc.*	G. Sand : *la Petite Fadette.*	Triomphe des orléanistes à l'élection de l'Assemblée législative.
1850	*Science et Génie,* drame en 10 tableaux.	Naissance de Guy de Maupassant. Mort de Balzac.	Loi Falloux : abolition du monopole scolaire de l'Université, renforcement du contrôle de l'enseignement par le clergé, réduction du suffrage universel, diminution de la liberté de la presse.
1851	Erckmann compose *l'Illustre Docteur Mathéus.*	H. Murger : *le Pays latin.* Fuite de Victor Hugo. Ruskin : *les Pierres de Venise.*	Coup d'État de Louis Napoléon Bonaparte.
1856	*Le Bourgmestre en bouteille* (conte). La *Revue de Paris* accepte *l'Illustre Docteur Mathéus.*	Taine : *Essai sur Tite-Live.* Flaubert : *Madame Bovary.* Lamartine : *Cours familier de littérature.*	Congrès et traité de Paris. Expédition de Burton et Speke aux grands lacs africains.
1858	Plusieurs contes d'Erckmann-Chatrian paraissent dans *le Moniteur* et *le Constitutionnel.*	A. Dumas fils : *le Fils naturel.* Wagner : *Siegfried.*	Attentat d'Orsini (janvier).
1859	*Contes fantastiques.*	Baudelaire : *Salon de 1859.* Wagner : *Tristan et Isolde.* Gounod : *Faust.* Darwin : *De l'origine des espèces.*	Amnistie accordée par Napoléon III aux condamnés politiques. Percement de l'isthme de Suez.
1862	*L'Invasion ou le Fou Yégof.*	Hugo : *les Misérables.* Flaubert : *Salammbô.* Baudelaire : *21 Petits Poèmes en prose.* Leconte de Lisle : *Poèmes barbares.*	Début de l'expédition au Mexique qui va durer jusqu'en 1867 et se révéler désastreuse. Tentative de Garibaldi contre Rome. Bismarck Premier ministre.
1863	*Madame Thérèse.*	E. Fromentin : *Dominique.* E. Renan : *Vie de Jésus.*	Progrès de l'opposition aux élections législatives. Protectorat français sur le Cambodge. Guerre du Mexique.

1864	*L'Ami Fritz. Histoire d'un conscrit de 1813.*	Hugo : *William Shakespeare.* Vigny : *les Destinées* (posthume). Fustel de Coulanges : *la Cité antique.* Meilhac et Halévy : *la Belle Hélène* (musique d'Offenbach).	Guerre austro-prussienne contre le Danemark. Fondation de l'Internationale. Création du Comité des forges.
1865	*Waterloo.*	Hugo : *Chansons des rues et des bois.* Cl. Bernard : *Introduction à la médecine expérimentale.* Loi de Mendel.	Abolition de l'esclavage aux États-Unis. Union télégraphique internationale.
1867	*Romans nationaux. Histoire de la Révolution française racontée par un paysan* (1re partie).	Zola : *Thérèse Raquin.* Gounod : *Roméo et Juliette.* Marx : *le Capital.*	Concessions libérales de Napoléon III. Exposition internationale à Paris.
1868	Triomphe sur scène du *Juif polonais.*	Daudet : *le Petit Chose.*	Loi sur la presse et sur la liberté de réunions.
1873	*Les Deux Frères.*	Renan : *l'Antéchrist.* Zola : *le Ventre de Paris.* Cézanne : *la Maison du pendu.*	Offensive des forces conservatrices qui mènent à l'élection de Mac-Mahon à la présidence de la République.
1875	*Maître Gaspard Fix.*	Zola : *la Faute de l'abbé Mouret.* Fustel de Coulanges : *Histoire des institutions politiques de l'ancienne France.*	Lois constitutionnelles sur les pouvoirs publics. Menace de guerre franco-allemande.
1876	*Contes et Romans alsaciens.*	Hugo : *Actes et paroles III.* Mallarmé : *l'Après-Midi d'un faune.* Renoir : *le Moulin de la Galette.*	Victoire des républicains à la Chambre.
1877	*Contes vosgiens.*	Hugo : *la Légende des siècles (2e série), l'Art d'être grand-père, Histoire d'un crime.* Flaubert : *Trois Contes.* Zola : *l'Assommoir.* Wagner : *Parsifal.*	Crise du 16 mai : Mac-Mahon renvoie le ministère Jules Simon.

1880	*Le Grand-Père Lebigre.*	Recueil des *Soirées de Médan*. Mort de Gustave Flaubert. Dostoïevski : *les Frères Karamazov.* Invention de la lampe à incandescence par Edison.	Premier ministère Jules Ferry. Le 14 juillet devient fête nationale. Loi d'amnistie ; retour des anciens communards. Décrets sur l'expulsion des jésuites.
1882	*Le Banni.*	Hugo : *Torquemada.* Maupassant : *Mademoiselle Fifi.* Koch découvre le bacille de la tuberculose. Début des cours de Charcot à la Salpêtrière.	Loi organisant l'enseignement primaire : scolarisation obligatoire. Constitution de la Triple-Alliance (Allemagne-Autriche-Italie).
1889	Rupture, due à des divergences politiques, entre Émile Erckmann et Alexandre Chatrian.	Maupassant : *la Main gauche* (contes), *Fort comme la mort* (roman). M. Maeterlinck : *la Princesse Maleine.* D'Annunzio : *l'Enfant de volupté.* H. Bergson : *Essai sur les données immédiates de la conscience.*	Fin de l'agitation boulangiste ; élections favorables aux républicains. Exposition universelle de Paris (tour Eiffel).
1890	Mort d'Alexandre Chatrian à Villemomble.	Maupassant : *la Vie errante, l'Inutile Beauté, Notre cœur.* Renan : *l'Avenir de la science.* Fondation du théâtre d'art par P. Fort. W. James : *Principes de psychologie.*	Première manifestation du Ier mai.
1895	Émile Erckmann publie *Alsaciens et Vosgiens d'autrefois. Fables alsaciennes et vosgiennes.*	J. Verne : *l'Île à hélice.* E. Rostand : *la Princesse lointaine.*	L'affaire Dreyfus (1894-1899) a pour conséquence le développement d'une agitation antisémite et nationaliste à laquelle répond le « Bloc des gauches ».
1899	Mort d'Émile Erckmann à Lunéville.	Tchekhov : *la Dame au petit chien.* Moréas : *Stances.*	Ministère Waldeck-Rousseau (jusqu'en 1902).

BIBLIOGRAPHIE SOMMAIRE

ÉDITIONS DES ŒUVRES D'ERCKMANN-CHATRIAN

Contes et romans nationaux et populaires (12 vol., Pauvert, 1963, illustrations de Fuchs et Schuler).

Romans nationaux (t. 1 et 2, livre Club Diderot, « Filigrane », 1973).

ÉTUDES

Émile Hinzelin — *Erckmann-Chatrian* (Ferenczi, 1922).

L. Schoumacker — *Erckamnn-Chatrian, étude bibliographique et critique* (thèse, les Belles-Lettres, 1933).

Trois articles parus dans « le Monde des livres » du 16-08-69 :

Gilbert Comte — « Hussards des temps obscurs ».

Paul Morelle — « Les Frères siamois ».

J.-J. Pauvert — « Le western comme genre littéraire ».

ÉTUDES GÉNÉRALES

Sur la littérature enfantine :

Isabelle Jan — *la Littérature enfantine* (« Enfance heureuse », Éditions ouvrières, 1969).

Marc Soriano — *Guide de la littérature pour la jeunesse* (Flammarion, 1974).

DOCUMENTATION HISTORIQUE

René Rémond — *Introduction à l'histoire de notre temps*, t. 1 : *l'Ancien Régime et la Révolution*, (« Points », le Seuil, 1974).

Jean Tuliard — *la Vie quotidienne des Français sous Napoléon* (Hachette, 1978).

Georges Blond — *la Grande Armée : 1804-1815* (Laffont, 1979).

Frédéric Bluche — *le Bonapartisme* (« Que sais-je ? », n° 1980, P.U.F., 1981).

Jacques Boudet — *l'Histoire de France par l'image*, vol. 2 : *De Louis XIV à la Révolution de 1848* (Bordas, 1982).

HISTOIRE D'UN CONSCRIT DE 1813

1864

NOTICE

■ *L'histoire littéraire connaît de curieux silences. Elle ignore parfois ceux que le public a pourtant consacrés. Il faut chercher longuement avant de découvrir quelque article ou quelque ouvrage qui traite de ces auteurs méconnus. Que penser de tels oublis ? Il est permis de s'interroger sur le sort réservé à l'œuvre d'Erckmann et Chatrian. On cite encore* l'Ami Fritz *mais on parle bien peu des autres ouvrages. Pourtant les productions d'Erckmann-Chatrian ont obtenu les plus forts tirages après celles de Zola. Roosevelt pouvait en réciter des pages entières.* Madame Thérèse *et* Histoire d'un conscrit de 1813 *furent salués comme des chefs-d'œuvre par Lamartine et Zola. Combien de critiques contemporains les mentionnent ? Il est temps qu'un nouveau et vaste public les lise. Nous avons choisi de proposer une édition de l'*Histoire d'un conscrit de 1813 *pour plusieurs raisons. Parce qu'il s'agit d'une œuvre de circonstance, dans l'acception pleine du terme : 1813 est une année importante de notre histoire, et le « roman national » d'Erckmann-Chatrian ouvre un débat intéressant. Le lecteur y trouvera la vie du peuple et une sévère critique du mythe napoléonien. Mais l'*Histoire d'un conscrit de 1813 *ne se limite pas à être un plaidoyer contre la guerre, c'est un univers qui possède ses propres richesses, un monde qui impose au lecteur son foisonnement, une fresque qui mérite un examen attentif.*

UN ROMAN HISTORIQUE

Qui ouvre l'*Histoire d'un conscrit de 1813* peut d'abord lire un roman historique : l'apprenti horloger Joseph Bertha subit la conscription, participe à plusieurs grandes batailles, est confronté au renouveau du nationalisme allemand, résiste aux effets du mythe napoléonien. Le parcours historique annoncé par le titre est bien effectué. Le « roman national » est en quelque sorte la chronique d'un enfant du peuple : le tirage au sort a lieu le 15 janvier 1813, le départ se produit le 25 janvier, tous les événements de la vie des soldats sont soigneusement datés. En outre la vie du conscrit est racontée avec un grand luxe de détails. L'aspect de chronique est manifeste.

Il faut même parler d'une œuvre véritablement historique : toutes les informations données par Erckmann-Chatrian sont si nombreuses et si précises qu'elles ont servi de références à certains historiens de notre époque[1]. Émile Erckmann disposait de sources authentiques. Il a pu consulter le carnet de route du capitaine Vidal, l'oncle maternel d'Hyppolite Weissé, son beau-frère. Ce capitaine avait participé aux campagnes du 6e léger, le régiment où Joseph est enrôlé. En outre, Émile Erckmann avait, au cours de son enfance et surtout en 1841-1842, entendu de nombreux témoignages apportés par les amis de son père, des anciens combattants des armées de la Révolution et de l'Empire. Ces sources ont certainement contribué à donner à l'œuvre ces accents de « vérité vraie des sentiments et des situations » que célébrait Lamartine. Contribution mais non explication.

Une autre source a été proposée : *l'Histoire du Consulat et de l'Empire*, de Thiers[2]. Erckmann admirait l'auteur, et Thiers attribue un rôle important à la division Souham, à laquelle appartient le régiment de Joseph Bertha. De plus le récit de la bataille de Lutzen, tel qu'il figure dans l'*Histoire d'un conscrit de 1813* paraît suivre le plan donné par Thiers. L'ouvrage de Thiers a servi de guide, mais le talent d'Émile Erckamnn dépasse largement la description historique : le récit de la contre-attaque de kaya en est la preuve, selon L. Schoumacker. L'examen des sources montre les limites de l'information et la qualité romanesque de l'*Histoire d'un conscrit de 1813*. L'historien ou le témoin recherchent l'authenticité, le romancier poursuit la vie.

De surcroît, l'*Histoire d'un conscrit de 1813* répond au goût de l'époque pour l'histoire. G. Lukács a d'ailleurs souligné l'influence des grands événements de la Révolution française et de l'Empire, qui ont donné aux gens le sentiment de vivre dans l'histoire. L'*Histoire d'un conscrit de 1813* va répondre à cette attente en montrant la vie du peuple en 1813. Le roman historique, lorsqu'il est d'inspiration populaire, constitue la forme achevée du « roman national », ce genre créé par Erckmann et Chatrian. On comprend maintenant leur intention : rechercher, par le biais de la fiction, la vérité d'une époque ; mais la rechercher là où elle peut se trouver, selon leurs convictions, dans le peuple.

Il faut souligner, dans cette perspective, une influence qui a été indiquée par L. Shoumacker, mais qui n'a pas été analysée : l'apport de Michelet. On sait qu'Émile Erckmann, lorsqu'il était étudiant en droit à Paris, de 1843 à 1845, avait suivi assidûment des cours de Michelet. Or ces conférences préparaient l'*Histoire de la Révolution française*, publiée en 1847, où Michelet essaie de démontrer que

---

1. Georges Blond, *la Grande Armée*, Robert Laffont, 1979 ; **2.** L. Schoumacker, *Erckmann-Chatrian, étude biographique et critique*, les Belles-Lettres, 1933.

« le fond essentiel de l'histoire est dans la pensée populaire ». Cette grande idée de Michelet nous paraît bien avoir inspiré les choix du romancier Erckmann. Il nous semble qu'il peut faire sienne cette formule de son maître : « Moi, j'ai pris l'histoire en bas, dans les profondes foules, dans les instincts du peuple... » Si l'on admet cette orientation, le « roman national » reçoit sa pleine valeur : roman historique du peuple pour le peuple. C'est un choix que les républicains Erckmann et Chatrian étaient portés à faire.

L'*Histoire d'un conscrit de 1813* est bien un roman historique d'un genre nouveau, par son cadre, son déroulement, l'intérêt porté aux sentiments populaires. À leur manière Erckmann-Chatrian ont retrouvé l'idéal de Michelet : l'histoire romanesque devient témoignage historique. La vie de Joseph Bertha sert d'exemple à comprendre et à méditer. La fin du roman l'affirme d'ailleurs clairement : « Si des gens raisonnables disent que j'ai bien fait d'écrire ma campagne de 1813, que cela peut éclairer la jeunesse sur les vanités de la gloire militaire, et lui montrer qu'on n'est jamais plus heureux que par la paix, la liberté et le travail, eh bien, alors, je reprendrai la suite de ces événements et je vous raconterai Waterloo ! » Le « roman national » se présente à la fois comme historique et engagé. Puisqu'il se veut un témoignage, il n'est pas étonnant qu'il soit également un roman à la première personne.

UN ROMAN À LA PREMIÈRE PERSONNE

Le témoignage est celui de Joseph Bertha, personnage-narrateur. Il emploie donc la première personne. Si nous reprenons la distinction opérée par Michel Butor entre « romans habituellement écrits à la troisième ou à la première personne », une constatation intéressante apparaît : la fréquence d'utilisation du JE donne à l'*Histoire d'un conscrit de 1813* l'aspect de Mémoires fictifs. À vrai dire, un tel choix n'est pas original en 1864. Les romans de Prévost apparaissent tous comme des Mémoires fictifs écrits par un personnage. La formule était déjà répandue au XVIIIe siècle. Erckman-Chatrian l'ont reprise car elle servait particulièrement leur projet. Ainsi « le foyer visuel passant à l'intérieur du livre et devenant personnage, comme l'a fait remarquer Jean Rousset[3], c'est ce personnage qui rend compte lui-même en son nom des événements et des expériences où il s'est engagé ». N'est-il pas essentiel que le roman du peuple voulu par Erckmann-Chatrian offre un univers vu à travers le regard d'un homme du peuple ? D'autant que « le personnage chargé de la narration se voit doté d'une partie des pouvoirs de l'écrivain ; c'est lui qui écrit et organise le récit... ». Attitude porteuse de conséquences lorsqu'il s'agit d'une vision saisissant les éléments historiques. Il faut déjà exclure

3. Jean Rousset, *Narcisse romancier*, José Corti, 1972.

toute « naïveté » de l'écriture : Joseph Bertha, héros d'une histoire, est peut-être un apprenti horloger, le narrateur Joseph Berta ne saurait être un apprenti écrivain. La formule implique l'entrée du lecteur dans un jeu subtil.

Pour développer ce jeu, Erckmann-Chatrian ne se sont pas contentés d'utiliser la première personne. La rédaction de Mémoires fictifs requiert une perspective temporelle. Comme l'a bien souligné Jean Rousset, « le narrateur regarde son histoire de loin, il en connaît l'issue, il ne se saisit que rétrospectivement ». C'est donc Joseph Bertha devenu un vieillard qui est le personnage-narrateur. Le lecteur le pressent, mais l'annonce n'est faite que progressivement, et d'une manière qui paraît bien avoir été calculée. Le début de l'œuvre indique simplement : « Moi, j'étais en apprentissage, depuis 1804, chez le vieil horloger Melchior Goulden, à Phalsbourg... » Les termes sont ceux qu'aurait pu employer le conscrit, si on l'avait interrogé pendant ses campagnes militaires. Mais lorsque nous lisons : « J'ai su depuis que nous étions alors trois cent mille hommes contre cinq cent vingt mille, et que parmi nos ennemis se trouvaient deux anciens généraux français, Moreau et Bernadotte. Chacun a pu lire cela dans les livres, mais, nous l'ignorions encore... », qui s'exprime alors sinon l'homme d'expérience ? Enfin, les dernières lignes de l'œuvre posent clairement le vieillard Joseph Bertha comme le narrateur. La mise en perspective temporelle est achevée, elle est indispensable pour que le lecteur tire les leçons du roman, mais aussi celles de l'Histoire.

Ces leçons seront d'autant mieux reçues qu'elles reçoivent la caution du « vécu ». Dans cette perspective Émile Erckmann, qui a effectué toute la rédaction, a introduit une habileté supplémentaire : c'est seulement après la rupture avec le milieu protecteur et l'arrivée à la caserne de Francfort qu'apparaît la première prise de recul : « J'écrivais dans notre chambrée, au milieu de mes camarades, et les Phalsbourgeois me faisaient tous ajouter des compliments pour leurs familles. Enfin ce fut encore un bon moment. » Le JE est celui du conscrit, mais le regard est celui du vieillard. Le glissement est nettement indiqué à la veille de la première bataille : « Cette lettre fut une grande consolation pour nous tous... Je la regarde comme un dernier adieu du pays pour la moitié d'entre nous... » Celui qui s'exprime ainsi a effectué l'apprentissage de la vie, il est devenu celui qui sait. Et le « roman national » acquiert une dimension nouvelle.

Cette dimension est pleinement manifestée par les échanges, selon les circonstances, entre le JE, le NOUS et le ON. Trois possibilités différentes de marquer la présence de la première personne, et d'y inclure certaines valeurs, trois possibilités dont Émile Erckmann use avec maîtrise. Deux exemples viendront indiquer une piste qu'il convient d'explorer avec plus de minutie. Constatons que Joseph blessé, seul à côté du vieux sergent mort, déclare : « Je songeais à Dieu... De temps en temps on entendait un mur tomber dans le village, un toit s'affaisser... » Le double emploi de la forme JE puis de la forme ON est révélateur : c'est d'abord l'individualité qui est manifestée, puis l'appartenance à un groupe. Le jeu des pronoms devient plus riche encore dans la description de certains moments de la bataille de Leipzig : « Nous tirions toujours, mais sans espoir [...] Le feu cessa, et nous vîmes, à travers la fumée, quatre escadrons de lanciers passer [...] Ces lanciers étaient des Polonais, les plus terribles soldats que j'aie vus de ma vie, et pour dire les choses comme elles sont, nos amis et nos frères [...] Et nous, qu'est-ce que nous avons fait pour leur malheureux pays ?... » Le paragraphe entier mériterait une analyse détaillée ; notons simplement le JE qui affirme l'authenticité du témoignage, et les deux valeurs du NOUS, qui désigne tantôt Joseph et l'ensemble des soldats français, tantôt l'attitude du peuple français. Usage d'un écrivain maître de son art. Usage qui fait glisser du témoignage à la leçon, de l'expérience à l'apprentissage.

UN ROMAN D'APPRENTISSAGE

La fin de l'ouvrage proclame que Joseph a fait l'apprentissage de la guerre, avant de pouvoir affirmer les bienfaits de la paix et du travail. Dans le cours du récit, le narrateur marque régulièrement les étapes de son évolution. Il est possible de distinguer plusieurs phases. La première est caractérisée par l'égocentrisme et l'esquive. Joseph ne s'intéresse qu'à ce qui le touche ou qu'à ce qu'il peut ramener à lui. Il avoue tranquillement : « Maintenant chacun doit comprendre que toutes ces histoires de guerre m'entraient par une oreille et me sortaient par l'autre. » Le seul problème qui torture Joseph, il le reconnaît : « ce que je voyais de plus clair, c'est que nous allions bientôt avoir une nouvelle conscription, comme après toutes les campagnes, et que cette fois les boiteux pourraient bien en être. Cela me rendait tout pâle... » À ce moment, lorsque débute l'apprentissage de la vie, Joseph ne peut véritablement regarder les autres. Quand il voit les femmes à genoux priant à l'église, il lui faut transposer, ramener le spectacle à lui-même, pour commencer à comprendre : « D'abord je ne compris pas bien cela, mais tout à coup la pensée me vint que, si j'étais parti l'année d'avant, Catherine serait aussi là pour prier et me redemander à Dieu ; cela me traversa le cœur, je sentis tout mon corps grelotter. » Imaginer un danger que l'on ne court pas véritablement, n'est-ce pas une forme de l'esquive ? Celle-ci peut recevoir un aspect matériel et comique : c'est Joseph avalant le contenu d'une bouteille de vinaigre, le matin du conseil de révision, afin de paraître plus pâle et éviter ainsi la conscription. Nous pouvons même dire que la première phase d'apprentissage s'achève lorsque Joseph refuse l'esquive de la désertion, proposée par la tante Grédel, et choisit l'attitude patriotique, prônée par M. Goulden.

Les deux autres phases que l'on peut relever dans l'ouvrage peuvent être mises en parallèle. Elles débutent toutes les deux par un trajet pénible et révélateur, comportent une grande bataille, voient le héros frôler la mort, pour s'achever par un retour au sein d'un milieu protecteur, l'hôpital ou la maison de la tante Grédel. Notons, au passage, que l'hôpital est un milieu faussement protecteur, puisqu'il faut repartir au combat, et la maison de la tante un paradis provisoire, puisque le héros y revient à la vie, mais qu'il annonce son départ à Waterloo. Les deux phases que nous venons d'évoquer sont bâties sur le même modèle, mais comportent des différences fondamentales. Ce n'est pas leur structure, mais le comportement du héros qui provoque la différence. Les réflexions de Joseph soulignent d'ailleurs les différences. Dans la deuxième phase, au cours de la bataille de Lutzen, Joseph participe à la fureur générale : « Et alors, en rechargeant, je vis qu'il y avait du sang et des cheveux au bout de ma baïonnette, ce qui montre que, dans ma fureur, j'avais donné des coups terribles. » Au cours de cette phase, lorsque Joseph est blessé, il ne trouve pas la force d'appeler à l'aide, et fuit dans une forme morbide de rêve. La passivité est la dominante. En regard, la troisième phase montre des comportements en contraste : le héros se refuse à tuer le jeune soldat prussien qu'il a la possibilité d'épargner. Il prend surtout une initiative qui assure le salut de son unité, lorsqu'il révèle le passage à gué et guide la troupe. Enfin, Joseph s'efforce de lutter contre la maladie et trouve les ressources nécessaires pour attirer l'attention de Zimmer qui passe sur la route. On peut dire qu'il a gagné ce second sauvetage. Parallélisme des structures, contraste des attitudes, il y a là un fait significatif.

Le parallélisme des structures appelle un examen plus attentif. Celui-ci révèle la multiplication des éléments binaires à travers l'œuvre. Binarités liées à la structure : Joseph participe à deux grandes batailles, il reçoit deux lettres qui le réconfortent, il assiste à deux passages de l'Empereur sur la route et à deux de ses interventions durant une bataille. On pourrait multiplier les parallélismes dans la construction de l'œuvre. On pourrait aussi relever de nombreux contrastes concernant les objets : à la baïonnette, symbole de mort, s'oppose la lettre, symbole d'amour ; à la lettre où l'amour se déclare on peut opposer la montre, symbole de l'amour rêvé ; en face du bout de corde, talisman dérisoire, le billet et l'argent, éléments de réconfort... Il est peut-être plus important de remarquer le fonctionnement binaire des personnages et des expériences. M. Goulden, la tante remplacent le père et la mère absents. M. Goulden a lui-même un double insuffisant : Zimmer, qui réconforte Joseph, lui sauve la vie, mais tente de lui faire aimer la guerre et l'Empereur. Au vieux Prussien qui vise Joseph mais qui le manque de peu, correspond le jeune Prussien que Joseph rate volontairement. En face de l'Empereur, le chef tyrannique et tout-puissant, on peut placer le capitaine Vidal, l'officier subalterne mais humain. On pourrait compléter cette énumération, elle est déjà éclairante : les personnages ne sont pas envisagés comme des caractères à explorer, mais selon la fonction qu'ils remplissent dans l'apprentissage de Joseph. En ce sens les personnages de l'*Histoire d'un conscrit de 1813* font penser à ceux d'un conte (Joseph Bertha étant mis à part, puisque nous avons relevé certaines évolutions).

Notre analyse doit être complétée par l'examen de certaines symétries, relatives aux expériences qui instruisent les personnages. C'est peut-être la signification qu'il faut accorder aux récits d'apprentissage placés à l'intérieur du roman d'apprentissage. Nous sommes tentés de découvrir une construction « en abîme » à certains moments. Envisageons, par exemple, les deux récits de passions malheureuses effectués par M. Goulden et Zimmer : récits d'apprentissages négatifs en face d'un apprentissage positif, celui de Joseph qui découvre peu à peu la valeur de l'amour de Catherine. De son côté, Zébédé effectue un récit de la défaite de Dresde qui entre en résonance avec celui de la débâcle vécue par Joseph. Enfin, Zimmer rappelle un temps d'harmonie des troupes françaises avec les populations allemandes, ce qui permet, en opposition, de saisir le renouveau du nationalisme allemand. Les récits à l'intérieur du récit nous semblent remplir un rôle intéressant, car ils interviennent pour éclairer des points essentiels de l'apprentissage. Ils jouent, en quelque sorte, le rôle de miroirs grossissants.

L'*Histoire d'un conscrit de 1813* développe donc une conception de l'apprentissage qui l'éloigne d'une initiation, trop passive. Le héros prend conscience de l'existence, cherche à donner, au terme de ses expériences, un sens à sa vie. Certes les valeurs fondamentales n'ont pas changé pour Joseph Bertha, mais elles sont devenues les siennes. Le roman d'Erckmann-Chatrian est bien un roman d'apprentissage, parce qu'il a posé et résolu des problèmes d'existence, non d'une manière abstraite, mais dans un cadre précis, en témoignant d'une espérance.

LE DÉPART DU CONSCRIT. 125

Je suis t'un pauvre conscrit,
De l'an mille huit cent dit; (bis)
Faut quitter le Languedo,
Le Languedo, le Languedo
Oh!
Faut quitter le Languedo,
Avec le sac sur le dos.

Le Maire, et aussi le Préfet,
N'en sont deux jolis cadets; (bis)
Ils nous font tiré z'-au sort,
Tiré z'-au sort, tiré z'-au sort,
Ort;
Ils nous font tiré z'-au sort,
Pour nous conduir' z'à la mort.

Adieu donc chers parents,
N'oubliez pas votre enfant, (bis)
Crivés li de temps en temps,
De temps en temps, de temps en temps,
En;
Crivés li de temps en temps,
Pour lui envoyer de l'argent.

Adieu donc chères beautés,
Dont nos cœurs son'z'enchantés; (bis)
Ne pleurés point not' départ
Not' départ, not' départ
Art;
Ne pleurés point not' départ,
Nous reviendrons to'z'ou tard.

Adieu donc mon tendre cœur,
Vous consolerés ma sœur; (bis)
Vous y dirés que fanfan,
Que fanfan, que fanfan
An;
Vous y dirés que fanfan
Il est mort z'en combattant.

Qui qu'a fait cette chanson,
N'en sont trois jolis garçons; (bis)
Ils étiont faiseux de bas,
Faiseux de bas, faiseux de bas,
Ah;
Ils étiont faiseux de bas,
Et à c't'heure ils sont soldats.

IMAGE D'ÉPINAL (1875) :
le départ du conscrit ayant tiré
un mauvais numéro en 1810 B.N. Estampes.

Phot. L.L.

HISTOIRE D'UN CONSCRIT DE 1813[1]

I

Ceux qui n'ont pas vu la gloire de l'Empereur Napoléon dans les années 1810, 1811 et 1812[2] ne sauront jamais à quel degré de puissance peut monter un homme.

Quand il traversait la Champagne, la Lorraine ou l'Alsace, les gens, au milieu de la moisson ou des vendanges, abandonnaient tout pour courir à sa rencontre ; il en arrivait de huit ou dix lieues ; les femmes, les enfants, les vieillards se précipitaient sur sa route en levant les mains, et criant : *Vive l'Empereur ! vive l'Empereur !* On aurait cru que c'était Dieu ; qu'il faisait respirer le monde, et que si par malheur il mourait, tout serait fini. Quelques anciens de la République qui hochaient la tête et se permettaient de dire, entre deux vins, que l'Empereur pouvait tomber, passaient pour des fous. Cela paraissait contre nature, et même on n'y pensait jamais[3].

Moi, j'étais en apprentissage[4], depuis 1804, chez le vieil horloger Melchior Goulden, à Phalsbourg[5]. Comme je paraissais

---

1. Un conscrit est un homme, généralement jeune, qui a été appelé pour faire son service militaire (se reporter à la Documentation thématique). Le problème de la conscription est un de ceux qui ont provoqué la perte de popularité de Napoléon à la fin de son règne ; **2.** On considère généralement que les années 1804-1807 marquent l'apogée du premier Empire. Le héros de Erckman-Chatrian ne traduit pas le point de vue des historiens, mais l'impression populaire. Il est vrai que l'année 1810 avait vu le mariage de Napoléon avec l'archiduchesse Marie-Louise (2 avril). Cette même année, l'annexion de la Hollande fut réalisée, ainsi que celle du littoral allemand. La France exerçait un blocus contre l'Angleterre. La naissance du roi de Rome eut lieu le 20 mars 1811. L'avenir semblait alors assuré et l'Europe paraissait sous la domination française. En 1812 furent signées une alliance avec la Prusse (23 février) et une avec l'Autriche (14 mars) ; **3.** Napoléon a toujours pris soin d'appuyer son pouvoir sur une légitimité populaire, sur un accord entre le peuple et lui. Il a toujours veillé à la diffusion de cette idée. Ainsi, il avait fait insérer dans *le Moniteur,* en 1808, un article anonyme dans lequel l'Empereur était présenté comme « premier représentant » de la nation. On peut dire, en 1813, que ce soutien populaire existe encore ; **4.** L'*apprentissage* est la période pendant laquelle un adolescent apprend un métier ; **5.** *Phalsbourg* a fourni aux armées de la Révolution et de l'Empire un si grand nombre d'officiers que Napoléon avait qualifié cette ville de « pépinière de braves ».

faible et que je boitais un peu, ma mère avait voulu me faire apprendre un métier plus doux que ceux de notre village ; car, au Dagsberg, on ne trouve que des bûcherons, des charbonniers et des schlitteurs[6]. M. Goulden m'aimait bien. Nous demeurions au premier étage de la grande maison qui fait le coin en face du *Bœuf-Rouge,* près de la porte de France. **(1)**

C'est là qu'il fallait voir arriver des princes, des ambassadeurs et des généraux, les uns à cheval, les autres en calèche, les autres en berline, avec des habits galonnés, des plumets, des fourrures et des décorations de tous les pays. Et sur la grande route il fallait voir passer les courriers, les estafettes[7], les convois de poudre, de boulets, les canons, les caissons, la cavalerie et l'infanterie ! Quel temps ! quel mouvement ! **(2)**

En cinq ou six ans, l'hôtelier Georges fit fortune ; il eut des prés, des vergers, des maisons et des écus en abondance, car tous ces gens arrivant d'Allemagne, de Suisse, de Russie, de Pologne ou d'ailleurs ne regardaient pas à quelques poignées d'or répandues sur les grands chemins ; c'étaient tous des nobles, qui se faisaient gloire en quelque sorte de ne rien ménager.

Du matin au soir, et même pendant la nuit, l'hôtel du *Bœuf-Rouge* tenait table ouverte. Le long des hautes fenêtres en bas, on ne voyait que les grandes nappes blanches, étincelantes d'argenterie et couvertes de gibier, de poisson et d'autres mets rares autour desquels ces voyageurs venaient s'asseoir côte à côte. On n'entendait dans la grande cour derrière que les hennissements des chevaux, les cris des postillons, les éclats de rire des servantes, le roulement des voitures, arrivant ou partant, sous les hautes portes cochères. Ah ! l'hôtel du *Bœuf-Rouge* n'aura jamais un temps de prospérité pareille[8] !

---

6. Le *schlitteur* est l'ouvrier qui dirige la *schlitte* (traîneau long, qui sert à descendre de fortes quantités de bois des montagnes) le long de voies spéciales, les chemins de schlitte. C'est un métier assez dangereux, qui demande de la force physique ; **7.** L'*estafette* est un militaire chargé d'effectuer une liaison. Les *caissons* étaient des chariots utilisés pour les transports militaires ; **8.** Les auberges de l'époque étaient souvent mauvaises.

QUESTIONS

1. LIGNES 1 À 22
Qui s'exprime dans ces lignes ?

2. SUR L'ENSEMBLE DU CHAPITRE
Quels renseignements apprend-on sur le héros ? Qu'est-ce qui demeure ignoré ? Comment le héros est-il présenté ?

On voyait aussi descendre là des gens de la ville, qu'on avait connus dans le temps pour chercher du bois sec à la forêt, ou ramasser le fumier des chevaux sur les grandes routes. Ils étaient passés commandants, colonels, généraux, un sur mille, à force de batailler dans tous les pays du monde[9].

Le vieux Melchior, son bonnet de soie noire tiré sur ses larges oreilles poilues, les paupières flasques[10], le nez pincé dans ses grandes besicles[11] de corne et les lèvres serrées, ne pouvait s'empêcher de déposer sur l'établi sa loupe et son poinçon et de jeter quelquefois un regard vers l'auberge, surtout quand les grands coups de fouet des postillons[12] à lourdes bottes, petite veste et perruque de chanvre tortillée sur la nuque, retentissaient dans les échos des remparts, annonçant quelque nouveau personnage. Alors il devenait attentif, et de temps en temps je l'entendais s'écrier : **(3)**

« Tiens ! c'est le fils du couvreur Jacob, de la vieille ravaudeuse[13] Marie-Anne ou du tonnelier Franz Sépel ! Il a fait son chemin... le voilà colonel et baron de l'Empire par-dessus le marché ! Pourquoi donc est-ce qu'il ne descend pas chez son père, qui demeure là-bas dans la rue des Capucins ? »

Mais lorsqu'il les voyait prendre le chemin de la rue, en donnant des poignées de main à droite et à gauche aux gens qui les reconnaissaient, sa figure changeait ; il s'essuyait les yeux avec son gros mouchoir à carreaux, en murmurant :

« C'est la pauvre vieille Annette qui va avoir du plaisir ! À la bonne heure, à la bonne heure ! il n'est pas fier celui-là, c'est un brave homme ; pourvu qu'un boulet ne l'enlève pas de sitôt ! »

Les uns passaient comme honteux de reconnaître leur nid, les autres traversaient fièrement la ville, pour aller voir leur

---

9. Sur la condition militaire, se reporter à la Documentation thématique ; **10.** *Flasque :* se dit d'une chair ou d'une peau qui a perdu la fermeté qu'elle avait dans le jeune âge ; **11.** Les *besicles* étaient les anciennes lunettes, formées de deux gros verres ronds, enchâssés dans des cercles de corne ou de métal. Les deux cercles étaient réunis par une monture qui se fixait à cheval sur le nez ; **12.** Le *postillon* était le conducteur qui montait sur un des chevaux de devant d'un attelage pour le diriger ; **13.** La *ravaudeuse* raccommodait à l'aiguille les vêtements ou les bas.

QUESTIONS

3. SUR L'ENSEMBLE DU CHAPITRE

Relever quels personnages prennent successivement la parole (Joseph devenu un vieillard...) et ce qu'ils nous indiquent...

sœur ou leur cousine. Ceux-ci, tout le monde en parlait, on aurait dit que tout Phalsbourg portait leurs croix et leurs épaulettes ; les autres, on les méprisait autant et même plus que lorsqu'ils balayaient la grande route.

On chantait presque tous les mois des *Te Deum* pour quelque nouvelle victoire, et le canon de l'arsenal tirait ses vingt et un coups, qui vous faisaient trembler le cœur. Dans les huit jours qui suivaient, toutes les familles étaient dans l'inquiétude, les pauvres vieilles femmes surtout attendaient une lettre[14] ; la première qui venait, toute la ville le savait : « Une telle a reçu des nouvelles de Jacques ou de Claude ! » et tous couraient pour savoir s'il ne disait rien de leur Joseph ou de leur Jean-Baptiste. Je ne parle pas des promotions, ni des actes de décès ; les promotions, chacun y croyait, il fallait bien remplacer les morts ; mais pour les actes de décès, les parents attendaient en pleurant, car ils n'arrivaient pas tout de suite, quelquefois même ils n'arrivaient jamais, et les pauvres vieux espéraient toujours, pensant : « Peut-être que notre garçon est prisonnier... Quand la paix sera faite, il reviendra... Combien sont revenus qu'on croyait morts ! » Seulement la paix ne se faisait jamais ; une guerre finie, on en commençait une autre. Il nous manquait toujours quelque chose, soit du côté de la Russie, soit du côté de l'Espagne ou ailleurs ; — l'Empereur n'était jamais content.

Souvent, au passage des régiments qui traversaient la ville, — la grande capote retroussée sur les hanches, le sac au dos, les hautes guêtres[15] montant jusqu'aux genoux et le fusil à volonté, allongeant le pas, tantôt couverts de boue, tantôt blancs de poussière, — souvent le père Melchior, après avoir regardé ce défilé, me demandait tout rêveur :

« Dis donc, Joseph, combien penses-tu que nous en avons vu passer depuis 1804 ? **(4)**

---

14. Consulter la Documentation thématique à propos de la circulation des nouvelles et des informations ; **15.** Les *guêtres* : des enveloppes de tissu ou de cuir qui partent de la chaussure et recouvrent une partie de la jambe.

QUESTIONS

4. SUR L'ENSEMBLE DU CHAPITRE

Les indications de dates, leur rôle. Savons-nous en quelle année le personnage principal décide de raconter sa vie ? Pourquoi en est-il ainsi ?

— Oh ! je ne sais pas, monsieur Goulden, lui disais-je, au moins quatre ou cinq cent mille.

— Oui... au moins ! faisait-il. Et combien en as-tu vu revenir ? »

Alors je comprenais ce qu'il voulait dire, et je lui répondais : **(5)**

« Peut-être qu'ils rentrent par Mayence, ou par une autre route... Ça n'est pas possible autrement ! »

Mais il hochait la tête et disait :

« Ceux que tu n'as pas vu revenir sont morts, comme des centaines et des centaines de mille autres mourront, si le bon Dieu n'a pas pitié de nous, car l'Empereur n'aime que la guerre[16] ! Il a déjà versé plus de sang pour donner des couronnes à ses frères, que notre grande Révolution pour gagner les Droits de l'Homme[17]. »

Nous nous remettions à l'ouvrage, et les réflexions de M. Goulden me donnaient terriblement à réfléchir.

Je boitais bien un peu de la jambe gauche, mais tant d'autres avec des défauts avaient reçu leur feuille de route tout de même ! **(6)**

Ces idées me trottaient dans la tête, et quand j'y pensais longtemps, j'en concevais un grand chagrin. Cela me paraissait terrible, non seulement parce que je n'aimais pas la guerre, mais encore parce que je voulais me marier avec ma cousine Catherine des Quatre-Vents. Nous avions été en quelque sorte élevés ensemble. On ne pouvait voir de fille plus fraîche, plus riante ; elle était blonde, avec de beaux yeux bleus, des joues roses et des dents blanches comme du lait ; elle approchait de ses dix-huit ans ; moi j'en avais dix-neuf, et la tante Margrédel paraissait contente de me voir arriver tous les dimanches de grand matin pour déjeuner et dîner avec eux.

---

16. Voir le chapitre de la Documentation thématique consacré aux pertes en vies humaines au cours des guerres napoléoniennes ; **17.** Napoléon eut quatre frères : Joseph qui fut roi d'Espagne ; Louis roi de Hollande ; Jérôme roi de Wetsphalie ; et Lucien qui refusa toute couronne.

QUESTIONS

5. SUR L'ENSEMBLE DU CHAPITRE

Analyser le rôle des dialogues. Quels sont les deux monologues intérieurs annoncés par l'expression « je pensais » ? Que traduisent-ils ?

6. LIGNES 81 À 128

Comment la guerre et Napoléon Ier sont-ils présentés ?

Catherine et moi nous allions derrière dans le verger ; nous mordions dans les mêmes pommes et dans les mêmes poires ; nous étions les plus heureux du monde. **(7)**

C'est moi qui conduisais Catherine à la grand-messe et aux vêpres, et pendant la fête elle ne quittait pas mon bras et refusait de danser avec les autres garçons du village. Tout le monde savait que nous devions nous marier un jour ; mais si j'avais le malheur de partir à la conscription, tout était fini. Je souhaitais d'être encore mille fois plus boiteux, car, dans ce temps, on avait d'abord pris les garçons, puis les hommes mariés, sans enfants, et malgré moi je pensais : « Est-ce que les boiteux valent mieux que les hommes mariés ? est-ce qu'on ne pourrait pas me mettre dans la cavalerie ? » Rien que cette idée me rendait triste : j'aurais déjà voulu me sauver[18].

Mais c'est principalement en 1812, au commencement de la guerre contre les Russes, que ma peur grandit. Depuis le mois de février jusqu'à la fin de mai, tous les jours nous ne vîmes passer que des régiments et des régiments : des dragons, des cuirassiers, des carabiniers, des hussards, des lanciers de toutes les couleurs, de l'artillerie, des caissons, des ambulances, des voitures, des vivres, toujours et toujours, comme une rivière qui coule et dont on ne voit jamais la fin[19].

Je me rappelle encore que cela commença par des grenadiers qui conduisaient de gros chariots attelés de bœufs. Ces bœufs étaient à la place des chevaux, pour servir de vivres plus tard, quand on aurait usé les munitions. Chacun disait : « Quelle belle idée ! Quand les grenadiers ne pourront plus nourrir les bœufs, les bœufs nourriront les grenadiers. » Malheureusement ceux qui disaient cela ne savaient pas que les bœufs ne peuvent faire que sept à huit lieues par jour, et qu'il leur faut sur huit jours de marche un jour de repos au moins ; de sorte que ces pauvres bêtes avaient déjà la corne usée, la lèvre baveuse, les yeux hors de la tête, le cou rivé dans les épaules, et qu'il ne

---

18. Cette envie de déserter n'a rien de surprenant à l'époque ; **19.** La Grande Armée comptait 600 000 hommes, dont 400 000 étrangers. L'invasion de la Russie commença le 24 juin 1812.

QUESTIONS

7. LIGNES 129 À 145

Quel effet produisent ces lignes placées entre deux passages consacrés à la guerre ?

leur restait plus que la peau et les os. Il en passa pendant trois semaines de cette espèce, tout déchirés de coups de baïonnette. La viande devint bon marché, car on abattait beaucoup de ces bœufs, mais peu de personnes en voulaient, la viande malade étant malsaine. Ils n'arrivèrent pas seulement à vingt lieues de l'autre côté du Rhin[20].

Après cela, nous ne vîmes plus défiler que des lances, des sabres et des casques. Tout s'engouffrait sous la porte de France, traversait la place d'Armes en suivant la grande route, et sortait par la porte d'Allemagne.

Enfin, le 10 mai de cette année 1812, de grand matin, les canons de l'arsenal annoncèrent le maître de tout. Je dormais encore lorsque le premier coup partit, en faisant grelotter mes petites vitres comme un tambour, et presque aussitôt M. Goulden, avec la chandelle allumée, ouvrit ma porte en me disant :

« Lève-toi... le voilà ! »

Nous ouvrîmes la fenêtre. Au milieu de la nuit je vis s'avancer au grand trot, sous la porte de France, une centaine de dragons dont plusieurs portaient des torches ; ils passèrent avec un roulement et des piétinements terribles ; leurs lumières serpentaient sur la façade des maisons comme de la flamme, et de toutes les croisées on entendait partir des cris sans fin : *Vive l'Empereur ! vive l'Empereur !*

Je regardais la voiture, quand un cheval s'abattit sur le poteau du boucher Klein, où l'on attachait les bœufs ; le dragon tomba comme une masse, les jambes écartées, le casque dans la rigole, et presque aussitôt une tête se pencha hors de la voiture pour voir ce qui se passait, une grosse tête pâle et grasse, une touffe de cheveux sur le front : c'était Napoléon ; il tenait la main levée comme pour prendre une prise[21] de tabac, et dit quelques mots brusquement. L'officier qui galopait à côté de la portière se pencha pour lui répondre. Il prit sa prise et tourna le coin, pendant que les cris redoublaient et que le canon tonnait.

Voilà tout ce que je vis.

L'Empereur ne s'arrêta pas à Phalsbourg ; tandis qu'il courait déjà sur la route de Saverne, le canon tirait ses derniers coups. Puis le silence se rétablit. Les hommes de garde à la porte de France relevèrent le pont, et le vieil horloger me dit :

---

20. La *lieue* : la lieue de poste valait 3,898 km ; **21.** *Prendre une prise :* aspirer du tabac par le nez.

« Tu l'as vu ?

— Oui, monsieur Goulden.

— Eh bien ! fit-il, cet homme-là tient notre vie à tous dans sa main ; il n'aurait qu'à souffler sur nous et ce serait fini. Bénissons le ciel qu'il ne soit pas méchant, car sans cela le monde verrait des choses épouvantables, comme du temps des rois sauvages et des Turcs. »

Il semblait tout rêveur ; au bout d'une minute, il ajouta : « Tu peux te recoucher ; voici trois heures qui sonnent. »

Il rentra dans sa chambre, et je me remis dans mon lit. Le grand silence qu'il faisait dehors me paraissait extraordinaire après tout ce tumulte, et jusqu'au petit jour je ne cessai point de rêver à l'Empereur. Je songeais aussi au dragon, et je désirais savoir s'il était mort du coup. Le lendemain nous apprîmes qu'on l'avait porté à l'hôpital et qu'il en reviendrait.

Depuis ce jour jusqu'à la fin du mois de septembre, on chanta beaucoup de *Te Deum* à l'église, et l'on tirait chaque fois vingt et un coups de canon pour quelque nouvelle victoire. C'était presque toujours le matin ; M. Goulden aussitôt s'écriait :

« Hé, Joseph ! encore une bataille gagnée ! cinquante mille hommes à terre, vingt-cinq drapeaux, cent bouches à feu !... Tout va bien... tout va bien. — Il ne reste maintenant qu'à faire une nouvelle levée pour remplacer ceux qui sont morts[22] ! »

Il poussait ma porte, et je le voyais tout gris, tout chauve, en manches de chemise, le cou nu, qui se lavait dans la cuvette.

« Est-ce que vous croyez, monsieur Goulden, lui disais-je dans un grand trouble, qu'on prendra les boiteux ?

— Non, non, faisait-il avec bonté, ne crains rien, mon enfant ; tu ne pourrais réellement pas servir. Nous arrangerons cela. Travaille seulement bien, et ne t'inquiète pas du reste. »

Il voyait mon inquiétude, et cela lui faisait de la peine. Je n'ai jamais rencontré d'homme meilleur. Alors il s'habillait pour aller remonter les horloges, en ville, celles de M. le commandant de place, de M. le maire et d'autres personnes notables. Moi, je restais à la maison.

---

22. L'expédition de Russie coûta 400 000 morts, dont 125 000 Français. Mais il faut tenir compte des pertes provoquées par le terrible hiver 1812-1813. On peut donc estimer que le chiffre de 50 000 morts en une seule bataille cité par l'horloger Goulden est exagéré. Pour donner une idée des pertes, notons que la bataille d'Eylau entraîna 15 000 morts du côté français. C'est alors que Napoléon prononça sa célèbre remarque : « une nuit de Paris réparera tout cela ». (En fait, on enregistrait environ 20 000 naissances par an à Paris à cette époque.)

M. Goulden ne rentrait qu'après le *Te Deum ;* il ôtait son grand habit noisette, remettait sa perruque dans la boîte et tirait de nouveau son bonnet de soie sur ses oreilles, en disant : « L'armée est à Vilna, — ou bien à Smolensk, — je viens d'apprendre ça chez M. le commandant. Dieu veuille que nous ayons le dessus cette fois encore et qu'on fasse la paix ; le plus tôt sera le mieux, car la guerre est une chose terrible. »

Je pensais aussi que, si nous avions la paix, on aurait plus besoin de tant d'hommes et que je pourrais me marier avec Catherine. Chacun peut s'imaginer combien de vœux je formais pour la gloire de l'Empereur. **(8)**

II

C'est le 15 septembre 1812 qu'on apprit notre grande victoire de la Moskowa. Tout le monde était dans la jubilation et s'écriait : « Maintenant nous allons avoir la paix... maintenant la guerre est finie... »

Quelques mauvais gueux disaient qu'il restait à prendre la Chine ; on rencontre toujours des êtres pareils pour désoler les gens. **(1)**

Huit jours après, on sut que nous étions à Moscou, la plus grande ville de Russie et la plus riche ; chacun se figurait le butin que nous allions avoir, et l'on pensait que cela ferait diminuer les contributions. Mais bientôt le bruit courut que les Russes avaient mis le feu dans leur ville, et qu'il allait falloir battre en retraite sur la Pologne, si l'on ne voulait pas périr de faim. On ne parlait que de cela dans les auberges, dans les brasseries, à la halle aux blés, partout ; on ne pouvait se rencontrer sans se demander aussitôt : « Eh bien... eh bien... ça va mal... la retraite a commencé ! »

Les gens étaient pâles ; et devant la poste, des centaines de paysans attendaient du matin au soir, mais il n'arrivait plus

QUESTIONS

8. LIGNES 247 À 257
Que penser de ces remarques ?

II-1. SUR L'ENSEMBLE DU CHAPITRE
Quelles sont les informations concernant la campagne de Russie ? D'où proviennent ces informations ? Quels sont les sentiments du peuple à l'égard de cette guerre ?

de lettres. Moi, je passais au travers de tout ce monde sans faire trop attention, car j'en avais tant vu ! Et puis j'avais une idée qui me réjouissait le cœur, et qui me faisait voir tout en beau. **(2)**

Vous saurez que depuis cinq mois je voulais faire un cadeau magnifique à Catherine pour le jour de sa fête, qui tombait le 18 décembre. Parmi les montres qui pendaient à la devanture de M. Goulden, il s'en trouvait une toute petite, quelque chose de tout à fait joli, la cuvette en argent, rayée de petits cercles qui la faisaient reluire comme une étoile. Autour du cadran, sous le verre, était un filet de cuivre, et sur le cadran on voyait peints deux amoureux qui se faisaient en quelque sorte une déclaration, car le garçon donnait à la fille un gros bouquet de roses, tandis qu'elle baissait modestement les yeux en avançant la main[23]. **(3)**

La première fois que j'avais vu cette montre, je m'étais dit en moi-même : « Tu ne la laisseras pas échapper ; elle sera pour Catherine. Quand tu serais forcé de travailler tous les jours jusqu'à minuit, il faut que tu l'aies. » M. Goulden, après sept heures[24], me laissait travailler pour mon compte. Nous avions de vieilles montres à nettoyer, à rajuster, à remonter. Cela donnait beaucoup de peine, et quand j'avais fait un ouvrage pareil, le père Melchior me payait raisonnablement. Mais la petite montre valait trente-cinq francs. Qu'on s'imagine, d'après cela, les heures de nuit qu'il me fallut passer pour l'avoir. Je suis sûr que si M. Goulden avait su que je la voulais, il m'en aurait fait cadeau lui-même ; mais je ne m'en serais pas seulement laissé rabattre un liard[25] ; j'aurais regardé cela comme honteux ; je me disais : « Il faut que tu l'aies gagnée... que personne n'ait rien à réclamer dessus. » Seulement, de

---

23. La montre était alors considérée comme un objet rare, réservé aux habitants des villes. La remarque de Joseph sur la beauté du cadeau s'explique parfaitement ; **24.** Dans les ateliers de l'époque, on travaillait de 5 heures du matin à 6 heures du soir en été, de 6 heures du matin à 6 heures du soir en hiver, avec 2 heures de repas. À la campagne, lors des moissons ou des vendanges, la journée de travail était encore plus longue ; **25.** Le *liard :* ancienne monnaie qui valait le quart d'un sou. Sous l'Empire, le sou vaut cinq centimes. C'est dire la très petite somme représentée par le liard, encore en usage, mais dont les derniers exemplaires mis en service avaient été frappés en 1792. Il n'y aura plus d'autre émission de liards avant la démonétisation de cette pièce en 1856.

QUESTIONS

2. LIGNES 20 À 22
Que traduisent ces remarques ?

3. SUR L'ENSEMBLE DU CHAPITRE
Joseph vit-il dans la réalité ou dans le rêve ? Que représente la montre ?

peur qu'un autre n'eût l'idée de l'acheter, je l'avais mise à part dans une boîte, en disant au père Melchior que je connaissais un acheteur pour cette montre.

Maintenant chacun doit comprendre que toutes ces histoires de guerre m'entraient par une oreille et me sortaient par l'autre. Je me figurais la joie de Catherine en travaillant ; durant cinq mois je n'eus que cela devant les yeux ; je me représentais sa mine lorsqu'elle recevrait mon cadeau, et je me demandais : « Qu'est-ce qu'elle dira ? » Tantôt je me figurais qu'elle s'écriait : « Ô Joseph, à quoi penses-tu donc ? C'est bien trop beau pour moi... Non... non... je ne peux pas recevoir une si belle montre ! » Alors je la forçais de la prendre, je la glissais dans la poche de son tablier en disant : « Allons donc, Catherine, allons donc... Est-ce que tu veux me faire de la peine ? » Je voyais bien qu'elle la désirait, et qu'elle me disait cela pour avoir l'air de la refuser. Tantôt je me représentais sa figure toute rouge ; elle levait les mains en disant : « Seigneur Dieu ! maintenant, Joseph, je vois bien que tu m'aimes ! » Et elle m'embrassait, les larmes aux yeux. J'étais bien content. La tante Grédel approuvait tout. Enfin mille et mille idées pareilles me passaient par la tête, et le soir, en me couchant, je pensais : « Il n'y a pourtant pas d'homme aussi heureux que toi, Joseph ! voilà maintenant que tu peux faire un cadeau rare à Catherine par ton travail, et sûrement qu'elle prépare aussi quelque chose pour ta fête, car elle ne pense qu'à toi ; vous êtes tous les deux très heureux, et quand vous serez mariés, tout ira bien. » Ces pensées m'attendrissaient ; jamais je n'avais éprouvé d'aussi grande satisfaction.

Pendant que je travaillais de la sorte, ne songeant qu'à ma joie, l'hiver arriva plus tôt que d'habitude, vers le commencement de novembre. Il ne commença point par de la neige, mais par un froid sec et de grandes gelées. En quelques jours toutes les feuilles tombèrent, la terre durcit comme de la pierre, et tout se couvrit de givre : les tuiles, les pavés et les vitres. Il fallut faire du feu, cette année-là, pour empêcher le froid d'entrer par les fentes ! Quand la porte restait ouverte une seconde, toute la chaleur était partie ; le bois pétillait dans le poêle ; il brûlait comme de la paille en bourdonnant, et les cheminées tiraient bien. **(4)**

QUESTIONS

4. SUR L'ENSEMBLE DU CHAPITRE
Relever les détails, analyser leur rôle.

Chaque matin je me dépêchais de laver les vitraux de la devanture avec de l'eau chaude ; j'avais à peine refermé la fenêtre qu'une ligne de givre les couvrait. On entendait dehors les gens courir en respirant, le nez dans le collet de leur habit et les mains dans les poches. Personne ne s'arrêtait, et les portes des maisons se refermaient bien vite.

Je ne sais où s'en étaient allés les moineaux, s'ils étaient morts ou vivants, mais pas un seul ne criait sur les cheminées, et, sauf le réveil et la retraite qu'on sonnait aux deux casernes, aucun bruit ne troublait le silence.

Souvent, quand le feu pétillait bien, M. Goulden s'arrêtait tout à coup dans son travail, et regardant un instant les vitres blanches, il s'écriait : **(5)**

« Nos pauvres soldats ! nos pauvres soldats ! »

Il disait cela d'une voix si triste, que je sentais mon cœur se serrer et que je lui répondais :

« Mais, monsieur Goulden, ils doivent être maintenant en Pologne, dans de bonnes casernes ; car de penser que des êtres humains puissent supporter un froid pareil, c'est impossible.

— Un froid pareil ! disait-il, oui, dans ce pays, il fait froid, très froid, à cause des courants d'air de la montagne ; et pourtant qu'est-ce que ce froid auprès de celui du nord, en Russie et en Pologne ? Dieu veuille qu'ils soient partis assez tôt !... Mon Dieu ! mon Dieu ! combien ceux qui conduisent les hommes ont une charge lourde à porter ! »

Alors il se taisait, et durant des heures je songeais à ce qu'il m'avait dit ; je me représentais nos soldats en route, courant pour se réchauffer. Mais l'idée de Catherine me revenait toujours, et j'ai pensé bien souvent depuis, que, lorsque l'homme est heureux, le malheur des autres le touche peu, surtout dans la jeunesse, où les passions sont plus fortes et où l'expérience des grandes misères vous manque encore.

Après les gelées, il tomba tellement de neige, que les courriers en furent arrêtés sur la côte des Quatre-Vents. J'eus peur de ne pouvoir pas aller chez Catherine le jour de sa fête ; mais deux compagnies d'infanterie sortirent avec des pioches, et taillèrent dans la neige durcie une route pour laisser passer

QUESTIONS

5. À PARTIR DES CHAPITRES I ET II
Le caractère de M. Goulden.

les voitures, et cette route resta jusqu'au commencement du mois d'avril 1813[26].

Cependant la fête de Catherine approchait de jour en jour, et mon bonheur augmentait en proportion. J'avais déjà les trente-cinq francs, mais je ne savais comment dire à M. Goulden que j'achetais la montre ; j'aurais voulu tenir toutes ces choses secrètes : cela m'ennuyait beaucoup d'en parler.

Enfin, la veille de la fête, entre six et sept heures du soir, comme nous travaillions en silence, la lampe entre nous, tout à coup je pris ma résolution et je dis :

« Vous savez, monsieur Goulden, que je vous ai parlé d'un acheteur pour la petite montre en argent ?

— Oui, Joseph, fit-il sans se déranger ; mais il n'est pas encore venu.

— C'est moi, monsieur Goulden, qui suis l'acheteur. »

Alors il se redressa tout étonné. Je tirai les trente-cinq francs et les posai sur l'établi. Lui me regardait.

« Mais, fit-il, ce n'est pas une montre pour toi, cela, Joseph ; ce qu'il te faut, c'est une grosse montre qui te remplisse bien la poche et qui marque les secondes. Ces petites montres-là, c'est pour les femmes. »

Je ne savais que répondre.

M. Goulden, après avoir rêvé quelques instants, se mit à sourire.

« Ah ! bon, bon, dit-il, maintenant je comprends, c'est demain la fête de Catherine ! Voilà donc pourquoi tu travaillais jour et nuit ! Tiens, reprends cet argent, je n'en veux pas. »

J'étais tout confus.

« Monsieur Goulden, je vous remercie bien, lui dis-je, mais cette montre est pour Catherine, et je suis content de l'avoir gagnée. Vous me feriez de la peine si vous refusiez l'argent ; j'aimerais autant laisser la montre. »

Il ne dit plus rien et prit les trente-cinq francs ; puis il ouvrit son tiroir et choisit une belle chaîne d'acier, avec deux petites clefs en argent doré qu'il mit à la montre. Après quoi lui-même enferma le tout dans une boîte avec une faveur rose. Il fit cela lentement, comme attendri ; enfin il me donna la boîte.

---

26. Il ne faudrait pas croire que les efforts de guerre avaient vidé la France de ses soldats. En 1813, chaque ville importante comptait une garnison.

« C'est un joli cadeau, Joseph, dit-il ; Catherine doit s'estimer bien heureuse d'avoir un amoureux tel que toi. C'est une honnête fille. Maintenant nous pouvons souper ; dresse la table, pendant que je vais lever le pot-au-feu[27]. »

Nous fîmes cela, puis M. Goulden tira de l'armoire une bouteille de son vin de Metz, qu'il gardait pour les grandes circonstances, et nous soupâmes en quelque sorte comme deux camarades ; car, durant toute la soirée, il ne cessa point de me parler du bon temps de sa jeunesse, disant qu'il avait eu jadis une amoureuse, mais qu'en l'année 92 il était parti pour la levée en masse à cause de l'invasion des Prussiens, et qu'à son retour à Fénétrange il avait trouvé cette personne mariée, chose naturelle, puisqu'il ne s'était jamais permis de lui déclarer son amour ; cela ne l'empêchait pas de rester fidèle à ce tendre souvenir : il en parlait d'un air grave. Moi, je l'écoutai en rêvant de Catherine, et ce n'est que sur le coup de dix heures au passage de la ronde, qui relevait les postes toutes les vingt minutes, à cause du grand froid, que nous remîmes deux bonnes bûches dans le poêle, et que nous allâmes enfin nous coucher.

III

Le lendemain, 18 décembre, je m'éveillai vers six heures du matin. Il faisait un froid terrible ; ma petite fenêtre était comme couverte d'un drap de givre. **(1)**

J'avais eu soin la veille, de déployer au dos d'une chaise mon habit bleu de ciel à queue de morue, mon pantalon, mon gilet en poil de chèvre, une chemise blanche et ma belle cravate de soie noire[28]. Tout était prêt ; mes bas et mes souliers bien cirés se trouvaient au pied du lit ; je n'avais qu'à m'habiller,

27. *Lever le pot-au-feu :* le retirer du feu sur lequel il cuisait ; **28.** À la ville, on ne porte plus les costumes régionaux, qui sont encore revêtus dans les campagnes. Mais l'influence de la ville se fait sentir. Même en ville, les soins d'hygiène et de propreté demeurent réduits.

QUESTIONS

1. SUR L'ENSEMBLE DU CHAPITRE

L'hiver : comment sa présence est-elle marquée ? Peut-on dire qu'il devient un véritable personnage de l'histoire ?

et, malgré cela, le froid que je sentais à la figure, la vue de ces vitres et le grand silence du dehors me donnaient le frisson d'avance. Si ce n'avait pas été la fête de Catherine, je serais resté là jusqu'à midi ; mais tout à coup cette idée me fit sauter du lit et courir bien vite au grand poêle de faïence, où restaient presque toujours quelques braises de la veille au soir, dans les cendres. J'en trouvai deux ou trois, je me dépêchai de les rassembler et de mettre dessus du petit bois et deux grosses bûches ; après quoi je courus me renfoncer dans mon lit. **(2)**

M. Goulden, sous ses grands rideaux, la couverture tirée sur le nez et le bonnet de coton sur les yeux, était éveillé depuis un instant ; il m'entendit et me cria :

« Joseph, il n'a jamais fait un froid pareil depuis quarante ans... je sens ça... Quel hiver nous allons avoir ! »

Moi, je ne lui répondis pas ; je regardais de loin si le feu s'allumait ; les braises prenaient bien ; on entendait le fourneau tirer, et d'un seul coup tout s'alluma. Le bruit de la flamme vous réjouissait ; mais il fallut plus d'une bonne demi-heure pour sentir un peu l'air tiède.

Enfin, je me levai, je m'habillai. M. Goulden parlait toujours ; moi, je ne pensais qu'à Catherine. Et comme j'avais fini vers huit heures, j'allais sortir, lorsque M. Goulden, qui me regardait aller et venir, s'écria :

« Joseph, à quoi penses-tu donc, malheureux ? Est-ce avec ce petit habit que tu veux aller aux Quatre-Vents ? Mais tu serais mort à moitié chemin. Entre dans mon cabinet, tu prendras le grand manteau, les moufles et les souliers à double semelle garnis de flanelle. »

Je me trouvais si beau, que je réfléchis s'il fallait suivre son conseil, et lui, voyant ça, dit :

« Écoute, on a trouvé hier un homme gelé sur la côte de Wéchem ; le Dr Steinbrenner a dit qu'il résonnait comme un morceau de bois sec, quand on tapait dessus. C'était un soldat ; il avait quitté le village entre six et sept heures, à huit heures on l'a ramassé ; ainsi ça va vite. Si tu veux avoir le nez et les oreilles gelés, tu n'as qu'à sortir comme cela. »

Je vis bien alors qu'il avait raison ; je mis ses gros souliers,

---

QUESTIONS

2. SUR L'ENSEMBLE DU CHAPITRE

Relever les différents épisodes qui constituent ce chapitre. Quelles sont les oppositions voulues par les auteurs ? Est-il possible de donner un titre au chapitre ?

je passai le cordon des moufles sur mes épaules, et je jetai le manteau par-dessus. C'est ainsi que je sortis, après avoir remercié M. Goulden, qui m'avertit de ne pas rentrer trop tard, parce que le froid augmente à la nuit, et qu'une grande quantité de loups devaient avoir passé le Rhin sur la glace[29].

Je n'étais pas encore devant l'église, que j'avais déjà relevé le collet de peau de renard du manteau pour sauver mes oreilles. Le froid était si vif, qu'on sentait comme des aiguilles dans l'air, et qu'on se recoquillait malgré soi jusqu'à la plante des pieds.

Sous la porte d'Allemagne, j'aperçus le soldat de garde, dans son grand manteau gris, reculé comme un saint au fond de sa niche ; il serrait le fusil avec sa manche, pour n'avoir pas les doigts gelés contre le fer, deux glaçons pendaient à ses moustaches[30]. Personne n'était sur le pont, ni devant l'octroi. Un peu plus loin, hors de l'avancée, je vis trois voitures au milieu de la route, avec leurs grandes bâches serrées comme des bourriches, elles étincelaient de givre ; on les avait dételées et abandonnées. Tout semblait mort au loin, tous les êtres se cachaient, se blottissaient dans quelque trou ; on n'entendait que la glace crier sous vos pieds.

En courant à côté du cimetière, dont les croix et les tombes reluisaient au milieu de la neige, je me dis en moi-même : « Ceux qui dorment là n'ont plus froid ! » Je serrais le manteau contre ma poitrine et je cachais mon nez dans la fourrure, remerciant M. Goulden de la bonne idée qu'il avait eue. J'enfonçais aussi mes mains dans les moufles jusqu'aux coudes, et je galopais dans cette grande tranchée à perte de vue, que les soldats avaient faite depuis la ville jusqu'aux Quatre-Vents. C'étaient des murs de glace ; en quelques endroits balayés par la bise, on voyait le ravin du fond de Fiquet, la forêt du bois de chênes et la montagne bleuâtre, comme rapprochés de vous à cause de la clarté de l'air. On n'entendait plus aboyer les chiens de ferme, il faisait aussi trop froid pour eux.

Malgré tout, la pensée de Catherine me réchauffait le cœur, et bientôt je découvris les premières maisons des Quatre-Vents.

---

29. Les loups s'étaient multipliés considérablement pendant la Révolution, au point qu'on avait instauré un système de primes pour leur destruction. Le problème n'avait pas été résolu pour autant, et les loups tuaient même des adultes et des enfants en de nombreux endroits. Le 26 août 1805, le gouvernement créa donc un service de louveterie qui, en 12 ans, tua 17 000 environ de ces animaux. La remarque de Melchior Goulden est parfaitement justifiée ; **30.** On remarquera le grand nombre de détails visuels figurant dans cet ouvrage.

Les cheminées et les toits de chaume, à droite et à gauche de la route, dépassaient à peine les montagnes de neige, et les gens, tout le long des murs, jusqu'au bout du village, avaient fait une tranchée pour aller les uns chez les autres. Mais, ce jour-là, chaque famille se tenait autour de son âtre, et l'on voyait les petites vitres rondes comme piquées d'un point rouge, à cause du grand feu de l'intérieur. Devant chaque porte se trouvait une botte de paille, pour empêcher le froid de passer dessous. À la cinquième porte à droite, je m'arrêtai pour ôter mes moufles, puis j'ouvris et je refermai bien vite ; c'était la maison de ma tante Grédel Bauer, la veuve de Mathias Bauer et la mère de Catherine.

Comme j'entrais grelottant et que la tante Grédel, assise devant l'âtre, tournait sa tête grise, tout étonnée à cause de mon grand collet de renard, Catherine, habillée en dimanche, avec une belle jupe de rayage[31], le mouchoir à longues franges en croix autour du sein, le cordon du tablier rouge serrée à sa taille très mince, un joli bonnet de soie bleue à bandes de velours noir[32] renfermant sa figure rose et blonde, les yeux doux et le nez un peu relevé, Catherine s'écria :

« C'est Joseph ! »

Et sans regarder deux fois elle accourut m'embrasser, en disant :

« Je savais bien que le froid ne t'empêcherait pas de venir. »

J'étais tellement heureux que je ne pouvais parler ! J'ôtai mon manteau que je pendis au mur avec les moufles ; j'ôtai pareillement les gros souliers de M. Goulden, et je sentis que j'étais tout pâle de bonheur.

J'aurais voulu trouver quelque chose d'agréable, mais comme cela ne venait pas, tout à coup je dis :

« Tiens, Catherine, voici quelque chose pour ta fête ; mais d'abord il faut que tu m'embrasses encore une fois avant d'ouvrir la boîte. »

Elle me tendit ses bonnes joues roses et puis s'approcha de la table ; la tante Grédel vint aussi voir. Catherine délia le cordon et ouvrit. Moi j'étais derrière et mon cœur sautait, sautait ; j'avais peur en ce moment que la montre ne fût pas

---

31. *Rayage :* tissu à rayures ; **32.** À partir de la Révolution, puis sous le Directoire et le premier Empire, les classes moyennes accédèrent à l'utilisation de tissus tels que le velours. La description de Catherine illustre le changement qui est en train de s'opérer dans l'habillement et qui gagne même les campagnes.

assez belle. Mais, au bout d'un instant, Catherine, joignant les mains, soupira tout bas :

« Oh ! Mon Dieu ! que c'est beau !... c'est une montre.

— Oui, dit la tante Grédel, ça, c'est tout à fait beau ; je n'ai jamais vu de montre aussi belle... on dirait de l'argent.

— Mais c'est de l'argent », fit Catherine en se retournant et me regardant pour savoir.

Alors je dis :

« Est-ce que vous me croyez, tante Grédel, que je serais capable de donner une montre en cuivre argenté à celle que j'aime plus que ma propre vie ? Si j'en étais capable, je me mépriserais comme la boue de mes souliers. »

Catherine, entendant cela, me mit les deux bras autour du cou, et comme nous étions ainsi, je pensai :

« Voilà le plus beau jour de ma vie ! » **(3)**

Je ne pouvais plus la lâcher ; la tante Grédel demandait :

« Qu'est-ce qu'il y a donc de peint sur le verre ? »

Mais je n'avais plus la force de répondre, et seulement à la fin, nous étant assis l'un à côté de l'autre, je pris la montre et je dis :

« Cette peinture, tante Grédel, représente deux amoureux qui s'aiment plus qu'on ne peut dire : Joseph Bertha et Catherine Bauer ; Joseph offre un bouquet de roses à son amoureuse, qui étend la main pour le prendre. »

Quand la tante Grédel eut bien vu la montre, elle dit :

« Viens que je t'embrasse aussi, Joseph ; je vois bien qu'il t'a fallu beaucoup économiser et travailler pour cette montre, et je pense que c'est très beau... que tu es un bon ouvrier et que tu nous fais honneur. »

Je l'embrassai dans la joie de mon âme, et depuis ce moment jusqu'à midi je ne lâchai plus la main de Catherine : nous étions heureux en nous regardant.

La tante Grédel allait et venait autour de l'âtre pour apprêter un *pfankougen*[33] avec des pruneaux secs et des *küchlen*[34]

---

33. Un *pfankougen :* une variété de beignet ; **34.** Des *küchlen :* de petits gâteaux.

QUESTIONS

3. LIGNE 133

Cette pensée est-elle justifiée, si l'on considère l'ensemble du chapitre ? Ou pouvons-nous dire que Joseph vit en nourrissant une crainte continuelle, même dans les moments heureux ? Relever les remarques qui permettent de trancher.

trempés dans du vin à la cannelle, et d'autres bonnes choses ; mais nous n'y faisions pas attention, et ce n'est qu'au moment où la tante, après avoir mis son casaquin[35] rouge et ses sabots noirs, s'écria toute contente :

« Allons, mes enfants à table ! » que nous vîmes la belle nappe, la grande soupière, la cruche de vin et le *pfankougen* bien rond, bien doré, sur une large assiette au milieu. Cela nous réjouit la vue, et Catherine dit :

« Assieds-toi là, Joseph, contre la fenêtre, que je te voie bien. Seulement il faut que tu m'arranges la montre, car je ne sais pas où la mettre. »

Je lui passai la chaîne autour du cou, puis, nous étant assis, nous mangeâmes de bon appétit. Dehors, on n'entendait rien ; le feu pétillait sur l'âtre[36]. Il faisait bien bon dans cette grande cuisine, et le chat gris, un peu sauvage, nous regardait de loin, à travers la balustrade de l'escalier au fond, sans oser descendre.

Catherine après le dîner, chanta l'air : *Der lieber Gott*[37]. Elle avait une voix douce qui s'élevait jusqu'au ciel. Moi je chantais tout bas, seulement pour la soutenir. La tante Grédel, qui ne pouvait jamais rester sans rien faire, même les dimanches, s'était mise à filer ; le bourdonnement du rouet remplissait les silences, et nous étions tout attendris. Quand un air était fini, nous en commencions un autre. À trois heures, la tante nous servit les *küchlen* à la cannelle ; nous y mordions ensemble, en riant comme des bienheureux, et la tante quelquefois s'écriait :

« Allons, allons, est-ce qu'on ne dirait pas de véritables enfants ? »

Elle avait l'air de se fâcher, mais on voyait bien à ses yeux plissés qu'elle riait au fond de son cœur.

Cela dura jusqu'à quatre heures du soir. Alors la nuit commençait à venir, l'ombre entrait par les petites fenêtres, et, songeant qu'il faudrait bientôt nous quitter, nous nous assîmes tristement près de l'âtre où dansait la flamme rouge. Catherine me serrait la main ; moi, le front penché, j'aurais donné ma vie pour rester. Cela durait depuis une bonne demi-heure, lorsque la tante Grédel s'écria :

« Joseph... écoute... il est temps que tu partes ; la lune ne se lève pas avant minuit, il va faire bientôt noir dehors

---

35. Le *casaquin* était un corsage de femme ; **36.** L'*âtre :* la partie de la cheminée où l'on fait le feu ; **37.** Il s'agit d'un lied, Erckmann en cite régulièrement à travers ses œuvres.

comme dans un four, et par ces grands froids un malheur est si vite arrivé... »

Ces paroles me portaient un coup, et je sentais que Catherine me retenait la main ; mais la tante Grédel avait plus de raison que nous.

« C'est assez, dit-elle en se levant et en décrochant le manteau du mur; tu reviendras dimanche. »

Il fallut bien remettre les gros souliers, les moufles et le manteau de M. Goulden.

J'aurais voulu faire durer cela cent ans ; malheureusement la tante m'aidait. Quand j'eus le grand collet[38] dressé contre les oreilles, elle me dit :

« Embrassons-nous, Joseph. »

Je l'embrassai d'abord, ensuite Catherine, qui ne disait plus rien. Après cela, j'ouvris la porte, et le froid terrible entrant tout à coup m'avertit qu'il ne fallait pas attendre.

« Dépêche-toi, me dit la tante.

— Bonsoir, Joseph, bonsoir ! me criait Catherine ; n'oublie pas de venir dimanche. »

Je me retournai pour agiter la main, puis je me mis à courir sans lever la tête, car le froid était tel que mes yeux en pleuraient derrière les grands poils du collet.

J'allais ainsi depuis vingt minutes, osant à peine respirer, quand une voix enrouée, une voix d'ivrogne, me cria de loin : *Qui vive !*

Alors je regardai dans la nuit grisâtre, et je vis, à cinquante pas devant moi, le colporteur[39] Pinacle, avec sa grande hotte, son bonnet de loutre, ses gants de laine et son bâton à pointe de fer. La lanterne pendue à la bretelle de la hotte éclairait sa figure avinée, son menton hérissé de poils jaunes, et son gros nez en forme d'éteignoir ; il écarquillait ses petits yeux comme un loup, en répétant : *Qui vive !*

Ce Pinacle était le plus grand gueux du pays ; il avait même eu, l'année précédente, une mauvaise affaire avec M. Goulden qui lui réclamait le prix d'une montre qu'il s'était chargé de remettre à M. Anstett, le curé de Homert, et dont il avait mis l'argent dans sa poche, disant me l'avoir payée à moi. Mais, quoique ce chenapan eût levé la main devant le juge de paix,

---

38. Le *collet :* ancien terme pour désigner le col ; **39.** Le *colporteur* était un marchand ambulant qui proposait des livres et des objets de mercerie à une clientèle vivant à la campagne, loin des villes.

M. Goulden savait bien le contraire, puisque, ce jour-là, ni lui ni moi n'étions sortis de la maison. En outre, ce Pinacle ayant voulu danser avec Catherine à la fête des Quatre-Vents, elle avait refusé, parce qu'elle connaissait l'histoire de la montre, et que d'ailleurs, elle restait toujours à mon bras.

Ce gueux, très méchant, m'en voulait donc, et de le voir là, tout à coup, au milieu de la route, loin de la ville et de tout secours, avec son bâton de cormier[40] garni d'une pointe en fer, cela ne me réjouissait pas beaucoup. Heureusement, le petit sentier qui tourne autour du cimetière était à ma gauche, et, sans répondre, je me dépêchai d'y courir, ayant de la neige presque jusqu'au ventre.

Alors lui, devinant qui j'étais, s'écria furieux :

« Ah ! ah ! c'est le petit boiteux... Halte !... halte !... il faut que je te souhaite le bonsoir. Tu viens de chez Catherine, voleur de montre ! »

Moi, je sautais comme un lièvre par-dessus les tas de neige. Il essaya d'abord de me suivre, mais sa hotte le gênait ; c'est pourquoi, voyant que je gagnais du terrain, il mit ses deux mains autour de sa bouche, en criant :

« C'est égal, boiteux, c'est égal... tu auras ton compte tout de même : la conscription approche.... la grande conscription des borgnes et des boiteux et des bossus... Tu partiras... tu resteras là-bas avec tous les autres... »

En même temps il reprit son chemin en riant comme un ivrogne qu'il était, et moi, n'ayant presque plus la force de respirer, je gagnai la route, à l'entrée des glacis[41], remerciant le ciel d'avoir trouvé la petite allée si près de moi ; car ce Pinacle, bien connu pour tirer son couteau chaque fois qu'il se battait, aurait pu me donner un mauvais coup. **(4)**

Malgré le mouvement que je venais de me donner, j'avais l'onglée sous mes grosses semelles, et je me remis à courir.

Cette nuit-là l'eau gela dans les citernes de Phalsbourg et le vin dans les caves, ce qui ne s'était pas vu depuis soixante ans.

---

40. Le bois de cormier est très dur ; **41.** Un *glacis :* une pente douce et unie, menant au fossé qui borde les fortifications, dans le système à la Vauban.

QUESTIONS

4. LIGNES 241 À 258
Que nous apprend cette rencontre ? Que nous laisse-t-elle deviner ?

À l'avancée, au premier pont et sous la porte d'Allemagne, le silence me parut encore plus grand que le matin ; la nuit lui donnait quelque chose de terrible. Quelques étoiles brillaient entre les grands nuages blancs qui se dépliaient au-dessus de la ville. Tout le long de la rue, je ne rencontrai pas une âme, et quand j'arrivai dans notre allée en bas, après avoir refermé la porte, il me semblait qu'il y faisait chaud ; pourtant la petite rigole de la cour qui longe le mur était gelée. J'attendis une seconde pour reprendre haleine, puis je montai dans l'ombre, la main sur la rampe.

En ouvrant la chambre, la bonne chaleur du poêle me réjouit. M. Goulden était assis devant le feu, dans le fauteuil, son bonnet de soie noire tiré sur la nuque et les mains sur les genoux.

« C'est toi, Joseph ? me dit-il sans se retourner.

— Oui, monsieur Goulden, lui répondis-je ; il fait bon ici. Quel froid dehors ! Nous n'avons jamais eu un hiver pareil.

— Non, fit-il d'un ton grave, non, c'est un hiver dont on se souviendra longtemps. »

Alors j'entrai dans le cabinet pour remettre le manteau, les moufles et les souliers à leur place.

Je pensais lui raconter ma rencontre avec Pinacle, quand, en rentrant, il me demanda :

« Tu t'es bien amusé, Joseph ?

— Oh ! oui. La tante Grédel et Catherine m'ont fait des compliments pour vous.

— Allons, tant mieux ! tant mieux ! dit-il, les jeunes ont raison de s'amuser ; car, quand on devient vieux, à force d'avoir souffert, d'avoir vu des injustices, de l'égoïsme et des malheurs, tout est gâté d'avance. »

Il se disait ces choses à lui-même en regardant la flamme. Je ne l'avais jamais vu si triste, et je lui demandai :

« Est-ce que vous êtes malade, monsieur Goulden ? »

Mais lui, sans me répondre, murmura :

« Oui, oui, voilà les grandes nations militaires... voilà la gloire ! »

Il hochait la tête et s'était courbé tout rêveur, ses gros sourcils gris froncés.

Je ne savais que penser de tout cela, lorsque, se redressant, il me dit :

« Dans ce moment, Joseph, il y a quatre cent mille familles qui pleurent en France : notre Grande Armée a péri dans les glaces de Russie ; tous ces hommes, jeunes et vigoureux, que nous avons vus passer durant deux mois, sont enterrés dans la neige. La nouvelle est arrivée cette après-midi. Quand on pense à cela, c'est épouvantable[42] ! »

Moi, je me taisais ; ce que je voyais de plus clair, c'est que nous allions bientôt avoir une nouvelle conscription, comme après toutes les campagnes, et que cette fois les boiteux pourraient bien en être. Cela me rendait tout pâle, et la prédiction de Pinacle me faisait dresser les cheveux sur la tête.

« Va-t'en, Joseph, couche-toi tranquillement, me dit le père Goulden ; moi je n'ai pas sommeil, je vais rester là... tout cela me bouleverse. Tu n'as rien remarqué en ville ?

— Non, monsieur Goulden. »

J'entrai dans ma chambre et je me couchai. Longtemps je ne pus fermer l'œil, rêvant à la conscription, à Catherine, à tous ces milliers d'hommes enterrés dans la neige, et me disant que je ferais bien de me sauver en Suisse.

Vers trois heures, j'entendis M. Goulden se coucher à son tour. Quelques instants après, je m'endormis à la grâce de Dieu. **(5), (6)**

IV

Lorsque j'entrai le lendemain, vers sept heures, dans la chambre de M. Goulden pour me remettre à l'ouvrage, il était encore au lit et tout abattu. **(1)**

« Joseph, me dit-il, je ne suis pas bien, toutes ces terribles histoires m'ont rendu malade ; je n'ai pas dormi. **(2)**

---

42. Le chiffre des morts est exact, mais un grand nombre des victimes étaient des étrangers, enrôlés dans la Grande Armée.

QUESTIONS

5. LIGNES 276 À 323
Quelle est la principale différence entre Melchior Goulden et Joseph Bertha ? Quelle est la seule obsession du jeune homme ?

6. À PARTIR DES CHAPITRES I, II ET III
Analyser le caractère de Joseph Bertha.

IV-1. LIGNE 1
Peut-on dater cette journée ?

2. SUR LES CHAPITRES I À IV
Comparer les débuts des quatre premiers chapitres. Traduisent-ils une évolution de l'histoire ?

— Est-ce qu'il faut vous faire du thé ? lui demandai-je.

— Non, mon enfant, non, c'est inutile ; arrange seulement un peu le feu, je me lèverai plus tard. Mais, à cette heure, il faudrait aller régler les horloges en ville, nous sommes au lundi ; je ne peux pas y aller, car de voir tant d'honnêtes gens dans une désolation pareille, des gens que je connais depuis trente ans, cela me rendrait tout à fait malheureux. Écoute, Joseph, prends les clefs pendues derrière la porte, et vas-y ; cela vaudra mieux. Moi, je vais tâcher de me remettre, de dormir un peu... Si je pouvais dormir une heure ou deux, cela me ferait du bien.

— C'est bon, monsieur Goulden, lui dis-je, je pars tout de suite. »

Après avoir mis du bois au fourneau, je pris le manteau et les moufles, je tirai les rideaux du lit de M. Goulden, et je sortis, le trousseau de clefs dans ma poche. L'indisposition du père Melchior me chagrinait bien un peu, mais une idée me consolait ; je me disais en moi-même : « Tu vas grimper sur le clocher de la ville, et tu verras de là-haut la maison de Catherine et de la tante Grédel. » En songeant à cela j'arrivai chez le sonneur de cloches Brainstein, qui demeurait au coin de la petite place, dans une vieille baraque décrépite ; ses deux garçons étaient tisserands, et dans ce vieux nid on entendait grincer les métiers et siffler les navettes du matin au soir. La grand-mère, tellement vieille qu'on ne voyait plus ses yeux, dormait dans un antique fauteuil, au haut duquel perchait une pie. Le père Brainstein, quand il n'avait pas à sonner les cloches pour un baptême, un enterrement ou un mariage, lisait dans son almanach, derrière les petites vitres rondes de la croisée. À côté de leur baraque était une cassine[43], sous le toit de la vieille halle, où travaillait le savetier Koniam, et plus loin se trouvait l'étalage des bouchers et des fruitières.

J'arrivai donc chez les Brainstein ; et le vieux en me voyant se leva, disant :

« C'est vous, monsieur Joseph ?

— Oui, père Brainstein, je viens à la place de M. Goulden, qui n'est pas bien.

— Ah ! bon... bon... c'est la même chose. »

Il mit son vieux tricot et son gros bonnet de laine, en chassant le chat qui dormait dessus ; puis il prit la grosse clef du clocher

---

43. Une *cassine :* une petite maison, de pauvre apparence.

dans un tiroir, et nous sortîmes, moi, bien heureux de me trouver au grand air, malgré le froid, car dans ce trou tout était gris de vapeur, et l'on avait autant de peine à respirer que dans une marmite ; je n'ai jamais compris comment ces gens pouvaient vivre de la sorte. **(3)**

Enfin nous remontâmes la rue, et le père Brainstein me dit :

« Vous connaissez le grand malheur de la Russie, monsieur Joseph ?

— Oui, père Brainstein ; c'est terrible !

— Ah ! fit-il, bien sûr ! Mais ça rapportera beaucoup de messes à l'église ; car, voyez-vous, tout le monde voudra faire dire des messes pour ses enfants, d'autant plus qu'ils sont morts dans un pays de païens.

— Sans doute, sans doute », lui dis-je.

Nous traversions alors la place, et devant la maison commune, en face du corps de garde, stationnaient déjà plusieurs personnes, des paysans et des gens de la ville, qui lisaient une affiche. Nous montâmes le perron et nous entrâmes dans l'église, où plus de vingt femmes, jeunes et vieilles, étaient à genoux sur le pavé, malgré le froid épouvantable[44].

« Voyez-vous, fit Brainstein, qu'est-ce que je vous disais ? Elles viennent déjà prier, et je suis sûr que la moitié sont là depuis cinq heures. »

Il ouvrit la petite porte de la tour par où l'on monte aux orgues, et nous nous mîmes à grimper dans les ténèbres. Une fois dans les orgues, nous prîmes à gauche du soufflet, et nous montâmes jusqu'aux cloches.

Je fus bien content de revoir le ciel bleu et de respirer le grand air, car la mauvaise odeur des chauves-souris qui vivent dans ces boyaux vous étouffait presque. Mais quel froid épouvantable dans cette cage ouverte à tous les vents, et quelle lumière éblouissante par ces temps de neige, où la vue s'étendait sur vingt lieues de pays ! Toute la petite ville de Phalsbourg[45]

---

44. En 1801, la France et le Saint-Siège avaient signé un concordat, qui confirmait la vente des biens de l'Église, mais reconnaissait que « le catholicisme était la religion de la grande majorité des Français » ; **45.** Vauban fortifia la ville de Phalsbourg en 1680. Un *bastion* est un ouvrage de fortification à deux faces et à deux flancs. Deux bastions sont reliés par une muraille appelée *courtine.* En avant des courtines, on trouve des ouvrages fortifiés appelés *demi-lunes.* Les *avancées* sont des postes situés en avant d'une ligne fortifiée.

QUESTIONS

3. LIGNES 43 À 49
Quel trait du caractère de Joseph est ainsi révélé ?

avec ses six bastions, ses trois demi-lunes, ses deux avancées, ses casernes, ses poudrières, ses ponts, ses glacis et ses remparts, sa grande place d'armes et ses petites maisons bien alignées, se dessinait là comme sur un papier blanc. On voyait jusqu'au fond des cours, et moi qui n'étais pas encore habitué à cela, je me tenais bien au milieu de la plate-forme, de peur d'avoir l'idée de m'envoler, comme on le raconte de certaines gens qui deviennent fous par les grandes hauteurs. Je n'osais m'approcher de l'horloge, dont le cadran est peint derrière avec ses aiguilles, et si Brainstein ne m'avait pas donné l'exemple, je serais resté là, cramponné à la poutre des cloches ; mais il me dit : **(4)**

« Venez, monsieur Joseph, et regardez ; est-ce que c'est l'heure ? »

Alors je sortis la grosse montre de M. Goulden, qui marquait les secondes et je vis qu'il y avait beaucoup de retard. Brainstein m'aidait à tirer les poids, et nous réglâmes aussi les touches.

« L'horloge est toujours en retard les hivers, dit-il, à cause du fer qui travaille. »

Après m'être un peu familiarisé avec ces choses, je me mis à regarder les environs : les Baraques du bois de chênes, les Baraques d'en haut, le Bigelberg, et finalement je reconnus les Quatre-Vents sur la côte en face, et la maison de la tante Grédel. Justement la cheminée fumait comme un fil bleu qui monte au ciel. Et je revis la cuisine : je me représentai Catherine en sabots et en petite jupe de laine, filant au coin de l'âtre, en pensant à moi ! J'étais tellement attendri, que je ne sentais plus le froid ; je ne pouvais détacher mes yeux de cette cheminée. **(5)**

Le père Brainstein, qui ne savait pas ce que je regardais, dit :

« Oui... oui, monsieur Joseph, maintenant, malgré la neige, tous les chemins sont couverts de monde ; la grande nouvelle s'est déjà répandue, et chacun arrive pour savoir au juste son malheur. »

Je vis qu'il avait raison ; tous les chemins, tous les sentiers étaient couverts de gens qui venaient en ville ; et, regardant sur la place, j'aperçus la foule qui grossissait devant le corps

QUESTIONS

4. LIGNES 72 À 89
Quel autre trait du caractère de Joseph apparaît ?

5. LIGNES 102 À 105
Que penser de ce besoin fréquent de rêve manifesté par Joseph ?

de garde de la mairie et devant la poste aux lettres. On entendait comme de grandes rumeurs.

Enfin, après avoir regardé de nouveau la maison de Catherine, il fallut descendre, et nous nous mîmes à tourner dans l'escalier sombre, comme dans un puits. Une fois dans l'orgue, nous vîmes du balcon que la foule avait beaucoup grossi dans l'église : toutes les mères, toutes les sœurs, toutes les vieilles grand-mères, les riches et les pauvres, étaient à genoux dans les bancs au milieu du plus grand silence, elles priaient pour ceux de là-bas... offrant tout pour les revoir encore une fois !

D'abord je ne compris pas bien cela, mais tout à coup la pensée me vint que, si j'étais parti l'année d'avant, Catherine serait aussi là pour prier et me redemander à Dieu ; cela me traversa le cœur, je sentis tout mon corps grelotter.

« Allons-nous-en ! allons-nous-en ! dis-je à Brainstein ; c'est épouvantable !

— Quoi ? fit-il.

— La guerre. »

Nous descendions alors l'escalier sous la grande porte, et je traversai la place pour aller chez M. le commandant Meunier, pendant que Brainstein reprenait le chemin de sa maison.

Au coin de l'Hôtel de ville, je vis un spectacle que je me rappellerai toute ma vie. C'est là qu'était la grande affiche ; plus de cinq cents personnes : des gens de la ville et des paysans, des hommes et des femmes, serrés les uns contre les autres, tout pâles et le cou tendu, la regardaient en silence comme quelque chose de terrible. Ils ne pouvaient pas la lire, et de temps en temps l'un ou l'autre disait en allemand ou en français :

« Ils ne sont pourtant pas tous morts !... il en reviendra tout de même. »

D'autres criaient :

« Mais on ne voit rien... on ne peut pas approcher ! »

Une pauvre vieille, derrière, levait les mains en criant :

« Christophe... mon pauvre Christophe !... »

D'autres, comme indignés de l'entendre, disaient :

« Faites donc taire cette vieille ! »

Chacun ne pensait qu'à soi.

Derrière, il en venait toujours d'autres par la porte d'Allemagne.

À la fin, Harmentier, le sergent de ville, sortit de la voûte du corps de garde, et se mit au haut des marches, avec une affiche toute pareille à celle du mur ; quelques soldats le suivaient. Alors tout le monde courut de son côté, mais les soldats écartèrent les premiers, et le père Harmentier se mit à lire cette affiche, qu'on appelait le *29e Bulletin*[46], et dans laquelle l'Empereur racontait que pendant la retraite les chevaux périssait toutes les nuits par milliers. — Il ne disait rien des hommes[47] !

Le sergent de ville lisait lentement, personne ne soufflait mot ; la vieille, qui ne comprenait pas le français[48], écoutait comme les autres. On aurait entendu voler une mouche. Mais quand il en vint à ce passage !

« Notre cavalerie était tellement démontée, que l'on a dû réunir les officiers auxquels il restait un cheval pour en former quatre compagnies de cent cinquante hommes chacune. Les généraux faisaient les fonctions de capitaines, et les colonels celles de sous-officiers. »

Quand il lut ce passage, qui en disait plus sur la misère de la Grande Armée que tout le reste, les cris et les gémissements se firent entendre de tous les côtés ; deux ou trois femmes tombèrent... on les emmenait en les soutenant par les bras.

Il est vrai que l'affiche ajoutait : « La santé de Sa Majesté n'a jamais été meilleure », et c'était une grande consolation. **(6)** Malheureusement ça ne pouvait pas rendre la vie aux trois cent mille hommes enterrés dans la neige ; aussi les gens s'en allaient bien tristes ! D'autres venaient par douzaines, qui n'avaient rien entendu, et, d'heure en heure, Harmentier sortait pour lire le bulletin. Cela dura jusqu'au soir, et, chaque fois, c'était la même chose. Je me sauvai... j'aurais voulu ne rien savoir de tout cela. **(7)**

---

46. Dès leur arrivée, les bulletins militaires devaient être lus publiquement ; **47.** Quand on sait que les bulletins militaires devaient exalter les civils, soutenir leur moral, on mesure toute l'étendue du désastre qu'il fallait avouer. D'autre part, on a souvent relevé l'indifférence de Napoléon devant les pertes en vies humaines. Nous avons cité sa réflexion à Eylau ; **48.** En 1808, une enquête des préfets avait signalé que le français était compris par tous, mais le témoignage de cet ouvrage vient s'ajouter à bien d'autres pour établir le contraire. En outre, les préfets notaient que les patois étaient régulièrement utilisés et accusaient le clergé d'être responsable de cette situation, ce qui n'était pas justifié. Dans le texte, il est question de la langue allemande et non d'un patois.

QUESTIONS

6. LIGNES 174-175

Analyser l'ironie de ce détail. Quelle critique est portée contre Napoléon ?

7. LIGNES 135 À 182

Comment cette scène dramatique est-elle présentée ? Relever et analyser les descriptions, les dialoques, les éléments rapportés.

Je montai chez M. le commandant de place. En entrant dans son salon, je le vis qui déjeunait. C'était un homme déjà vieux, mais solide, la face rouge et de bon appétit.

« Ah ! c'est toi ! fit-il ; M. Goulden ne vient donc pas ?

— Non, monsieur le commandant, il est malade à cause des mauvaises nouvelles.

— Ah ! bon... bon... je comprends ça, fit-il en vidant son verre ; oui, c'est malheureux. »

Et tandis que je levais le globe de la pendule, il ajouta :

« Bah ! tu diras à M. Goulden que nous aurons notre revanche... On ne peut pas toujours avoir le dessus, que diable ! Depuis quinze ans que nous les menons tambour battant, il est assez juste qu'on leur laisse cette petite fiche de consolation... Et puis l'honneur est sauf, nous n'avons pas été battus : sans la neige et le froid, ces pauvres cosaques en auraient vu des dures... Mais un peu de patience, les cadres seront bientôt remplis et alors gare[49] ! »

Je remontai la pendule ; il se leva et vint regarder, étant grand amateur d'horlogerie. Il me pinça l'oreille d'un air joyeux ; puis, comme j'allais me retirer, il s'écria en reboutonnant sa grosse capote, qu'il avait ouverte pour manger :

« Dis au père Goulden de dormir tranquille, la danse va recommencer au printemps ; ils n'auront pas toujours l'hiver pour eux et les Kalmoucks[50] ; dis-lui ça !

— Oui, monsieur le commandant », répondis-je en fermant la porte.

Sa grosse figure et son air de bonne humeur m'avaient un peu consolé ; mais dans toutes les maisons où j'allai ensuite, chez les Harwich, chez les Frantz-Toni, chez les Durlach, partout on n'entendait que des plaintes. Les femmes surtout étaient dans la désolation ; les hommes ne disaient rien et se promenaient de long en large, la tête penchée, sans même regarder ce que je faisais chez eux.

Vers dix heures, il ne me restait plus que deux personnes à voir : M. de La Vablerie-Chamberlan, un ancien noble, qui demeurait au bout de la grand-rue avec Mme Chamberlan d'Ecof et Mlle Jeanne, leur fille. C'étaient des émigrés revenus depuis trois ou quatre ans. Ils ne fréquentaient

---

49. Certains soldats ou certains officiers garderont une confiance totale en Napoléon Ier. (Sur ce point, lire le roman *le Blocus*) ; **50.** Les *Kalmouks* (ou *Kalmoucks*) sont un peuple mongol vivant au sud de la Russie.

personne en ville, et ils ne voyaient que trois ou quatre vieux curés des environs. M. de La Vablerie-Chamberlan n'aimait que la chasse ; il avait six chiens au fond de sa cour et une voiture à deux chevaux ; le père Robert, de la rue des Capucins, leur servait de cocher, de palefrenier, de domestique et de piqueur. M. de La Vablerie portait toujours une veste de chasse, une casquette en cuir bouilli et des bottes à éperons. Toute la ville l'appelait *le braque ;* mais on ne disait rien ni de madame ni de mademoiselle de Chamberlan.

J'étais bien triste en poussant la lourde porte à poulie, dont le grelottement se prolongeait dans le vestibule ; aussi qu'elle ne fut pas ma surprise d'entendre, au milieu de cette désolation générale, un air de chant et de clavecin ! M. de La Vablerie chantait et Mlle Jeanne l'accompagnait. Je ne savais pas, dans ce temps, que le malheur des uns fait le bonheur des autres, et je me dis, la main sur le loquet : « Ils ne connaissent pas encore les nouvelles de Russie. »

Mais comme j'étais ainsi, la porte de la cuisine s'ouvrit, et Mlle Louise, leur servante, penchant la tête, demanda :

« Qui est là ?

— C'est moi, mademoiselle Louise.

— Ah ! c'est vous, monsieur Joseph ; passez par ici. »

Ces gens avaient leur pendule dans un grand salon où l'on n'entrait que rarement ; les hautes fenêtres à persiennes donnant sur la cour restaient fermées ; mais on y voyait assez pour ce que j'avais à faire. Je passai donc par la cuisine, et je réglai l'antique pendule, une pièce magnifique en marbre blanc. Mlle Louise regardait.

« Vous avez du monde, mademoiselle Louise ? lui dis-je.

— Non, mais monsieur m'a prévenue de ne laisser entrer personne.

— Ils sont bien joyeux, chez vous...

— Ah ! oui ! fit-elle, c'est la première fois depuis des années ; je ne sais pas ce qu'ils ont. »

Je remis le globe, et je sortis, rêvant à ces choses qui me paraissaient extraordinaires. L'idée ne me vint pas que ceux-ci se réjouissaient de notre défaite.

En partant de là, je tournai le coin de la rue pour me rendre chez le père Féral, qu'on appelait *Porte-Drapeau*, parce qu'à l'âge de quarante-cinq ans, étant forgeron et père de famille depuis longtemps, il avait porté le drapeau des volontaires de Phalsbourg en 92[51], et n'était revenu qu'après la campagne de Zurich. Il avait ses trois garçons à l'armée de Russie : Jean, Louis et Georges Féral ; Georges était commandant dans les dragons, les deux autres officiers d'infanterie.

Je me figurais d'avance le chagrin du père Féral ; mais ce n'était rien auprès de ce que je vis en entrant dans sa chambre. Ce pauvre vieux, aveugle et tout chauve, était assis dans le fauteuil derrière le fourneau, la tête penchée sur la poitrine, et ses grands yeux blancs écarquillés comme s'il avait vu ses trois garçons étendus à ses pieds ; il ne disait rien, mais de grosses gouttes de sueur coulaient de son front sur ses longues joues maigres, et sa figure était tellement pâle qu'on aurait dit qu'il allait rendre l'âme. Quatre ou cinq de ses anciens camarades du temps de la République : le père Desmarets, le père Nivoi, le vieux Paradis, le grand Froissard, étaient arrivés pour le consoler. Ils se tenaient autour de lui dans le plus grand silence fumant des pipes et faisant des mines désolées.

De temps en temps l'un ou l'autre disait :

« Allons, Féral, allons, est-ce que nous ne sommes plus des anciens de l'armée de Sambre-et-Meuse ? »

Ou bien :

« Du courage, Porte-Drapeau, du courage !... Est-ce que nous n'avons pas enlevé la grande batterie de Fleurus au pas de course[52] ? »

Ou quelque autre chose de semblable.

Mais il ne répondait rien ; seulement, de minute en minute, il soupirait, ses vieilles joues creuses se gonflaient, puis il se penchait et les autres se faisaient des signes, hochant la tête comme pour dire : « Ça va mal. »

Je me dépêchai de régler l'horloge et de m'en aller, car,

---

51. En juillet 1792, l'Assemblée législative avait déclaré la patrie en danger et réclamé des volontaires. L'appel avait été reçu avec enthousiasme. Dans Paris seulement, on avait enrôlé 1 800 volontaires par jour. Par contre, en avril 1793, après la trahison de Dumouriez et plusieurs défaites, la levée de 300 000 volontaires dut être transformée en conscription avec tirage au sort ; **52.** La bataille de Fleurus eut lieu le 26 juin 1794. L'armée française, commandée par Jourdan, remporta une victoire décisive sur les Anglo-Hollandais, accourus au secours de Charleroi, que les Français assiégeaient. Cette victoire décisive ouvrait la Belgique aux Français ; en raison de ce succès, la politique de Terreur pratiquée par Robespierre fut ressentie comme inutile.

de voir ce pauvre vieux dans une telle désolation, cela me déchirait le cœur.

En rentrant chez nous, je trouvai M. Goulden à son établi.

« Te voilà, Joseph, dit-il ; eh bien ?

— Eh bien, monsieur Goulden, vous avez eu raison de rester : c'est terrible ! »

Et je lui racontai tout en détails.

« Oui, je savais cela, dit-il tristement, mais ce n'est que le commencement de plus grands malheurs : ces Prussiens, ces Autrichiens, ces Russes, ces Espagnols et tous ces peuples que nous avons pillés depuis 1804[53], vont profiter de notre misère pour tomber sur nous. Puisque nous avons voulu leur donner des rois qu'ils ne connaissaient ni d'Ève ni d'Adam, et dont ils ne voulaient pas, ils vont nous en amener d'autres, avec des nobles et tout ce qui s'ensuit. De sorte qu'après nous être fait saigner aux quatre membres pour les frères de l'Empereur, nous allons perdre tout ce que nous avions gagné par la Révolution. Au lieu d'être les premiers, nous serons les derniers des derniers. Oui, voilà ce qui va nous arriver maintenant. Pendant que tu courais la ville, je n'ai fait que rêver à cela ; c'est presque immanquable : Puisque les soldats étaient tous chez nous et que... nous n'avons plus de soldats, nous ne sommes plus rien ! » **(8)**

Alors il se leva, je dressai la table, et, comme nous dînions en silence, les cloches de l'église se mirent à sonner.

« Quelqu'un est mort en ville, dit M. Goulden.

— Oui... Je n'en ai pas entendu parler. »

Dix minutes après, le rabbin Rôse entra pour faire mettre un verre à sa montre.

« Qui donc est mort ? lui demanda M. Goulden.

— C'est le vieux Porte-Drapeau.

— Comment ! le père Féral ?

---

53. Melchior Goulden fait donc remonter ces pillages au début du règne de Napoléon Ier. Mais cette affirmation est inexacte. La Sambre-et-Meuse avait été annexée à la France en 1795, sous le prétexte de créer une république sœur. En outre, le Directoire a tiré des ressources économiques des guerres. Au 25 mars 1797, le Trésor avait reçu 10 millions de l'armée de Sambre-et-Meuse et 51 millions de l'armée d'Italie.

QUESTIONS

8. LIGNES 300 À 317

Ce chapitre contient un seul discours, celui que prononce Melchior Goulden. Analyser le rôle de ce discours. Est-il vraiment destiné à Joseph ? Produit-il un effet chez le jeune homme ?

— Oui, depuis une demi-heure, vingt minutes. Le père Desmarets et plusieurs autres voulaient le consoler ; à la fin, il leur demanda de lui lire la dernière lettre de son fils Georges, le commandant de dragons, qui lui disait qu'au printemps prochain il espérait venir l'embrasser avec les épaulettes de colonel. En entendant cela, tout à coup il voulut se lever, mais il retomba la tête sur ses genoux ; cette lettre lui avait crevé le cœur ! »

M. Goulden ne fit aucune réflexion.

« Voici, monsieur Rôse, dit-il en remettant sa montre au rabbin ; c'est douze sous. »

M. Rôse sortit, et nous continuâmes à dîner en silence. **(9)**

V

Quelques jours après, la gazette annonça que l'Empereur était à Paris, et qu'on allait couronner le Roi de Rome et l'Impératrice Marie-Louise[54]. M. le maire, M. l'adjoint et les conseillers municipaux ne parlaient plus que des droits du trône, et même on fit un discours exprès dans la salle de la mairie. C'est M. le professeur Burguet l'aîné qui fit ce discours, et M. le baron Parmentier qui le lut. Mais les gens n'étaient pas attendris, parce que chacun avait peur d'être enlevé par la conscription, on pensait bien qu'il allait falloir beaucoup de soldats, voilà ce qui troublait le monde, et pour ma part j'en maigrissais à vue d'œil. M. Goulden avait beau me dire :

« Ne crains rien, Joseph, tu ne peux pas marcher. Considère, mon enfant, qu'un être aussi boiteux que toi resterait en route à la première étape ! »

---

54. En fait, l'Empereur avait dû quitter ses troupes et rentrer à Paris en décembre 1812, en raison de la conspiration organisée par le général Malet. D'autre part, pour maintenir l'alliance avec l'Autriche, on organisa une régence, le 5 février 1813, régence qui fut confiée à Marie-Louise au cours du mois de mars. La gazette donne, bien entendu, une version officielle et optimiste des événements en cette fin d'année 1812.

QUESTIONS

9. SUR L'ENSEMBLE DU CHAPITRE

Des personnages très différents ont été dépeints. Relever chacun de ces personnages et la principale pensée qui l'anime. Est-il possible de dire, par contraste, que Joseph a eu plusieurs préoccupations au cours de ce chapitre ? Quelles réflexions du héros permettent d'en décider ?

Tout cela ne m'empêchait pas d'être rempli d'inquiétude.

On ne pensait déjà plus à ceux de la Russie excepté leurs familles. **(1)**

M. Goulden, quand nous étions seuls à travailler, me disait quelquefois :

« Si ceux qui sont nos maîtres, et qui disent que Dieu les a mis sur la terre pour faire notre bonheur, pouvaient se figurer, au commencement d'une campagne, les pauvres vieillards, les malheureuses mères auxquels ils vont en quelque sorte arracher le cœur et les entrailles pour satisfaire leur orgueil ; s'ils pouvaient voir leurs larmes et entendre leurs gémissements au moment où l'on viendra leur dire : « Votre enfant est mort... vous ne le verrez plus jamais ! il a péri sous les pieds des chevaux, ou bien écrasé par un boulet, ou bien dans un hôpital, au loin, — après avoir été découpé, — dans la fièvre, sans consolation, en vous appelant comme lorsqu'il était petit !... » ; s'ils pouvaient se figurer les larmes de ces mères, je crois que pas un seul ne serait assez barbare pour continuer. Mais ils ne pensent à rien ; ils croient que les autres n'aiment pas leurs enfants autant qu'eux ; ils prennent les gens pour des bêtes ! Ils se trompent : tout leur grand génie et toutes leurs grandes idées de gloire ne sont rien, car il n'y a qu'une chose pour laquelle un peuple doit marcher, — les hommes, les femmes, les enfants et les vieillards, — c'est quand on attaque notre Liberté, comme en 92 ; alors on meurt ensemble ou l'on gagne ensemble ; celui qui reste en arrière est un lâche ; il veut que les autres se battent pour lui... la victoire n'est pas pour quelques-uns, elle est pour tous, le fils et le père défendent leur famille ; s'ils sont tués, c'est un malheur, mais ils sont morts pour leurs droits. Voilà, Joseph, la seule guerre juste, où personne ne peut se plaindre ; toutes les autres sont honteuses, et la gloire qu'elles rapportent n'est pas la gloire d'un homme, c'est la gloire d'une bête sauvage ! » **(2)**

Ainsi me parlait le bon M. Goulden, et je pensais bien comme lui.

QUESTIONS

1. LIGNES 1 À 17

Que nous apprennent les diverses indications contenues dans ces lignes ?

2. LIGNES 20 À 47

Pourquoi un tel discours ? Joseph peut-il véritablement le comprendre ?

Mais tout à coup, le 8 janvier, on mit une grande affiche à la mairie, où l'on voyait que l'Empereur allait lever, avec un sénatus-consulte[55], comme on disait dans ce temps-là, d'abord 150 000 conscrits de 1813, ensuite 100 cohortes du premier ban de 1812, qui se croyaient déjà réchappées, ensuite 100 000 conscrits de 1809 à 1812, et ainsi de suite jusqu'à la fin, de sorte que tous les trous seraient bouchés, et que même nous aurions une plus grande armée qu'avant d'aller en Russie. **(3)**

Quand le père Fouze, le vitrier, vint nous raconter cette affiche, un matin, je tombai presque en faiblesse, car je me dis en moi-même :

« Maintenant on prend tout : les pères de famille depuis 1809 ; je suis perdu ! »

M. Goulden me versa de l'eau dans le cou ; mes bras pendaient, j'étais pâle comme un mort.

Du reste je n'étais pas le seul auquel l'affiche de la mairie produisit un pareil effet ; en cette année beaucoup de jeunes gens refusèrent de partir : les uns se cassaient des dents, pour s'empêcher de pouvoir déchirer la cartouche ; les autres se faisaient sauter le pouce avec des pistolets, pour s'empêcher de pouvoir tenir le fusil ; d'autres se sauvaient dans les bois : on les appelait les réfractaires, et l'on ne trouvait plus assez de gendarmes pour courir après eux.

Et c'est aussi dans le même temps que les mères de famille prirent le courage en quelque sorte de se révolter, et d'encourager leurs garçons à ne pas obéir aux gendarmes. Elles les aidaient de toutes les façons, elles criaient contre l'Empereur, et les curés de toutes les religions les soutenaient ; enfin la mesure était pleine !

Le jour même de l'affiche, je me rendis aux Quatre-Vents ; mais ce n'était pas alors dans la joie de mon cœur, c'était comme le dernier des malheureux auquel on enlève son amour et sa vie. Je ne me tenais plus sur mes jambes ; et quand j'arrivai là-bas, ne sachant comment annoncer notre malheur, je vis en

---

55. *Sénatus-consulte :* sous le Consulat et l'Empire, c'est une décision prise par le Sénat et qui a valeur de loi.

QUESTIONS

3. LIGNES 50 À 58
Quel rôle jouent tous ces chiffres ?

entrant qu'on savait déjà tout à la maison, car Catherine pleurait à chaudes larmes, et la tante Grédel était pâle d'indignation.

D'abord nous nous embrassâmes en silence, et le premier mot que me dit la tante Grédel, en repoussant brusquement ses cheveux gris derrière ses oreilles, ce fut :

« Tu ne partiras pas !... Est-ce que ces guerres nous regardent, nous ? Le curé lui-même a dit que c'était trop fort à la fin ; qu'on devrait faire la paix. Tu resteras ! Ne pleure pas, Catherine, je te dis qu'il restera. »

Elle était toute verte de colère, et bousculait ses marmites en parlant.

« Voilà longtemps, dit-elle, que ce grand carnage me dégoûte ; il a déjà fallu que nos deux pauvres cousins Kasper et Yokel aillent se faire casser les os en Espagne, pour cet Empereur[56], et maintenant il vient encore nous demander les jeunes ; il n'est pas content d'en avoir fait périr trois cent mille en Russie. Au lieu de songer à la paix, comme un homme de bon sens, il ne pense qu'à faire massacrer les derniers qui restent... On verra ! on verra !

— Au nom du ciel ! tante Grédel, taisez-vous, parlez plus bas, lui dis-je regardant la fenêtre, on pourrait vous entendre ; nous serions tous perdus.

— Eh bien, je parle pour qu'on m'entende, reprit-elle ; ton Napoléon ne me fait pas peur ; il a commencé par nous empêcher de parler, pour faire ce qu'il voudrait... mais tout cela va venir !... Quatre jeunes femmes vont perdre leurs maris rien que dans notre village, et dix pauvres garçons vont tout abandonner, malgré père et mère, malgré la justice, malgré le bon Dieu, malgré la religion... n'est-ce pas abominable ? »

Et comme je voulais répondre :

« Tiens, Joseph, dit-elle, tais-toi, cet homme-là n'a pas de cœur !... il finira mal !... Dieu s'est déjà montré cet hiver : il a vu qu'on avait plus peur d'un homme que de lui, que les mères elles-mêmes, comme du temps d'Hérode[57], n'osaient plus retenir la chair de leur chair, quand il la demandait pour le massacre ; alors il a fait venir le froid, et notre armée a péri... et tous ceux qui vont partir sont morts d'avance : Dieu est

---

56. La guerre d'Espagne se déroula entre 1808 et 1813 ; **57.** Hérode, roi des Juifs au moment de la naissance du Christ, ordonna le massacre de tous les enfants mâles de Bethléem.

las ! Toi, tu ne partiras pas, me dit cette femme pleine d'entêtement, je ne veux pas que tu partes ; tu te sauveras dans les bois avec Jean Kraft, Louis Bême et tous les plus courageux garçons d'ici ; vous irez par les montagnes, en Suisse, et Catherine et moi nous irons près de vous jusqu'à la fin de l'extermination. »

Alors la tante Grédel se tut d'elle-même. Au lieu de nous faire un dîner ordinaire, elle nous en fit un meilleur que l'autre dimanche, et nous dit d'un air ferme :

« Mangez, mes enfants, n'ayez pas peur... tout cela va changer.

Je rentrais vers quatre heures du soir à Phalsbourg un peu plus calme qu'en partant. Mais comme je remontais la rue de la Munitionnaire, voilà que j'entends, au coin du collège, le tambour du sergent de ville Harmantier, et que je vois une grande foule autour de lui. Je cours pour écouter les publications, et j'arrive juste au moment où cela commençait.

Harmantier lut que, par le sénatus-consulte du 3, le tirage de la conscription aurait lieu le 15[58].

Nous étions le 8, il ne restait donc plus que sept jours. Cela me bouleversa.

Tous ceux qui se trouvaient là s'en allaient à droite et à gauche dans le plus grand silence. Je rentrai chez nous fort triste, et je dis à M. Goulden :

« On tire jeudi prochain.

— Ah ! fit-il, on ne perd pas de temps... ça presse. »

Il est facile de se faire une idée de mon chagrin durant ce jour et les suivants. Je ne tenais plus en place ; sans cesse je me voyais sur le point d'abandonner le pays. Il me semblait d'avance courir dans les bois, ayant à mes trousses des gendarmes criant : « Halte ! halte ! » Puis je me représentais la désolation de Catherine, de la tante Grédel, de M. Goulden. Quelquefois je croyais marcher en rang, avec une quantité d'autres malheureux auxquels on criait : « En avant !... À la baïonnette ! » tandis que les boulets en enlevaient des files entières. J'entendais ronfler ces boulets et siffler les balles ; enfin j'étais dans un état pitoyable.

« Du calme, Joseph, me disait M. Goulden ; ne te tourmente donc pas ainsi. Pense que de toute la conscription, il

---

58. C'est la manière de procéder à la conscription (voir la Documentation thématique).

n'y en a pas dix peut-être qui puissent donner d'aussi bonnes raisons que toi pour rester. Il faudrait que le chirurgien fût aveugle pour te recevoir. D'ailleurs, je verrai M. le commandant de place... Tranquillise-toi ! »

Ces bonnes paroles ne pouvaient me rassurer.

C'est ainsi que je passai toute une semaine dans des transes extraordinaires[59], et quand arriva le jour du tirage, le jeudi matin, j'étais tellement pâle, tellement défait, que les parents de conscrits enviaient en quelque sorte ma mine pour leur fils. « Celui-là, se disaient-ils, a de la chance... il tomberait par terre en soufflant dessus... Il y a des gens qui naissent sous une bonne étoile ! » **(4)**

VI

Il aurait fallu voir la mairie de Phalsbourg le matin du 15 janvier 1813, pendant le tirage. Aujourd'hui, c'est quelque chose de perdre à la conscription, d'être forcé d'abandonner ses parents, ses amis, son village, ses bœufs et ses terres, pour aller apprendre, Dieu sait où : *« — Une... deusse !... une... deusse !... Halte !... Tête droite... tête gauche... fixe !... Portez armes !... etc. »* — Oui, c'est quelque chose, mais on en revient ; on peut se dire avec quelque confiance : « Dans sept ans, je retrouverai mon vieux nid, mes parents et peut-être aussi mon amoureuse... J'aurai vu le monde... j'aurai même des titres pour être garde forestier ou gendarme ! » Cela console les gens raisonnables. Mais dans ce temps-là, quand vous aviez le malheur de perdre, c'était fini ; sur cent, souvent pas un ne revenait : l'idée de partir définitivement ne pouvait presque pas vous entrer dans la tête. **(1)**

---

59. La *transe :* état dans lequel on se trouve quand on redoute particulièrement la venue d'un malheur.

QUESTIONS

4. SUR L'ENSEMBLE DU CHAPITRE

Analyser les divers refus de la guerre et de la conscription qui apparaissent tout au long du chapitre.

VI-1. LIGNES 1 À 15

Le rôle de cette réflexion de Joseph Bertha devenu un vieillard dans le récit.

Ce jour-là donc, ceux du Harberg, de Garbourg et des Quatre-Vents devaient tirer les premiers, ensuite ceux de la ville, ensuite ceux de Wéchem et de Mittelbronn.

De bon matin je fus debout, et les deux coudes sur l'établi, je me mis à regarder tous ces gens défiler : ces garçons en blouse, ces pauvres vieux en bonnet de coton et petite veste, ces vieilles en casaquin et jupe de laine, le dos courbé, la figure défaite, le bâton ou le parapluie sous le bras. Ils arrivaient par familles.

M. le sous-préfet de Sarrebourg, en collet d'argent[60], et son secrétaire, descendus la veille au *Bœuf-Rouge*, regardaient aussi par la fenêtre.

Vers huit heures, M. Goulden se mit à l'ouvrage, après avoir déjeuné ; moi je n'avais rien pris, et je regardais toujours, quand M. le maire Parmentier et son adjoint vinrent chercher M. le sous-préfet. **(2)**

Le tirage commença sur les neuf heures, et bientôt on entendit la clarinette de Pfifer-Karl et le violon du grand Andrès retentir dans les rues. Ils jouaient la marche des *Suédois* ; c'est sur cet air que des milliers de pauvres diables ont quitté la vieille Alsace pour toujours. Les conscrits dansaient, ils se balançaient bras dessus bras dessous, ils poussaient des cris à fendre les nuages, et frappaient la terre du talon en secouant leurs chapeaux, essayant de paraître joyeux, tandis qu'ils avaient la mort dans l'âme... enfin, c'est la mode ; et le grand Andrès sec, roide, jaune comme du bois, avec son camarade tout rond, les joues gonflées jusqu'aux oreilles, ressemblaient à ces êtres qui vous conduisent au cimetière, en causant entre eux de choses indifférentes. **(3)**

Cette musique, ces cris me rendaient triste.

---

60. Les préfets sont une création du Consulat et jouent un rôle essentiel dans le fonctionnement de l'administration napoléonienne. Leur efficacité dans le domaine de la conscription intervient dans le jugement qui est porté sur eux.

QUESTIONS

2. On peut dire que tout ce chapitre est construit comme un drame en plusieurs actes : les relever, en indiquant leurs limites précises. Donner un titre à chacun de ces « actes ».

3. SUR L'ENSEMBLE DU CHAPITRE
Quels sont les éléments qui procurent l'impression de scène « vécue » ? Comment sont-ils organisés ?

Je venais de mettre mon habit à queue de morue et mon castor pour sortir, lorsque la tante Grédel et Catherine entrèrent en disant :

« Bonjour, monsieur Goulden ! nous arrivons pour la conscription. »

Je vis tout de suite combien Catherine avait pleuré, ses yeux étaient rouges, et d'abord elle se pendit à mon cou pendant que sa mère tournait autour de moi.

M. Goulden leur dit :

« Ce doit être bientôt l'heure pour les jeunes gens de la ville ?

— Oui, monsieur Goulden, répondit Catherine d'une voix faible ; ceux du Harberg ont fini.

— Bon... bon... Eh bien, Joseph, il est temps que tu partes, dit-il. Mais ne te chagrine pas... Ne soyez pas effrayées. Ces tirages, voyez-vous, ne sont plus que pour la forme, depuis longtemps on ne gagne plus, ou, quand on gagne, on est rattrapé deux ou trois ans plus tard : tous les numéros sont mauvais ! Quand le conseil de révision s'assemblera, nous verrons ce qu'il sera bon de faire. Aujourd'hui c'est une espèce de satisfaction qu'on donne aux gens de tirer à la loterie... mais tout le monde perd.

— C'est égal, fit la tante Grédel, Joseph gagnera.

— Oui, oui, répondit M. Goulden en souriant, cela ne peut pas manquer. »

Alors je sortis avec Catherine et la tante, et nous remontâmes vers la grande place, où la foule se pressait.

Dans toutes les boutiques, des douzaines de conscrits, en train d'acheter des rubans, se bousculaient autour des comptoirs ; on les voyait pleurer en chantant comme des possédés. D'autres, dans les auberges, s'embrassaient en sanglotant, mais ils chantaient toujours. Deux ou trois musiques des environs, celle du bohémien Waldteufel, de Rosselkasten et de Georges-Adam, étaient arrivées et se confondaient avec des éclats déchirants et terribles.

Catherine me serrait le bras, la tante Grédel nous suivait.

En face du corps de garde, j'aperçus de loin le colporteur Pinacle, sa balle ouverte sur une petite table, et, tout à côté, une grande perche garnie de rubans qu'il vendait aux conscrits. Je me dépêchais de passer, quand il me cria :

« Hé ! boiteux, halte ! halte !... arrive donc... je te garde un beau ruban. Il t'en faut un magnifique à toi... le ruban de ceux qui gagnent ! »

Il agitait par-dessus sa tête un grand ruban noir, et je pâlis malgré moi. Mais, comme nous montions les marches de la mairie, voilà que justement un conscrit en descendait : c'était Klipfel, le forgeron de la Porte-de-France ; il venait de tirer le numéro 8, et s'écria de loin[61] :

« Le ruban noir, Pinacle le ruban noir !... Apporte... coûte que coûte ! »

Il avait une figure sombre et riait. Son petit frère Jean pleurait derrière en criant :

« Non, Jacob, non, pas le ruban noir ! »

Mais Pinacle attachait déjà le ruban au chapeau du forgeron, pendant que celui-ci disait : **(4)**

« Voilà ce qu'il nous faut maintenant... Nous sommes tous morts... nous devons porter notre deuil ! »

Et d'une voix sauvage il cria :

« Vive l'Empereur ! »

J'étais plus content de voir ce ruban à son chapeau qu'au mien, et je me glissai bien vite dans la foule pour échapper à Pinacle.

Nous eûmes mille peines à entrer sous la voûte de la mairie, et à grimper le vieil escalier de chêne, où les gens montaient et descendaient comme une véritable fourmilière. Dans la grande salle en haut, le gendarme Kelz se promenait, maintenant l'ordre autant que possible. Et dans la chambre du conseil, à côté, — où se trouve peinte la Justice un bandeau sur les yeux, — on entendait crier les numéros. De temps en temps un conscrit sortait, la face gonflée de sang, attachant son numéro sur son bonnet, et s'en allant la tête basse à travers la foule, comme un taureau furieux qui ne voit plus clair, et qui voudrait se casser les cornes au mur. D'autres, au contraire, passaient pâles comme des morts. **(5)**

---

61. Un numéro de rang élevé donnait l'espérance d'échapper aux obligations militaires, puisque les conscrits partaient, selon les besoins, dans l'ordre établi par le tirage au sort. On pouvait échanger, moyennant le paiement d'une somme d'argent, un mauvais numéro contre un « bon numéro ». Cet échange devait être enregistré officiellement, comme les remplacements.

QUESTIONS

4. LIGNES 82 À 106
Dégager le rôle du colporteur Pinacle dans l'histoire. Quel effet produit cette scène sur le héros, sur le lecteur ?

5. À travers quel regard la conscription est-elle montrée ? Qu'est-ce qui la caractérise ?

Les fenêtres de la mairie étaient ouvertes ; on entendait dehors les cinq ou six musiques jouer à la fois. C'était épouvantable.

Je serrais la main de Catherine, et tout doucement nous arrivâmes, à travers ce monde, dans la salle où M. le sous-préfet, les maires et les secrétaires, sur leur tribune, criaient les numéros à haute voix, comme on prononce des jugements, car tous les numéros étaient de véritables jugements.

Nous attendîmes longtemps.

Je n'avais plus une goutte de sang dans les veines, lorsque enfin on appela mon nom.

Je m'avançai sans voir ni entendre, je mis la main dans la caisse et je tirai un numéro.

M. le sous-préfet cria :

« Numéro 17 ! »

Alors je m'en allai sans rien dire, Catherine et la tante derrière moi. Nous descendîmes sur la place, et, ayant un peu d'air, je me rappelai que j'avais tiré le numéro 17.

La tante Grédel paraissait confondue.

« Je t'avais pourtant mis quelque chose dans ta poche, dit-elle ; mais ce gueux de Pinacle t'a jeté un mauvais sort. »

En même temps elle tira de ma poche de derrière un bout de corde. Moi, de grosses gouttes de sueur me coulaient du front ; Catherine était toute pâle, et c'est ainsi que nous retournâmes chez M. Goulden. **(6)**

« Quel numéro as-tu, Joseph ? me dit-il aussitôt.

— Dix-sept », répondit la tante en s'asseyant les mains sur les genoux.

Un instant M. Goulden parut troublé, mais ensuite il dit :

« Autant celui-là qu'un autre... tous partiront... il faut remplir les cadres. Cela ne signifie rien pour Joseph. J'irai voir M. le maire, M. le commandant de place... Ce n'est pas pour leur faire un mensonge ; dire que Joseph est boiteux, toute la ville le sait ; mais, dans la presse, on pourrait passer là-dessus. Voilà pourquoi j'irai les voir. Ainsi ne vous troublez pas, reprenez confiance. »

Ces paroles du bon M. Goulden rassurèrent la tante Grédel et Catherine, qui s'en retournèrent aux Quatre-Vents pleines

QUESTIONS

6. SUR L'ENSEMBLE DU CHAPITRE
Que pouvons-nous dire de Catherine ?

de bonnes espérances ; mais pour moi c'était autre chose : depuis ce moment je n'eus plus une minute de tranquillité, ni jour ni nuit.

L'Empereur avait une bonne habitude : il ne laissait pas les conscrits languir chez eux. Aussitôt après le tirage arrivait le conseil de révision, et quelques jours après la feuille de route. Il ne faisait pas comme ces arracheurs de dents qui vous montrent d'abord leurs pinces et leurs crochets, et qui vous regardent longtemps dans la bouche, de sorte que vous attrapez la colique avant qu'ils se soient décidés : il allait rondement !

Trois jours après le tirage, le conseil de révision était à l'Hôtel de ville, avec tous les maires du pays et quelques notables, pour donner des renseignements au besoin.

La veille, M. Goulden avait mis sa grande capote marron et sa belle perruque pour aller remonter l'horloge de M. le maire et celle du commandant de place. Il était revenu la mine riante et m'avait dit :

« Cela marchera... M. le maire et M. le commandant savent bien que tu es boiteux ; c'est assez clair, que diable ! Ils m'ont répondu tout de suite : « Hé ! monsieur Goulden, ce jeune homme est boiteux ; à quoi bon nous parler de lui ? Ne vous inquiétez de rien ; ce ne sont pas des infirmes qu'il nous faut, ce sont des soldats. »

Ces paroles m'avaient mis du baume dans le sang, et cette nuit-là je dormis comme un bienheureux. Mais le lendemain la peur me reprit : je me représentai tout à coup combien de gens criblés de défauts partaient, tout de même, et combien d'autres avaient l'indélicatesse de s'en inventer pour tromper le conseil : par exemple, d'avaler des choses nuisibles, afin de se rendre pâles, ou de se lier la jambe afin de se donner des varices, ou de faire les sourds, les aveugles, les imbéciles. Et songeant à ces choses, je frémis de n'être pas assez boiteux, et je résolus d'avoir aussi l'air minable. J'avais entendu dire que le vinaigre donne des maux d'estomac, et, sans en prévenir M. Goulden, dans ma peur j'avalai tout le vinaigre qui se trouvait dans la petite burette de l'huilier. Ensuite je m'habillai, pensant avoir une mine de déterré, car le vinaigre était très fort et me travaillait intérieurement. Mais, en entrant dans la chambre de M. Goulden, à peine m'eut-il vu qu'il s'écria :

« Joseph, qu'as-tu donc ? tu es rouge comme un coq ! »

Et moi-même, m'étant regardé dans le miroir, je vis que, jusqu'à mes oreilles et jusqu'au bout de mon nez, tout était rouge. Alors je fus effrayé ; mais au lieu de pâlir je devins encore plus rouge, et je m'écriai dans la désolation :

« Maintenant je suis perdu ! Je vais avoir l'air d'un garçon qui n'a pas de défauts, et même qui se porte très bien : c'est le vinaigre qui me monte à la tête.

— Quel vinaigre ? demanda M. Goulden.

— Celui de l'huilier, que j'ai bu pour être pâle, comme on raconte de Mlle Sclapp, l'organiste. Ô Dieu, quelle mauvaise idée j'ai eue !

— Cela ne t'empêchera pas d'être boiteux dit M. Goulden ; seulement tu voulais tromper le conseil, et ce n'est pas honnête ! Mais voici neuf heures et demie qui sonnent ; Werner est venu me prévenir hier que tu passerais à dix heures... Ainsi dépêche-toi. » (7)

Il me fallut donc partir en cet état ; le feu du vinaigre me sortait des joues. Lorsque je rencontrai la tante et Catherine, qui m'attendaient sous la voûte de la mairie, elles me reconnurent à peine.

« Comme tu as l'air content et réjoui ! » me dit la tante Grédel.

En entendant cela, j'aurais eu bien sûr une faiblesse, si le vinaigre ne m'avait pas soutenu malgré moi. Je montai donc l'escalier dans un trouble extraordinaire, sans pouvoir remuer la langue pour répondre, tant j'éprouvais d'horreur contre ma bêtise.

En haut, déjà plus de vingt-cinq conscrits, qui se prétendaient infirmes, étaient reçus ; et plus de vingt-cinq autres, assis sur un banc contre le mur, regardaient à terre, les joues pendantes, en attendant leur tour.

Le vieux gendarme Kelz, avec son grand chapeau à cornes, se promenait de long en large ; dès qu'il me vit, il s'arrêta comme émerveillé, puis il s'écria :

« À la bonne heure ! à la bonne heure ! au moins en voilà un qui n'est pas fâché de partir : l'amour de la gloire éclate dans ses yeux ».

Et me posant la main sur l'épaule :

« C'est bien, Joseph, fit-il, je te prédis qu'à la fin de la campagne, tu seras caporal.

QUESTIONS

7. LIGNES 167 À 212

Comment apprécier la fonction de cet épisode ? Est-il proposé seulement pour révéler un trait de caractère du héros ? Est-ce dans un autre but ? Peut-on parler d'un épisode comique ?

— Mais je suis boiteux ! m'écriai-je indigné.

— Boiteux ! dit Kelz en clignant de l'œil et souriant, boiteux ! C'est égal, avec une mine pareille on fait toujours son chemin. »

Il avait à peine fini son discours, que la salle du conseil de révision s'ouvrit et que l'autre gendarme, Werner, se penchant à la porte, cria d'une voix rude :

« Joseph Bertha ! »

J'entrai, boitant le plus que je pouvais, et Werner referma la porte. Les maires du canton étaient assis sur des chaises en demi-cercle, M. le sous-préfet et M. le maire de Phalsbourg au milieu, dans des fauteuils, et le secrétaire Freylig, à sa table. Un conscrit du Harberg se rhabillait ; le gendarme Descarmes l'aidait à mettre ses bretelles. Ce conscrit avec ses grands cheveux bruns pendant sur les yeux, le cou nu et la bouche ouverte pour soupirer, avait l'air d'un homme qu'on va pendre. Deux médecins, M. le chirurgien-major de l'hôpital, avec un autre en uniforme, causaient au milieu de la salle. Ils se retournèrent en me disant :

« Déshabillez-vous. »

Et je me déshabillai jusqu'à la chemise, que Werner m'ôta. Les autres me regardaient.

M. le sous-préfet dit :

« Voilà un garçon plein de santé. »

Ces mots me mirent en colère ; malgré cela, je répondis honnêtement :

« Mais je suis boiteux », monsieur le sous-préfet.

Les chirurgiens me regardèrent, et celui de l'hôpital, à qui M. le commandant de place avait sans doute parlé de moi, dit :

« La jambe gauche est un peu courte.

— Bah ! fit l'autre, elle est solide. »

Puis, me posant la main sur la poitrine :

« La conformation est bonne, dit-il ; toussez. »

Je toussai le moins fort que je pus ; mais il trouva tout de même que j'avais un bon timbre, et dit encore :

« Regardez ces couleurs ; voilà ce qui s'appelle un beau sang. »

Alors moi, voyant qu'on allait me prendre si je ne disais rien, je répondis :

« J'ai bu du vinaigre.

— Ah ! fit-il, ça prouve que vous avez un bon estomac, puisque vous aimez le vinaigre.

— Mais je suis boiteux ! m'écriai-je tout désolé.

— Bah ! ne vous chagrinez pas, reprit cet homme ; votre jambe est solide, j'en réponds.

— Tout cela, dit alors M. le maire, n'empêche pas ce jeune homme de boiter depuis sa naissance ; c'est un fait connu de tout Phalsbourg.

— Sans doute, fit aussitôt le médecin de l'hôpital, la jambe gauche est trop courte ; c'est un cas d'exemption[62].

— Oui, reprit M. le maire, je suis sûr que ce garçon-là ne pourrait pas supporter une longue marche ; il resterait en route à la deuxième étape. »

Le premier médecin ne disait plus rien.

Je me croyais déjà sauvé de la guerre, quand M. le sous-préfet me demanda :

« Vous êtes bien Joseph Bertha ?

— Oui, monsieur le sous-préfet, répondis-je.

— Eh bien, messieurs, dit-il en sortant une lettre de son portefeuille, écoutez. »

Il se mit à lire cette lettre, dans laquelle on racontait que, six mois avant, j'avais parié d'aller à Saverne et d'en revenir plus vite que Pinacle ; que nous avions fait ce chemin ensemble en moins de trois heures, et que j'avais gagné.

C'était malheureusement vrai ! ce gueux de Pinacle m'appelait toujours boiteux, et dans ma colère, j'avais parié contre lui. Tout le monde le savait, je ne pouvais donc pas soutenir le contraire.

Comme je restais confondu, le premier chirurgien me dit :

« Voilà qui tranche la question ; rhabillez-vous. »

Et, se tournant vers le secrétaire, il s'écria :

« Bon pour le service ! »

Je me rhabillai dans un désespoir épouvantable.

Werner en appela un autre. Je ne faisais plus attention à rien... quelqu'un m'aidait à passer les manches de mon habit. Tout à coup je fus sur l'escalier ; et comme Catherine me demandait ce qui s'était passé, je poussai un sanglot terrible ; je serais tombé du haut en bas, si la tante Grédel ne m'avait pas soutenu.

Nous sortîmes par-derrière et nous traversâmes la petite place ; je pleurais comme un enfant et Catherine aussi. Sous la halle, dans l'ombre, nous nous arrêtâmes en nous embrassant.

---

62. L'*exemption :* le fait de ne pas avoir à remplir une obligation.

La tante Grédel criait :

« Ah ! les brigands !... ils enlèvent maintenant jusqu'aux boiteux... jusqu'aux infirmes ! Il leur faut tout ! Qu'ils viennent donc aussi nous prendre ! »

Les gens se réunissaient, et le boucher Sépel, qui découpait là sa viande sur l'étal[63], dit :

« Mère Grédel, au nom du ciel, taisez-vous... On serait capable de vous mettre en prison.

— Eh ! bien, qu'on m'y mette, s'écria-t-elle, qu'on me massacre ; je dis que les hommes sont des lâches de permettre ces horreurs ! »

Mais le sergent de ville s'étant approché, nous repartîmes ensemble en pleurant. Nous tournâmes le coin du café Hemmerlé, et nous entrâmes chez nous. Les gens nous regardaient de leurs fenêtres et se disaient : « En voilà encore un qui part ! »

M. Goulden, sachant que la tante Grédel et Catherine viendraient dîner avec nous le jour de la révision, avait fait apporter du *Mouton-d'Or* une oie farcie et deux bouteilles de bon vin d'Alsace. Il était convaincu que j'allais être réformé tout de suite ; aussi, quelle ne fut pas sa surprise de nous voir entrer ensemble dans une désolation pareille.

« Qu'est-ce que c'est ? » dit-il en relevant son bonnet de soie sur son front chauve, et nous regardant les yeux écarquillés.

Je n'avais pas la force de lui répondre ; je me jetais dans le fauteuil en fondant en larmes. Catherine s'assit près de moi, les bras autour de mon cou, et nos sanglots redoublèrent.

La tante Grédel dit :

« Les gueux l'ont prix.

— Ce n'est pas possible ! fit M. Goulden, dont les bras tombèrent.

— Oui, c'est tout ce qu'on peut voir de pire, dit la tante ; ça montre bien la scélératesse de ces gens. »

Et s'animant de plus en plus, elle criait :

« Il ne viendra donc plus de révolution ! Ces bandits seront donc toujours les maîtres !

— Voyons, voyons, mère Grédel, calmez-vous, disait M. Goulden. Au nom du ciel, ne criez pas si haut. Joseph, raconte-nous raisonnablement les choses ; ils se sont trompés...

---

63. L'*étal :* la table d'un boucher.

ce n'est pas possible autrement... M. le maire et le médecin de l'hôpital n'ont donc rien dit ? »

Je racontai en gémissant l'histoire de la lettre ; et la tante Grédel, qui ne savait rien de cela, se mit à crier en levant les poings :

« Ah ! le brigand , Dieu veuille qu'il entre encore une fois chez nous ! je lui fends la tête avec ma hachette. »

M. Goulden était consterné.

« Comment ! tu n'as pas crié que c'était faux ! dit-il ; c'est donc vrai cette histoire ? »

Et comme je baissais la tête sans répondre, joignant les mains il ajouta :

« Ah ! la jeunesse, la jeunesse, cela ne pense à rien... Quelle imprudence... quelle imprudence ! »

Il se promenait autour de la chambre ; puis il s'assit pour essuyer ses lunettes, et la tante Grédel dit :

« Oui, mais ils ne l'auront pas tout de même, leurs méchancetés ne serviront à rien : ce soir, Joseph sera déjà dans la montagne, en route pour la Suisse. »

M. Goulden, en entendant cela, devint grave, il fronça le sourcil et répondit au bout d'un instant :

« C'est un malheur... un grand malheur... car Joseph est réellement boiteux... On le reconnaîtra plus tard, il ne pourra pas marcher deux jours sans rester en arrière et sans tomber malade. Mais vous avez tort, mère Grédel, de parler comme vous faites et de lui donner un mauvais conseil.

— Un mauvais conseil ! dit-elle ; vous êtes donc aussi pour faire massacrer les gens, vous ?

— Non, répondit-il, je n'aime pas les guerres, surtout celles où des cent mille hommes perdent la vie pour la gloire d'un seul. Mais ces guerres-là sont finies ; ce n'est plus pour gagner de la gloire et des royaumes qu'on lève des soldats, c'est pour défendre le pays, qu'on a compromis à force de tyrannie et d'ambition. On voudrait bien la paix maintenant ! Malheureusement les Russes s'avancent, les Prussiens se mettent avec eux, et nos amis les Autrichiens n'attendent qu'une bonne occasion de nous tomber sur le dos ; si l'on ne va pas à leur rencontre, ils viendront chez nous, car nous allons avoir l'Europe sur les bras comme en 93. c'est donc tout autre chose que nos guerres d'Espagne, de Russie et d'Allemagne. Et moi, tout vieux que je suis, mère Grédel, si le danger continue à grandir et si l'on a besoin des anciens de la République, j'aurais honte d'aller faire des horloges en Suisse, pendant que d'autres verseraient leur sang pour défendre mon pays[64]. D'ailleurs, écoutez bien ceci : les déserteurs sont méprisés partout. Après avoir fait un coup pareil, on n'a plus de racines nulle part, on n'a plus ni père, ni mère, ni clocher, ni patrie... On s'est jugé soi-même incapable de remplir le premier de ses devoirs, qui est d'aimer et de soutenir son pays, même lorsqu'il a tort. » **(8)**

Il n'en dit pas plus en ce moment, et s'assit à la table d'un air grave.

« Mangeons, reprit-il après un instant de silence ; voici midi qui sonne. Mère Grédel et Catherine, asseyez-vous là. »

Elles s'assirent, et nous mangeâmes. Je rêvais aux paroles de M. Goulden, qui me semblaient justes. La tante Grédel serrait les lèvres, et de temps en temps elle me regardait pour voir ce que je pensais. À la fin, elle dit : **(9)**

« Moi, je me moque d'un pays où l'on prend les pères de famille, après avoir enlevé les garçons ! Si j'étais à la place de Joseph, je partirais tout de suite.

— Écoutez, tante Grédel, lui répondis-je, vous savez que je n'aime rien tant que la paix et la tranquillité ; mais je ne voudrais pourtant pas me sauver comme un *heimathslôss*[65] dans les autres pays. Malgré cela, je ferai ce que voudra Catherine : si elle me dit d'aller en Suisse, j'irai !... »

Alors Catherine, baissant la tête pour cacher ses larmes, dit tout bas :

« Je ne veux pas qu'on puisse t'appeler déserteur.

— Eh bien donc, je ferai comme les autres ! m'écriai-je ; puisque ceux de Phalsbourg et du Dagsberg partent pour la guerre, je partirai ! »

M. Goulden ne fit aucune observation.

---

64. Ce discours représente bien l'esprit qui animait les proclamations de la Révolution, lorsque les Assemblées réclamaient des volontaires pour défendre la patrie en danger. Tous les discours que tient Melchior Goulden en font un représentant typique des Jacobins et un adversaire de l'Empire ; **65.** *Heimathslôss :* sans patrie.

QUESTIONS

8. LIGNES 344 À 404

Sur quels points s'opposent ou se différencient la tante Grédel et l'horloger Goulden ? Quelle est leur attitude par rapport au jeune couple ?

9. Noter les passages où Joseph parle de lui en employant la première personne. Où se placent ces passages ? À quoi servent-ils ?

« Chacun est libre, dit-il ; seulement je suis content de voir que Joseph pense comme moi. »

Puis le silence se rétablit, et vers deux heures la tante Grédel, se levant, prit son panier. Elle semblait abattue et me dit :

« Joseph, tu ne veux pas m'écouter, mais c'est égal, avec la volonté du Seigneur, tout cela finira ; tu reviendras, si Dieu le veut, et Catherine t'attendra. »

Catherine, se jetant à mon cou, se remit à pleurer, et moi plus encore qu'elle ; de sorte que M. Goulden lui-même ne pouvait s'empêcher de verser des larmes.

Enfin Catherine et sa mère descendirent l'escalier, et d'en bas la tante me cria :

« Tâche de revenir encore une ou deux fois chez nous, Joseph.

— Oui, oui », lui répondis-je en fermant la porte.

Je ne me tenais plus sur mes jambes ; jamais je n'avais été si malheureux, et même aujourd'hui, quand j'y pense, cela me retourne le cœur. **(10)**

VII (1)

Depuis ce jour je n'avais plus la tête à rien. J'essayai d'abord de me remettre à l'ouvrage ; mais sans cesse mes pensées étaient ailleurs, et M. Goulden lui-même me dit :

« Joseph, laisse cela... profite du peu de temps qui te reste à passer avec nous ; va voir Catherine et la mère Grédel. Je crois toujours qu'on te réformera ; mais que peut-on savoir ? On a tellement besoin de monde, que cela risque de traîner en longueur. »

J'allais donc chaque matin aux Quatre-Vents, et je passais mes journées avec Catherine. Nous étions bien tristes, et pourtant bien heureux tout de même de nous voir ; nous nous aimions encore plus qu'avant, si c'est possible. Catherine quelquefois essayait de chanter, comme dans le bon temps ;

QUESTIONS

10. SUR L'ENSEMBLE DU CHAPITRE
Peut-on se limiter à dire que Joseph manque de courage ? Comment définir ses sentiments ?

VII-1. SUR L'ENSEMBLE DU CHAPITRE
On pourrait facilement donner un titre, lequel ?

mais tout à coup elle se mettait à pleurer. Alors nous pleurions ensemble, et la tante Grédel recommençait à maudire les guerres qui font le malheur de tout le monde. Elle disait que le conseil de révision méritait d'être pendu, que tous ces bandits s'entendaient ensemble pour vous empoisonner l'existence. Cela nous soulageait un peu de l'entendre crier, et nous trouvions qu'elle avait raison.

Le soir, je rentrais en ville vers huit ou neuf heures, au moment où l'on fermait les portes, et je voyais, en passant, toutes les petites auberges pleines de conscrits et de vieux soldats réformés qui buvaient ensemble. Les conscrits payaient toujours ; les autres, le bonnet de police crasseux sur l'oreille, le nez rouge, le vieux col de crin en guise de chemise, se retroussaient les moustaches en racontant d'un air majestueux leurs batailles, leurs marches et leurs duels.

On ne pouvait rien voir de plus abominable que ces trous pleins de fumée, le quinquet[66] sous les poutres sombres, ces vieux ferrailleurs et ces jeunes gens en train de boire, de crier et de taper sur les tables comme des aveugles ; et derrière dans l'ombre, la vieille Annette Schnaps, ou Marie Héring, la tignasse tordue sur la nuque, le peigne à trois dents en travers, observant ces choses en se grattant la hanche ou bien en vidant un pot à la santé des braves.

C'était triste pour des fils de paysans, des gens honnêtes et laborieux de mener une existence pareille ; mais personne n'avait plus envie de travailler ; on aurait donné sa vie pour deux liards. À force de crier, de boire et de se désoler intérieurement, on finissait par s'endormir le nez sur la table, et les vieux vidaient les cruches en chantant :

La gloire nous appelle !

Moi qui voyais ces choses, je bénissais le ciel, dans ma misère de me donner d'honnêtes gens pour soutenir mon courage et m'empêcher de tomber entre pareilles mains. **(2)**

---

66. Le *quinquet :* un type particulier de lampe à huile.

QUESTIONS

2. LIGNES 9 À 46

Est-ce uniquement une opposition entre Joseph et d'autres conscrits qui se trouve posée ? Ou peut-on dire que ces lignes convergent dans une même critique ?

Cela se prolongea jusqu'au 25 janvier. Depuis quelques jours, un grand nombre de conscrits italiens, des Piémontais et des Génois étaient arrivés en ville ; les uns gros et gras comme des Savoyards nourris de châtaignes, le grand chapeau pointu sur la tête crépue, le pantalon de bure, teint en vert sombre, et la petite veste également de bure[67], mais couleur de brique, serrés aux reins par une ceinture de cuir. Ils avaient des souliers énormes, et mangeaient du fromage sur le pouce, assis tout le long de la vieille halle. Les autres, secs, maigres, bruns, grelottaient dans leurs longues souquenilles[68], rien qu'à voir la neige sur les toits, et regardaient passer les femmes avec de grands yeux noirs et tristes. On les exerçait sur la place tous les jours à marcher au pas ; ils allaient remplir les cadres du 6e léger[69] à Mayence, et se reposaient un peu dans la caserne d'infanterie. **(3)**

Le capitaine des recrues, qui s'appelait Vidal[70], logeait au-dessus de notre chambre. C'était un homme carré[71], solide, très ferme, et pourtant aussi très bon et très honnête. Il vint faire raccommoder la sonnerie de sa montre chez nous, et quand il sut que j'était conscrit et que j'avais peur de ne pas revenir, il m'encouragea disant « que tout n'est qu'habitude... ; qu'au bout de cinq ou six mois, on se bat et l'on marche comme on mange la soupe, et que beaucoup même s'habituent tellement à tirer des coups de fusil ou de canon sur les gens, qu'ils se considèrent comme malheureux lorsqu'ils n'ont pas cette jouissance ».

Mais sa manière de raisonner n'était pas de mon goût, d'autant plus que je voyais cinq ou six gros grains de poudre sur une de ses joues, lesquels étaient entrés bien loin dans la peau, et qu'il m'expliqua provenir d'un coup de fusil qu'un Russe lui avait lâché presque sous le nez. Un état pareil me

---

67. La *bure* était une étoffe de grosse laine ; **68.** Une *souquenille :* une longue blouse, en grosse toile ; **69.** *6e léger :* il s'agit d'un régiment d'infanterie légère (par opposition aux régiments d'artillerie ou de cavalerie) ; **70.** Un certain nombres de personnages de ce roman ont réellement existé : le capitaine Vidal, le maire Parmentier, le chef de bataillon Gemeau, les gendarmes Kelz et Werner ; **71.** *Un homme carré :* un homme qui parle franchement, mais sans aucun ménagement.

QUESTIONS

3. LIGNES 47 À 61

Quels renseignements sur ces Italiens manquent ? Comment est organisée leur description ? Quel effet produit-elle ?

déplaisait de plus en plus, et comme déjà plusieurs jours s'étaient passés sans nouvelles, je commençais à croire qu'on m'oubliait comme le grand Jacob, du Chèvre-Hof, dont tout le monde parle encore, à cause de son bonheur extraordinaire. La tante Grédel elle-même me disait chaque fois que j'allais chez eux : « Eh bien... eh bien... ils veulent donc nous laisser tranquilles ! » lorsque, le matin du 25 janvier, au moment où j'allais partir pour les Quatre-Vents, M. Goulden, qui travaillait à son établi d'un air rêveur, se retourna les larmes aux yeux et me dit :

« Écoute, Joseph, j'ai voulu te laisser dormir encore tranquillement cette nuit ; mais il faut pourtant que tu le saches, mon enfant : hier soir, le brigadier de gendarmerie est venu m'apporter ta feuille de route. Tu pars avec les Piémontais et les Génois, et cinq ou six garçons de la ville : le fils Klipfel, le fils Lœrig, Jean Furst et Gaspard Zébédé ; vous partez pour Mayence. »

En entendant cela je sentis mes jambes s'en aller, et je m'assis sans pouvoir répondre un mot. M. Goulden sortit de son tiroir la feuille de route en belle écriture, et se mit à la lire lentement. Tout ce que je me rappelle, c'est que Joseph Bertha, natif de Dabo, canton de Phalsbourg, arrondissement de Sarrebourg, était incorporé dans le 6e léger, et qu'il devait avoir rejoint son corps le 29 janvier, à Mayence.

Cette lettre me produisit un aussi mauvais effet que si je n'avais rien su d'avance ; je regardai cela comme quelque chose de nouveau, et j'en fus indigné.

M. Goulden, après un instant de silence, dit encore :

« C'est aujourd'hui que les Italiens partent, vers onze heures. »

Alors, me réveillant comme d'un mauvais rêve, je m'écriai :

« Mais je ne reverrai donc plus Catherine ?

— Si, Joseph, si, dit-il d'une voix tremblante ; j'ai fait prévenir la mère Grédel et Catherine ; ainsi, mon enfant, elles viendront, tu pourras les embrasser avant de partir. »

Je voyais son chagrin et je m'attendrissais encore plus de sorte que j'avais mille peines à m'empêcher de fondre en larmes.

Au bout d'une minute il reprit :

« Tu n'as besoin de t'inquiéter de rien, j'ai tout préparé d'avance. Et quand tu reviendras, Joseph, si Dieu veut que je sois encore de ce monde, tu me trouveras toujours le même. Voici que je commence à me faire vieux, mon plus grand bonheur aurait été de te conserver comme un fils, car j'ai trouvé dans toi le bon cœur et le bon esprit d'un honnête homme ; je t'aurais cédé mon fonds... nous aurions été bien ensemble... Catherine et toi vous auriez été mes enfants... Mais puisqu'il en est ainsi, résignons-nous. Tout cela n'est que pour un peu de temps ; tu seras réformé, j'en suis sûr : on verra bientôt que tu ne peux pas faire de longues marches. »

Tandis qu'il parlait, moi, la tête sur les genoux, je sanglotais tout bas.

À la fin, il se leva et sortit de l'armoire un sac de soldat en peau de vache, qu'il posa sur la table. Je le regardais tout abattu, ne songeant à rien qu'au malheur de partir.

« Voici ton sac, dit-il, j'ai mis là-dedans tout ce qu'il te faut : deux chemises de toile, deux gilets de flanelle et le reste. Tu recevras deux chemises à Mayence, c'est tout ce qu'il te faudra ; mais je t'ai fait faire des souliers, car rien n'est plus mauvais que les souliers des fournisseurs ; c'est presque toujours du cuir de cheval, qui vous échauffe terriblement les pieds. Tu n'es pas déjà trop solide sur tes jambes, mon pauvre enfant, au moins que tu n'aies pas cette douleur de plus. Enfin voilà... c'est tout. »

Il posa le sac sur la table et se rassit.

Dehors on entendait les allées et venues des Italiens qui se préparaient à partir. Au-dessus de nous, le capitaine Vidal donnait des ordres. Il avait son cheval à la caserne de gendarmerie, et disait à son soldat d'aller voir s'il était bien bouchonné[72], s'il avait reçu son avoine.

Tout ce bruit, tout ce mouvement me produisait un effet étrange, et je ne pouvais encore croire qu'il fallait quitter la ville. Comme j'étais ainsi dans le plus grand trouble, voilà que la porte s'ouvre, et que Catherine se jette dans mes bras en gémissant, et que la mère Grédel crie :

« Je te disais bien qu'il fallait te sauver en Suisse... que ces gueux finiraient par t'emmener... Je te le disais bien... tu n'as pas voulu me croire.

— Mère Grédel, répondit aussitôt M. Goulden, de partir pour faire son devoir, ce n'est pas un si grand malheur que d'être méprisé par les honnêtes gens. Au lieu de tous ces cris

---

72. *Bouchonner un cheval :* le frotter avec un bouchon de paille.

et de tous ces reproches qui ne servent à rien, vous feriez mieux de consoler et de soutenir Joseph.

— Ah ! dit-elle, je ne lui fais pas de reproches, non ! quoique ce soit terrible de voir des choses pareilles. »

Catherine ne me quittait pas ; elle s'était assise à côté de moi, et nous nous embrassions.

« Tu reviendras, faisait-elle en me serrant.

— Oui... oui, disais-je tout bas ; et toi, tu penseras toujours à moi... tu n'en aimeras pas un autre ! »

Alors elle sanglotait en disant :

« Oh ! non, je ne veux aimer que toi ! »

Cela durait depuis un quart d'heure, lorsque la porte s'ouvrit, et que le capitaine Vidal entra, le manteau roulé comme un cor de chasse sur son épaule.

« Eh bien ! dit-il, eh bien ! et notre jeune homme ?

— Le voilà, répondit M. Goulden.

— Ah ! oui, fit le capitaine, ils sont en train de se désoler, c'est tout simple... Je me rappelle ça... nous laissons tous quelqu'un au pays. »

Puis, élevant la voix :

« Allons, jeune homme, du courage ! Nous ne sommes plus un enfant, que diable ! »

Il regarda Catherine :

« C'est égal, dit-il à M. Goulden, je comprends qu'il n'aime pas de partir. »

Le tambour battait à tous les coins de la rue ; le capitaine Vidal ajouta :

« Nous avons encore vingt minutes pour lever le pied. »

Et, me lançant un coup d'œil :

« Ne manquons pas au premier appel, jeune homme », fit-il en serrant la main de M. Goulden.

Il sortit ; on entendait son cheval piaffer[73] à la porte.

Le temps était gris, la tristesse m'accablait ; je ne pouvais lâcher Catherine.

Tout à coup le roulement commença ; tous les tambours s'étaient réunis sur la place. M. Goulden, prenant aussitôt le sac par ses courroies sur la table, dit d'un ton grave :

« Joseph ; maintenant embrassons-nous... il est temps. »

Je me redressai tout pâle, il m'attacha le sac sur les

---

73. *Un cheval piaffe* lorsqu'il frappe le sol avec ses sabots de devant sans avancer.

épaules. Catherine, assise la figure dans son tablier, sanglotait. La mère Grédel, debout, me regardait les lèvres serrées.

Le roulement continuait toujours ; subitement il se tut.

« L'appel va commencer », dit M. Goulden en m'embrassant, et tout à coup son cœur éclata ; il se mit à pleurer, m'appelant tout bas son enfant et me disant :

« Courage ! » **(4)**

La mère Grédel s'assit ; comme je me baissais vers elle, elle me prit la tête entre ses mains, et, m'embrassant, elle criait :

« Je t'ai toujours aimé, Joseph, depuis que tu n'étais qu'un enfant... je t'ai toujours aimé ! tu ne nous as donné que de la satisfaction, et maintenant il faut que tu partes... Mon Dieu, mon Dieu, quel malheur ! »

Moi, je ne pleurais plus.

Quand la tante Grédel m'eut lâché, je regardai Catherine, qui ne bougeait pas, et, m'étant approché, je la baisai sur le cou. Elle ne se leva point, et je m'en allais bien vite, n'ayant plus de force, lorsqu'elle se mit à crier d'une voix déchirante :

« Joseph !... Joseph ! »

Alors je me retournai ; nous nous jetâmes dans les bras l'un de l'autre, et quelques instants encore nous restâmes ainsi, sanglotant. Catherine ne pouvait plus se tenir ; je la posai dans le fauteuil et je partis sans oser tourner la tête.

J'étais déjà sur la place, au milieu des Italiens et d'une foule de gens qui criaient et pleuraient en reconduisant leurs garçons, et je ne voyais rien, je n'entendais rien.

Quand le roulement recommença, je regardai et je vis que j'étais entre Klipfel et Furst ; tous deux le sac au dos ; leurs parents devant nous, sur la place, pleuraient comme pour un enterrement. À droite, près de l'Hôtel de ville, le capitaine Vidal, à cheval sur sa petite jument grise, causait avec deux officiers d'infanterie. Les sergents faisaient l'appel et l'on répondait. On appela Zébédé, Furst, Klipfel, Bertha, nous répondîmes comme les autres ; puis le capitaine commanda :

QUESTIONS

4. LIGNES 85 À 205
Analyser le caractère paternel des sentiments de Melchior Goulden à l'égard de Joseph.

« Marche ! » et nous partîmes deux à deux vers la porte de France.

Au coin du boulanger Spitz, une vieille, au premier, cria de sa fenêtre, d'une voix étranglée :

« Kasper ! Kasper ! »

C'était la grand-mère de Zébédé ; son menton tremblait. Zébédé leva la main sans répondre ; il était aussi bien triste et baissait la tête.

Moi, je frémissais d'avance de passer devant chez nous. En arrivant là, mes jambes fléchissaient ; j'entendis aussi quelqu'un crier des fenêtres, mais je tournai la tête du côté de l'auberge du *Bœuf-Rouge ;* le bruit des tambours couvrait tout.

Les enfants couraient derrière nous en criant :

« Les voilà qui partent... Tiens, voilà Klipfel, voilà Joseph ! »

Sous la porte de France, les hommes de garde rangés en ligne, l'arme au bras, nous regardèrent défiler. Nous traversâmes l'avancée, puis nos tambours se turent, et nous tournâmes à droite. On n'entendait plus que le bruit des pas dans la boue, car la neige fondait[74].

Nous avions dépassé la ferme de Gerberhoff et nous allions descendre la côte du grand pont, lorsque j'entendis quelqu'un me parler : c'était le capitaine qui me criait du haut de son cheval :

« À la bonne heure, jeune homme, je suis content de vous ! » **(5)**

En entendant cela, je ne pus m'empêcher de répandre encore des larmes, et le grand Furst aussi ; nous pleurions en marchant. Les autres, pâles comme des morts, ne disaient rien. Au grand pont, Zébédé sortit sa pipe pour fumer. Devant nous, les Italiens parlaient et riaient entre eux, étant habitués depuis trois semaines à cette existence.

Une fois sur la côte de Metting, à plus d'une lieue de la ville, comme nous allions redescendre, Klipfel me toucha l'épaule, et tournant la tête il me dit :

« Regarde là-bas... »

74. Cette indication d'un bruit a une valeur symbolique.

QUESTIONS

5. LIGNES 62 À 262

Le rôle du capitaine Vidal par rapport à celui du colporteur Pinacle.

Je regardai, et j'aperçus Phalsbourg bien loin au-dessous de nous, les casernes, les poudrières, et le clocher d'où j'avais vu la maison de Catherine, six semaines avant, avec le vieux Brainstein : tout cela gris, les bois noirs autour. J'aurais bien voulu m'arrêter là quelques instants ; mais la troupe marchait, il fallut suivre. **(6)** Nous descendîmes à Metting. **(7)**

VIII

Ce même jour, nous allâmes jusqu'à Bitche, puis le lendemain à Hornbach, à Kaiserslautern, etc. Le temps s'était remis à la neige.

Combien de fois, durant cette longue route, je regrettai le bon manteau de M. Goulden et ses souliers à doubles semelles !

Nous traversions des villages sans nombre, tantôt en montagne, tantôt en plaine. À l'entrée de chaque bourgade, les tambours attachaient leur caisse et battaient la marche ; alors nous redressions la tête, nous marquions le pas, pour avoir l'air de vieux soldats. Les gens venaient à leurs petites fenêtres, ou s'avançaient sur leur porte en disant : « Ce sont des conscrits. »

Le soir, à la halte, nous étions bien heureux de reposer nos pieds fatigués, moi surtout. Je ne puis dire que ma jambe me faisait mal, mais les pieds... Ah ! je n'avais jamais senti cette grande fatigue ! Avec notre billet de logement, nous avions le droit de nous asseoir au coin du feu ; mais les gens nous donnaient aussi place à leur table. Presque toujours nous avions du lait caillé et des pommes de terre, quelquefois aussi du lard frais, tremblotant sur un plat de choucroute. Les enfants venaient nous voir ; les vieilles nous demandaient de quel pays nous étions, ce que nous faisions avant de partir ; les jeunes filles nous regardaient d'un air triste, rêvant à leurs amoureux, partis cinq, six ou sept mois avant. Ensuite on nous conduisait dans le lit du garçon. Avec quel bonheur je m'étendais ! comme j'aurais voulu dormir mes douze heures ! Mais de bon matin,

QUESTIONS

6. LIGNES 228 À 283
Quel est le temps le plus employé dans ce passage ? Quel rôle joue le passé simple dans cette dernière partie du chapitre ?

7. SUR L'ENSEMBLE DU CHAPITRE
Analyser la présence et le rôle des différents temps verbaux employés.

au petit jour, le bourdonnement de la caisse me réveillait ; je regardais les poutres brunes du plafond, les petites vitres couvertes de givre, et je me demandais : « Où suis-je ? » Tout à coup mon cœur se serrait ; je me disais : « Tu es à Bitche, à Kaiserslautern... tu es conscrit ! » Et bien vite il fallait m'habiller, reprendre le sac et courir répondre à l'appel.

« Bon voyage ! disait la ménagère éveillée de grand matin.

— Merci », répondait le conscrit. **(1)**

Et l'on partait.

Oui... oui... bon voyage ! On ne te reverra plus, pauvre diable... Combien d'autres ont suivi le même chemin !

Je n'oublierai jamais **(2)** qu'à Kaiserslautern, le deuxième jour de notre départ, ayant débouclé mon sac pour mettre une chemise blanche, je découvris, sous les chemises, un petit paquet assez lourd, et que, l'ayant ouvert, j'y trouvai cinquante-quatre francs en pièces de six livres, et sur le papier ces mots de M. Goulden : « Sois toujours bon, honnête, à la guerre. Songe à tes parents, à tous ceux pour lesquels tu donnerais ta vie et traite humainement les étrangers, afin qu'ils agissent de même à l'égard des nôtres. Et que le ciel te conduise... qu'il te sauve des périls ! Voici quelque argent, Joseph. Il est bon, loin des siens, d'avoir toujours un peu d'argent. Écris-nous le plus souvent que tu pourras[75]. Je t'embrasse mon enfant, je te serre sur mon cœur. »

En lisant cela, je répandis des larmes, et je pensai : « Tu n'es pas entièrement abandonné sur la terre... De braves gens songent à toi ! Tu n'oublieras jamais leurs bons conseils. »

Enfin, le cinquième jour, vers dix heures du soir, nous entrâmes à Mayence. Tant que je vivrai, ce souvenir me restera

75. À une époque où peu de gens savaient lire et écrire dans les classes moyennes ou pauvres, les familles recevaient peu de nouvelles des conscrits. Joseph Bertha possède donc une instruction qui le distingue des autres. Les préfets se plaignaient même que beaucoup de maires, dans les campagnes, savaient à peine signer leur nom et ne savaient pas lire.

QUESTIONS

1. LIGNES 1 À 34
Le rôle des imparfaits dans ces lignes.

2. LIGNE 38
Qui prononce « je n'oublierai jamais » ? Quel effet produit ce futur (dans la mesure où l'on aurait pu rencontrer, par exemple, un passé composé : je n'ai jamais oublié) ?

dans l'esprit. Il faisait un froid terrible ; nous étions partis de grand matin, et longtemps avant d'arriver à la ville, nous avions traversé des villages pleins de soldats : de la cavalerie et de l'infanterie, des dragons en petite veste, les sabots pleins de paille, en train de casser la glace d'une auge pour abreuver leurs chevaux ; d'autres traînant des bottes de fourrage à la porte des écuries ; des convois de poudre, de boulets en route, tout blancs de givre ; des estafettes, des détachements d'artillerie, de pontonniers allant et venant sur la campagne blanche, et qui ne faisaient pas plus attention à nous que si nous n'avions pas existé. **(3)**

Le capitaine Vidal, pour se réchauffer, avait mis pied à terre et marchait d'un bon pas ; les officiers et les sergents nous pressaient à cause du retard. Cinq ou six Italiens étaient restés en arrière dans les villages, ne pouvant plus avancer. Moi, j'avais très chaud aux pieds à cause du mal ; à la dernière halte, c'est à peine si j'avais pu me relever. Les autres Phalsbourgeois marchaient bien.

La nuit était venue ; le ciel fourmillait d'étoiles. Tout le monde regardait, et l'on se disait : « Nous approchons ! nous approchons ! » car au fond du ciel une ligne sombre, des points noirs et des aiguilles étincelantes[76] annonçaient une grande ville. Enfin nous entrâmes dans les avancées, à travers des bastions de terre en zigzag. Alors on nous fit serrer les rangs et nous continuâmes mieux au pas, comme il arrive en approchant d'une place forte. On se taisait. Au coin d'une espèce de demi-lune, nous vîmes le fossé de la ville plein de glace, les remparts en briques au-dessus, et en face de nous, une vieille porte sombre, le pont levé. En haut, une sentinelle l'arme prête, nous cria : **(4)**

---

76. Une fois de plus, les notations visuelles sont multipliées. Les autres impressions sensorielles se réduisent au bruit obsédant des tambours. Le froid n'est traduit que par des détails visuels.

QUESTIONS

3. SUR L'ENSEMBLE DU CHAPITRE
Relever les détails visuels.

4. LIGNES 74 À 85
Analyser l'opposition des verbes à l'imparfait et des verbes au passé simple dans ce paragraphe. Est-il possible de séparer ce qui traduit les impressions des conscrits et ce qui appartient au récit des événements ?

« *Qui vive !* »

Le capitaine, seul en avant, répondit :

« France !

— Quel régiment ?

— Recrues du 6ᵉ léger. »

Il se fit un grand silence. Le pont-levis s'abaissa ; les hommes de garde vinrent nous reconnaître. L'un d'eux portait un grand falot. Le capitaine Vidal alla quelques pas en avant, causer avec le chef de poste, puis on nous cria :

« Quand il vous plaira. »

Nos tambours commençaient à battre ; mais le capitaine leur fit remettre la caisse sur l'épaule, et nous entrâmes traversant un grand pont et une seconde porte semblable à la première. Alors nous fûmes dans la ville, pavée de gros cailloux luisants. Chacun faisait ce qu'il pouvait pour ne pas boiter, car, malgré la nuit, toutes les auberges, toutes les boutiques des marchands étaient ouvertes ; leurs grandes fenêtres brillaient, et des centaines de gens allaient et venaient comme en plein jour.

Nous tournâmes cinq ou six coins de rue, et bientôt nous arrivâmes sur une petite place, devant une haute caserne où l'on nous cria :

« Halte ! »

Il y avait une voûte au coin de la caserne, et, dans cette voûte, une cantinière assise derrière une petite table, sous un grand parapluie tricolore où pendaient deux lanternes.

Presque aussitôt plusieurs officiers arrivèrent : c'étaient le commandant Gémeau et quelques autres que j'ai connus depuis. Ils serrèrent la main du capitaine en riant ; puis ils nous regardèrent et l'on fit l'appel. Après quoi nous reçûmes chacun une miche de pain de munition et un billet de logement. On nous avertit que l'appel aurait lieu le lendemain à huit heures pour la distribution des armes, et l'on nous cria : « Rompez les rangs ! » pendant que les officiers remontaient la rue à gauche et entraient ensemble dans un grand café, où l'on montait par une quinzaine de marches.

Mais nous autres, où aller avec nos billets de logement, au milieu d'une ville pareille, et surtout ces Italiens, qui ne connaissaient pas un mot d'allemand ni de français ?

Ma première idée fut d'aller voir la cantinière sous son parapluie. C'était une vieille Alsacienne toute ronde et joufflue, et quand je lui demandai où se trouvait la *Capuzigner Strasse,* elle me répondit :

« Qu'est-ce que tu payes ? »

Je fus obligé de prendre avec elle un petit verre d'eau-de-vie ; alors elle me dit :

« Tiens, juste en face de nous, en tournant le coin à droite, tu trouveras la *Capuzigner Strasse.* Bonsoir, conscrit. »

Elle riait.

Le grand Furst et Zébédé avaient aussi leur billet pour la *Capuzigner Strasse ;* nous partîmes, encore bien heureux de boiter et de traîner la semelle ensemble dans cette ville étrangère.

Furst trouva le premier sa maison, mais elle était fermée, et, comme il frappait à la porte, je trouvai aussi la mienne, dont les deux fenêtres brillaient à gauche. Je poussai la porte, elle s'ouvrit, et j'entrai dans une allée sombre, où l'on sentait le pain frais, ce qui me réjouit intérieurement. Zébédé alla plus loin. Moi, je criais dans l'allée :

« Il n'y a personne ? »

Et presque aussitôt une vieille femme parut, la main devant sa chandelle, au haut d'un escalier en bois.

« Qu'est-ce que vous voulez ? » fit-elle.

Je lui dis que j'avais un billet de logement pour chez eux. Elle descendit et regarda mon billet, puis elle me dit en allemand :

« Venez ! »

Je montai donc l'escalier. En passant, j'aperçus, par une porte ouverte, deux hommes en culotte, nus jusqu'à la ceinture, qui brassaient la pâte devant deux pétrins. J'étais chez un boulanger, et voilà pourquoi cette vieille ne dormait pas encore, ayant sans doute aussi de l'ouvrage. Elle avait un bonnet à rubans noirs, les bras nus jusqu'aux coudes, une grosse jupe de laine bleue soutenue par des bretelles[77], et semblait triste. En haut, elle me conduisit dans une chambre assez grande, avec un bon fourneau de faïence et un lit au fond.

« Vous arrivez tard, me dit cette femme.

— Oui, nous avons marché tout le jour, lui répondis-je sans presque pouvoir parler ; je tombe de faim et de fatigue. »

77. Les costumes féminins sont régulièrement présentés ; les costumes masculins semblent n'être décrits que lorsqu'ils possèdent une valeur symbolique.

Alors elle me regarda, et je l'entendis qui disait :

« Pauvre enfant ! pauvre enfant ! »

Puis elle me fit asseoir près du fourneau et me demanda :

« Vous avez mal aux pieds ?

— Oui, depuis trois jours.

— Eh bien, ôtez vos souliers, fit-elle, et mettez ces sabots. Je reviens. »

Elle laissa sa chandelle sur la table et redescendit. J'ôtai mon sac et mes souliers ; j'avais des ampoules, et je pensais : « Mon Dieu... mon Dieu... peut-on souffrir autant ? Est-ce qu'il ne vaudrait pas mieux être mort ? »

Cette idée m'était venue cent fois en route ; mais alors, auprès de ce bon feu, je me sentais si las, si malheureux que j'aurais voulu m'endormir pour toujours, malgré Catherine, malgré la tante Grédel, M. Goulden et tous ceux qui me souhaitaient du bien. Oui, je me trouvais trop misérable !

Tandis que je songeais à ces choses, la porte s'ouvrit, et un homme grand, fort, la tête déjà grise, entra. C'était un de ceux que j'avais vu travailler en bas. Il avait mis une chemise et il tenait dans ses mains une cruche et deux verres.

« Bonne nuit ! » dit-il en me regardant d'un air grave.

Je penchai la tête. La vieille entra, derrière cet homme ; elle portait un cuveau de bois, et le posant à terre près de la chaise :

« Prenez un bain de pieds, me dit-elle, cela vous fera du bien. »

En voyant cela, je fus attendri et je pensai : « Il y a pourtant des braves gens sur la terre ! » J'ôtai mes bas. Comme les ampoules étaient ouvertes, elles saignaient, et la bonne vieille répéta :

« Pauvre enfant ! pauvre enfant ! »

L'homme me dit :

« De quel pays êtes-vous ?

— De Phalsbourg, en Lorraine.

— Ah ! bon », fit-il.

Puis, au bout d'un instant, il dit à sa femme :

« Va donc chercher une de nos galettes ; ce jeune homme prendra un verre de vin, et nous le laisserons ensuite dormir en paix, car il a besoin de repos. »

Il poussa la table devant moi, de sorte que j'avais les pieds dans la baignoire, ce qui me faisait du bien, et que j'étais devant la cruche. Il emplit ensuite nos verres d'un bon vin blanc, en me disant :

« À votre santé ! »

La mère était sortie. Elle revint avec une grande galette encore chaude et toute couverte de beurre frais à moitié fondu. C'est alors que je sentis combien j'avais faim ; je me trouvai presque mal. Il paraît que ces bonnes gens le virent, car la femme me dit :

« Avant de manger, mon enfant, il faut sortir vos pieds de l'eau. »

Elle se baissa et m'essuya les pieds avec son tablier, avant que j'eusse compris ce qu'elle voulait faire.

Alors je m'écriai :

« Mon Dieu, madame, vous me traitez comme votre enfant. »

Elle me répondit au bout d'un instant :

« Nous avons un fils à l'armée ! »

J'entendis que sa voix tremblait en disant ces mots, et mon cœur se mit à sangloter intérieurement : je songeais à Catherine, à la tante Grédel, et je ne pouvais rien répondre.

« Mangez et buvez », me dit l'homme, en découpant la galette. »

Ce que je fis, avec un bonheur que je n'avais jamais connu. Tous deux me regardaient gravement. Quand j'eus fini, l'homme se leva :

« Oui, dit-il, nous avons un fils à l'armée ; il est parti l'année dernière pour la Russie, et nous n'en avons pas eu de nouvelles... ces guerres sont terribles ! »

Il se parlait à lui-même en marchant d'un air rêveur, les mains croisées sur le dos. Moi, je sentais mes yeux se fermer.

Tout à coup l'homme dit :

« Allons, bonsoir ! »

Il sortit ; sa femme le suivit, emportant le cuveau.

« Merci ! leur criai-je ; que Dieu ramène votre fils ! »

Puis je me déshabillai, je me couchai et je m'endormis profondément. **(5)**

QUESTIONS

5. Peut-on parler d'aggravation ou d'amélioration de la situation du héros dans ce chapitre ? Peut-on dire que les premiers chapitres de l'*Histoire d'un conscrit de 1813* en font un roman d'apprentissage de la vie ? Quel rôle joue, pour le héros, l'épisode final de ce chapitre ?

LA BATAILLE DE SMOLENSK
(16 août 1812), aquarelle.

Phot. Giraudon

IX

Le lendemain, je m'éveillai vers huit heures. Un trompette sonnait le rappel au coin de la *Caputzigner Strasse;* tout s'agitait : on entendait passer des chevaux, des voitures et des gens. Mes pieds me faisaient encore un peu mal, mais ce n'était rien en comparaison des autres jours ; quand j'eus mis des bas propres, il me sembla renaître, j'étais solide sur mes jambes, et je me dis en moi-même : « Joseph, si cela continue, tu deviendras un gaillard ; il n'y a que le premier pas qui coûte[78]. »

Je m'habillai dans ces heureuses dispositions. **(1)**

La femme du boulanger avait mis sécher mes souliers près du four, après les avoir remplis de cendres chaudes, pour les empêcher de se racornir. Ils étaient bien graissés et luisants.

Enfin je bouclai mon sac, et je descendis sans avoir le temps de remercier des bonnes gens qui m'avaient si bien reçu, pensant remplir ce devoir après l'appel.

Au bout de la rue, sur la place, beaucoup de nos Italiens attendaient déjà, grelottant autour de la fontaine. Furst, Klipfel, Zébédé arrivèrent un instant plus tard.

De tout un côté de la place on ne voyait que des canons sur leurs affûts[79]. Des chevaux arrivaient à l'abreuvoir conduits par des hussards[80] badois[81] ; quelques soldats du train et des dragons se trouvaient dans le nombre.

En face de nous était une caserne de cavalerie haute comme l'église de Phalsbourg ; et des trois autres côtés de la place s'élevaient de vieilles maisons en pointe avec des sculptures, comme à Saverne, mais bien autrement grandes. Jamais je n'avais rien vu de semblable, et comme je regardais le nez en l'air, nos tambours se mirent à rouler. Chacun reprit son rang.

---

78. Le héros de cette histoire a tendance à multiplier les monologues intérieurs ; **79.** Les *affûts :* des bâtis de bois ou de métal qui servent à soutenir, déplacer ou pointer les canons ; **80.** Les *hussards :* unités de cavalerie légère. Les *chasseurs :* des unités d'infanterie légère. Les *dragons :* c'étaient des unités de cavalerie ; Napoléon avait 31 régiments de dragons, dont certains s'illustrèrent en 1814. En 1807, l'Empereur avait créé le service du train des équipages, chargé des transports militaires (jusque-là on se contentait de réquisitionner des voitures) ; **81.** *Badois :* habitants de la ville de Bâle.

QUESTIONS

1. Peut-on dire que le conscrit Joseph Bertha tient un simple carnet de route ? Peut-on parler de Mémoires ?

Le capitaine Vidal arriva, le manteau sur l'épaule. Des voitures sortirent d'une voûte en face, et l'on nous cria, d'abord en italien, ensuite en français, qu'on allait distribuer les armes, et que chacun devait sortir des rangs à l'appel de son nom.

Les voitures s'arrêtèrent à dix pas, et l'appel commença. Chacun à son tour sortait des rangs, et recevait une giberne, un sabre, une baïonnette et un fusil. On se passait cela sur la blouse, sur l'habit ou la casaque ; nous avions la mine, avec nos chapeaux, nos casquettes et nos armes, d'une véritable bande de brigands. Je reçus un fusil tellement grand et lourd, que je pouvais à peine le porter, et comme la giberne me tombait presque sur les mollets, le sergent Pinto me montra la manière de raccourcir les courroies. C'était un brave homme.

Tous ces baudriers[82] qui me croisaient la poitrine me paraissaient quelque chose de terrible, et je vis bien alors que nos misères n'allaient pas finir de sitôt.

Après les armes, un caisson s'avança, et l'on nous distribua cinquante cartouches par homme, ce qui n'annonçait rien de bon. Puis, au lieu de faire rompre les rangs et de nous renvoyer à nos logements, comme je le pensais, le capitaine Vidal tira son sabre et cria :

« Par file à droite en avant... marche... ! »

Et les tambours se mirent à battre. **(2)**

J'étais désolé de ne pouvoir pas au moins remercier mes hôtes du bien qu'ils m'avaient fait ; je me disais : « Ils vont te prendre pour un ingrat ! » Mais tout cela ne m'empêchait pas de suivre la file.

Nous allions par une longue rue tortueuse, et tout à coup en dehors des glacis, nous fûmes près du Rhin couvert de glace à perte de vue. C'était quelque chose de magnifique et d'éblouissant.

Tout le bataillon descendit au Rhin, que nous traversâmes. Nous n'étions pas seuls sur le fleuve ; devant nous, à cinq ou six cents pas, un convoi de poudre, conduit par des soldats

---

82. Un *baudrier* était une bande de cuir, portée en bandoulière ; il servait à soutenir un sabre, une giberne (la sacoche où l'on rangeait les cartouches).

QUESTIONS

2. À PARTIR DES CHAPITRES VIII ET IX
Quelles impressions produit ce premier contact avec la vie militaire ?

du train, gagnait le route de Francfort. La glace n'était pas glissante, mais couverte d'une espèce de givre raboteux.

En arrivant sur l'autre rive, on nous fit prendre un chemin tournant entre deux petites côtes.

Nous continuâmes à marcher ainsi durant cinq heures. Tantôt à droite, tantôt à gauche, nous découvrions des villages, et Zébédé, qui marchait près de moi, me disait :

« Puisqu'il a fallu partir, j'aime autant que ce soit pour la guerre. Au moins, nous voyons tous les jours du nouveau. Si nous avons le bonheur de revenir, nous pourrons en raconter de toutes sortes.

— Oui, mais j'aimerais beaucoup mieux en savoir moins, lui disais-je ; j'aimerais mieux vivre pour mon propre compte que pour le compte des autres, qui sont tranquillement chez eux, pendant que nous grimpons ici dans la neige.

— Toi, tu ne regardes pas la gloire, faisait-il ; c'est pourtant quelque chose, la gloire. »

Et je lui répondais :

« La gloire est pour d'autres que pour nous, Zébédé ; ceux-là vivent bien, mangent bien et dorment bien. Ils ont des danses et des réjouissances, comme on le voit dans les gazettes[83], et, par-dessus le marché, la gloire, quand nous l'avons gagnée à force de suer, de jeûner et de nous faire casser les os. Les pauvres diables comme nous, qu'on force de partir, lorsqu'ils rentrent à la fin, après avoir perdu l'habitude du travail et quelquefois un membre, n'ont pas beaucoup de gloire. Bon nombre de leurs anciens camarades, qui ne valaient pas mieux qu'eux, et qui travaillaient même moins bien, ont gagné de l'argent pendant les sept ans, ils ont ouvert une boutique, ils ont épousé les amoureuses des autres, ils ont eu de beaux enfants, ils sont des hommes posés, des conseillers municipaux, des notables. Et quand ceux qui reviennent de chercher de la gloire en tuant des hommes passent avec leurs chevrons sur le bras, ils les regardent par-dessus l'épaule, et si par malheur ils ont le nez rouge, à force d'avoir bu de l'eau-de-vie pour se remonter le cœur dans la pluie, dans la neige, dans les marches forcées, tandis que les autres buvaient du bon vin, ils disent : Ce sont des ivrognes ! Et ces conscrits qui ne demandaient pas mieux que de rester chez eux, de travailler,

---

83. Une *gazette :* un journal paraissant périodiquement et donnant des nouvelles politiques, littéraires...

deviennent des espèces de mendiants. Voilà ce que je pense, Zébédé ; je ne trouve pas cela tout à fait juste, et j'aimerais mieux voir les amis de la gloire aller se battre eux-mêmes et nous laisser tranquilles. »

Alors il me disait :

« Je pense la même chose que toi ; mais puisque nous sommes *pincés*, il vaut mieux dire que nous combattons pour la gloire. Il faut toujours soutenir son état et tâcher de faire croire aux gens qu'on est bien ; sans cela, Joseph, on serait encore capable de se moquer de nous. » **(3)**

En raisonnant de ces choses et de beaucoup d'autres, nous finîmes par découvrir une grande rivière, que le sergent nous dit être le Mein, et, près de cette rivière, un village sur la route. Nous ne savions pas le nom de ce village, mais c'est là que nous fîmes halte.

On entra dans les maisons, et chacun put s'acheter de l'eau-de-vie, du vin et de la viande.

Ceux qui n'avaient pas d'argent cassèrent leur croûte de pain bis en regardant les autres. **(4)**

Le soir, vers cinq heures, nous arrivâmes à Francfort. C'est une ville encore plus vieille que Mayence et pleine de juifs. On nous conduisit dans un endroit appelé Saxenhausen, où se trouvaient casernés le 10e hussards et des chasseurs badois. Je me suis laissé dire que cette vieille bâtisse avait été dans le temps un hôpital, et je le crois volontiers ; car à l'intérieur se trouvait une grande cour, avec des arcades, murées ; sous les arcades, on avait logé les chevaux, et au-dessus les hommes.

Nous arrivâmes donc en cet endroit à travers des ruelles innombrables et tellement étroites qu'on voyait à peine les étoiles entre les cheminées. Le capitaine Florentin et les deux lieutenants Clavel et Bretonville nous attendaient. Après l'appel, nos sergents nous conduisirent par détachements dans les chambrées[84],

---

84. La *chambrée :* vaste chambre dans laquelle on loge un groupe de soldats.

QUESTIONS

3. LIGNES 68 À 112

Quels éléments nouveaux apporte ce dialogue? Est-il surprenant de voir Joseph tenir un grand discours? Peut-on dire, comme le fait Joseph, que les deux amis tiennent des raisonnements ?

4. SUR L'ENSEMBLE DU CHAPITRE

Peut-on dire que Joseph se montre sensible au sort des autres ?

au-dessus des Badois. C'étaient de grandes salles avec de petites fenêtres ; entre les fenêtres se trouvaient les lits.

Le sergent Pinto suspendit sa lanterne au pilier du milieu ; chacun mit ses armes au râtelier, puis se débarrassa de son sac, de sa blouse et de ses souliers sans dire un mot. Zébédé se trouvait être mon camarade de lit. Dieu sait si nous avions sommeil. Vingt minutes après, nous dormions tous comme des sourds. **(5)**

X (1)

C'est à Francfort que j'appris à connaître la vie militaire. Jusque-là je n'avais été qu'un simple conscrit ; alors je devins un soldat. Et je ne parle pas ici de l'exercice, non ! la manière de faire tête droite et tête gauche, d'emboîter le pas, de lever la main à la hauteur de la première ou de la deuxième capucine[85] pour charger le fusil, d'ajuster et de relever l'arme au commandement, c'est l'affaire d'un ou deux mois avec de la bonne volonté. Mais j'appris la discipline, à savoir : que le caporal a toujours raison lorsqu'il parle au soldat, le sergent lorsqu'il parle au caporal, le sergent-major lorsqu'il parle au sergent, le sous-lieutenant au sergent-major, ainsi de suite jusqu'au maréchal de France, — quand ils diraient que deux et deux font cinq ou que la lune brille en plein midi.

Cela vous entre difficilement dans la tête mais quelque chose vous aide beaucoup : c'est une espèce de pancarte affichée dans les chambrées, et qu'on vous lit de temps en temps, pour vous ouvrir les idées. Cette pancarte suppose tout ce qu'un soldat peut avoir envie de faire, par exemple de retourner dans son

85. La *capucine* était un anneau de métal fixant le canon du fusil à l'affût.

QUESTIONS

5. LIGNES 130 À 142
Quel rôle jouent les noms indiqués ? Sont-ils utiles à la compréhension de l'histoire ?

X-1. SUR L'ENSEMBLE DU CHAPITRE
Distinguer les deux parties distinctes de ce chapitre consacré à la vie de garnison, leur donner un titre.

village, de refuser le service, de résister à son chef, etc., et cela finit par la mort ou cinq ans de boulet au moins. **(2)**

Le lendemain de notre arrivée à Francfort, j'écrivis à M. Goulden, à Catherine et à la tante Grédel ; on peut se figurer avec quel attendrissement. Il me semblait, en leur parlant, être encore au milieu d'eux ; je leur racontais mes fatigues, le bien qu'on m'avait fait à Mayence, le courage qu'il m'avait fallu pour ne pas rester en arrière. Je leur dis aussi que j'étais toujours en bonne santé, grâce à Dieu ; que je me sentais plus fort qu'avant de partir, et que je les embrassais mille et mille fois.

J'écrivais dans notre chambrée, au milieu des camarades, et les Phalsbourgeois me faisaient tous ajouter des compliments pour leurs familles. Enfin, ce fut encore un bon moment. **(3)**

Ensuite j'écrivis à Mayence, aux braves gens de la *Capuzigner Strasse*, qui m'avaient en quelque sorte sauvé de la désolation. Je leur dis que le rappel m'avait forcé de partir tout de suite ; que j'avais espéré les revoir et les remercier, mais que, le bataillon ayant fait route pour Francfort, ils devaient me pardonner.

Ce même jour, dans l'après-midi, nous reçûmes l'habillement du bataillon. Des douzaines de juifs arrivèrent jusque sous les arcades, et chacun leur vendit ses effets bourgeois. Je ne conservai que mes chemises, mes bas et mes souliers. Les Italiens avaient mille peines à se faire entendre de ces marchands, qui voulaient tout emporter pour rien ; mais les Génois étaient aussi fins que les juifs, et leurs discussions se prolongèrent jusqu'à la nuit. Nos caporaux reçurent alors plus d'une goutte ; il fallait bien s'en faire des amis, car matin et soir ils nous montraient l'exercice dans la cours pleine de neige. La cantinière Christine était toujours dans son coin, la chaufferette sous les pieds. Elle prenait en considération tous les jeunes gens de bonne famille, comme elle appelait ceux qui ne regardaient pas à l'argent. Combien d'entre nous se laissaient tirer jusqu'au dernier liard, pour s'entendre appeler jeunes gens

QUESTIONS

2. LIGNES 1-20
Effet produit par ces remarques.

3. LIGNE 32
S'agit-il d'un commentaire que puisse effectuer le jeune soldat ? Pourquoi cette remarque rétrospective ?

de bonne famille ! Plus tard, ce n'étaient plus que des gueux ! mais que voulez-vous ? la vanité... la vanité... cela perd tout le genre humain, depuis les conscrits jusqu'aux généraux. **(4)**

Pendant ce temps, chaque jour il arrivait des recrues de France et des charrettes pleines de blessés de la Pologne. Quel spectacle devant l'hôpital du Saint-Esprit, de l'autre côté de la rivière ! C'était un convoi qui ne finissait jamais ? Tous ces malheureux avaient les uns le nez et les oreilles gelés, les autres un bras, les autres une jambe ; on les mettait dans la neige pour les empêcher de tomber en morceaux. Jamais on n'a vu de gens habillés si misérablement, avec des jupons de femme, des bonnets à poil pelés, des shakos[86] défoncés, des vestes de Cosaques, des mouchoirs et des chemises entortillés autour des pieds ; ils sortaient des charrettes en se cramponnant et vous regardaient comme des bêtes sauvages, les yeux enfoncés dans la tête et les poils de la figure hérissés. Les bohémiens qui dorment au coin des bois en auraient eu pitié, et pourtant c'étaient encore les plus heureux, puisqu'ils étaient réchappés du carnage, et que des milliers de leurs camarades avaient péri dans les neiges ou sur les champs de bataille.

Klipfel, Zébédé, Furst et moi nous allions voir ces malheureux ; ils nous racontaient toute la débâcle depuis Moscou, et je vis bien alors que le 29e Bulletin, si terrible, n'avait dit que la vérité.

Ces histoires nous excitaient contre les Russes ; plusieurs disaient : « Ah ! pourvu que la guerre recommence bientôt ; ils en verront des dures cette fois... ce n'est pas fini... ce n'est pas fini ! » Leur colère me gagnait moi-même, et quelquefois je pensais : « Joseph, est-ce que tu perds la tête maintenant ? Ces Russes défendaient leur pays, leurs familles, tout ce que les hommes ont de plus sacré dans ce monde. S'ils ne les avaient pas défendus, on aurait raison de les mépriser. » **(5)**

---

86. Le *shako* était, depuis 1805, la coiffure des troupes à pied. Il avait la forme d'un tronc de cône et comportait une visière.

QUESTIONS

4. LIGNES 21 À 57
Les aspects positifs et négatifs de la vie militaire.

5. LIGNES 58 À 86
Les auteurs se limitent-ils à une description ? Que veulent-ils indiquer ?

En ce temps, il arriva quelque chose d'extraordinaire.

Vous saurez que Zébédé, mon camarade de lit, était le fils du fossoyeur de Phalsbourg, et que nous l'appelions quelquefois entre nous : « *Fossoyeur* ». De notre part cela ne lui faisait rien. Mais un soir, après l'exercice, comme il traversait la cour, un hussard lui cria :

« Hé ! Fossoyeur, arrive m'aider à traîner ces bottes de paille. »

Zébédé, s'étant retourné, lui répondit :

« Je ne m'appelle pas Fossoyeur, et vous n'avez qu'à porter vos bottes de paille vous-même ! Est-ce que vous me prenez pour une bête ? »

Alors l'autre lui cria plus fort :

« Conscrit, veux-tu bien venir, ou gare ! »

Zébédé, avec son grand nez crochu, ses yeux gris et ses lèvres minces, ne jouissait pas d'un bon caractère. Il s'approcha du hussard et lui demanda :

« Qu'est-ce que vous dites ?

— Je te dis d'enlever ces bottes de paille, et lestement, entends-tu, conscrit ? »

C'était un vieux à moustaches et gros favoris roux taillés en brosse, à la mode de Chamboran. Zébédé l'empoigna par un de ses favoris[87] ; mais l'autre lui donna deux grands soufflets. Malgré tout, une poignée de favoris resta dans la main de Zébédé, et comme cette dispute avait attiré beaucoup de monde, le hussard levant le doigt lui dit :

« Conscrit, demain matin tu recevras de mes nouvelles[88].

— C'est bon, fit Zébédé, nous verrons. J'ai aussi du nouveau pour vous, l'ancien. »

Il arriva tout de suite me raconter cela, et moi, sachant qu'il n'avait jamais tenu qu'une pioche, je ne pus m'empêcher de frémir pour lui.

« Écoute, Zébédé, lui dis-je, tout ce qui te reste à faire maintenant, puisque tu ne peux pas déserter, c'est d'aller demander pardon à ce vieux... car tous ces vieux ont des coups terribles, qu'ils ont rapportés d'Égypte, d'Espagne et d'ailleurs. Crois-moi ! Si tu veux, je vais te prêter un écu[89] pour aller lui payer bouteille ; ça l'attendrira. »

---

87. *Favoris* : touffe de barbe qu'on laisse croître de chaque côté du visage (le menton est rasé) ; **88.** Les duels faisaient partie des habitudes de l'époque. Ce n'est qu'à partir de 1837 que la Cour de cassation ordonna la poursuite des duellistes ; **89.** Dans ce récit, il s'agit du dernier type d'écu, l'écu républicain : il était en argent et portait au revers la valeur de la pièce, au milieu d'une couronne la légende : « République française, an II ».

Mais lui, fronçant les sourcils, ne voulut rien entendre.

« Plutôt que de faire des excuses, dit-il, j'aimerais mieux aller me pendre tout de suite. Je me moque de tous les hussards ensemble. S'il a des coups, moi j'ai le bras long, et j'en ai aussi des coups au bout de mon sabre, des coups qui entreront aussi bien dans ses os que les siens dans ma chair. »

Il était encore indigné de ses soufflets.

Presque aussitôt le maître d'armes Châzy, le caporal Fleury, Klipfel, Furst, Léger arrivèrent ; ils donnaient tous raison à Zébédé, et le maître d'armes dit qu'il fallait du sang pour laver les soufflets, que c'était l'honneur des nouvelles recrues de se battre.

Zébédé répondit que les Phalsbourgeois n'avaient jamais eu peur d'une saignée, et qu'il était prêt. Alors le maître d'armes alla voir le capitaine de la compagnie, nommé Florentin, un homme le plus magnifique qu'on puisse s'imaginer, grand, sec, large des épaules, le nez droit, et qui avait reçu la décoration des mains de l'Empereur à la bataille d'Eylau. Le capitaine trouva que c'était tout simple de se battre pour un soufflet ; il dit même que cela donnerait un bel exemple aux conscrits et que si Zébédé ne se battait pas, il serait indigne de rester au 3e bataillon du 6e.

Toute cette nuit-là je ne pus fermer l'œil ; j'entendais mon camarade ronfler et je pensais : « Pauvre Zébédé, demain soir tu ne ronfleras plus ! » Je frissonnais d'être couché près d'un homme pareil. Enfin, je venais de m'endormir vers le petit jour, quand tout à coup je sens un air très froid ; j'ouvre les yeux, et qu'est-ce que je vois ? le vieux hussard roux, qui avait enlevé la couverture de notre lit et qui disait :

« Allons, debout, fainéant, je vais t'apprendre de quel bois je me chauffe. »

Zébédé se leva tranquillement et répondit :

« Je dormais, vétéran[90], je dormais. »

L'autre, en s'entendant appeler vétéran, voulut tomber sur mon camarade ; mais deux grands gaillards qui lui servaient de témoins l'arrêtèrent, et d'ailleurs tous les Phalsbourgeois étaient aussi là.

---

90. Le titre de *vétéran* avait été créé dans l'armée française en 1776. Ce titre était donné à des soldats qui, en raison de leur âge ou de leurs blessures, ne pouvaient plus aller au combat. Depuis 1799, on avait organisé des compagnies de vétérans. Quand Zébédé traite le hussard de « vétéran », il en vient donc à lui dire qu'il n'est plus capable de combattre.

« Voyons... voyons... dépêchons !... » criait le vieux.

Mais Zébédé s'habillait sans se presser. Au bout d'un instant, il dit :

« Est-ce que nous aurons la permission de sortir du quartier, les anciens ?

— Derrière le violon, il y a de la place pour s'aligner », répondit un des hussards.

C'était un endroit plein d'orties, derrière la hotte du violon ; un mur l'entourait, et de nos fenêtres on le voyait très bien ; il se trouvait juste au-dessous, du côté de la rivière.

Zébédé mit sa capote, et dit en se tournant de mon côté :

« Joseph, et toi, Klipfel, je vous choisis pour mes témoins. »

Mais je secouai la tête.

« Eh bien, Furst, arrive ! » dit-il.

Et tous ensemble descendirent l'escalier.

Je croyais Zébédé perdu ; cela me faisait beaucoup de peine, et je pensais : « Voilà que non seulement les Russes et les Prussiens nous exterminent, il faut encore que les nôtres s'en mêlent. »

Toute la chambrée était aux fenêtres ; moi seul, derrière, je restai assis sur mon lit. Au bout de cinq minutes, le bruit des sabres en bas me rendit tout blanc ; je n'avais plus une goutte de sang dans les veines.

Mais cela ne dura pas longtemps, car tout à coup Klipfel s'écria :

« Touché ! »

Alors je ne sais comment j'arrivai près d'une fenêtre, et, regardant par-dessus les autres, je vis le hussard appuyé contre le mur, et Zébédé qui se relevait, le sabre tout rouge de sang. Il avait glissé sur les genoux pendant la bataille ; le sabre du vieux, qui se fendait, avait passé sur son épaule, et lui, sans perdre une seconde, avait enfoncé le sien dans le ventre du hussard. S'il n'avait pas eu le bonheur de glisser, le vieux lui perçait le cœur.

Voilà ce que je vis en bas d'un coup d'œil.

Le hussard s'affaissait contre le mur, ses témoins le soutenaient aux bras, et Zébédé, pâle comme un mort, regardait son sabre, tandis que Klipfel lui tendait sa capote. **(6)**

QUESTIONS

6. LIGNES 87 À 198

Que nous révèle cet épisode ? De plus, à quoi prépare cette irruption de la violence ?

Presque aussitôt on battit la diane[91], et nous descendîmes à l'appel du matin. Cela se passait le 18 février. Le même jour nous reçûmes l'ordre de faire notre sac, et nous partîmes de Francfort pour Seligenstadt, où nous restâmes jusqu'au 8 mars. Alors toutes les recrues connaissaient le maniement du fusil et l'école de peloton[92]. De Seligenstadt, nous partîmes le 9 mars pour Schweinheim, et le 24 mars 1813, le bataillon se réunit à la division à Aschaffenbourg, où le maréchal Ney nous passa la revue.

Le capitaine de la compagnie s'appelait Florentin ; le lieutenant Bretonville, le commandant du bataillon Gémeau, le capitaine adjudant-major Vidal, le colonel du régiment Zapfel, le général de la brigade Ladoucette, et le général de la division Souham : – tout soldat doit savoir cela, s'il ne veut pas marcher comme un aveugle.

XI

La fonte des neiges avait commencé le 18 ou le 19 mars. **(1)** Je me rappelle que pendant la grande revue d'Aschaffenbourg, sur un large plateau d'où l'on découvre le Mein à perte de vue, la pluie ne cessa point de tomber depuis dix heures du matin jusqu'à trois heures de l'après-midi. Nous avions à notre gauche un château, dont les gens regardaient par de hautes fenêtres, bien à leur aise, pendant que l'eau nous coulait dans les souliers. À droite bouillonnait la rivière, que l'on voyait comme à travers un brouillard. **(2)**

Pour nous rafraîchir encore les idées, à chaque instant on nous criait :

« Portez arme ! Arme bras ! »

---

91. La *diane :* batterie de tambour qui sert à réveiller les soldats ; 92. *École de peloton :* unité qui regroupe les soldats qui apprennent le métier des armes.

QUESTIONS

1. LIGNE 1
Quel jour se déroule la revue ?

2. SUR L'ENSEMBLE DU CHAPITRE
Le chapitre XI est composé de trois épisodes apparemment distincts : quel est leur lien ? Servent-ils à faire avancer le récit des aventures de Joseph ? Servent-ils à montrer ce que lui a appris son service militaire ?

Le maréchal s'avançait lentement, au milieu de son état-major. Ce qui consolait Zébédé, c'était que nous allions voir le brave des braves. Moi, je pensais : « Si je pouvais le voir au coin du feu, ça me ferait plus de plaisir. »

Enfin, il arriva devant nous, et je le vois encore, avec son grand chapeau trempé de pluie, son habit bleu couvert de broderies et ses grandes bottes. C'était un bel homme, d'un blond roux, le nez relevé, les yeux vifs, et qui paraissait terriblement solide. Il n'était pas fier, car, comme il passait devant la compagnie, et que le capitaine lui présentait les armes, tout à coup il se retourna sur son grand cheval et dit tout haut :

« Tiens, c'est Florentin ! »

Alors le capitaine se redressa sans savoir que répondre. Il paraît que le maréchal et lui avaient été simples soldats ensemble du temps de la République. Le capitaine à la fin répondit :

« Oui, maréchal, c'est Sébastien Florentin.

— Ma foi, Florentin, dit le maréchal en étendant le bras du côté de la Russie, je suis content de te revoir ; je te croyais couché là-bas. »

Toute notre compagnie était contente, et Zébédé me dit : « Voilà ce qui s'appelle un homme ; je me ferais casser la tête pour lui ! » **(3)**

Je ne voyais pas pourquoi Zébédé voulait se faire casser la tête, parce que le maréchal avait dit bonjour à son vieux camarade.

C'est tout ce qui me revient d'Aschaffenbourg.

Le soir nous rentrâmes manger la soupe à Schweinheim, un endroit riche en vins, en chanvre, en blé, où presque tout le monde nous regardait de travers.

Nous logions à trois ou quatre dans les maisons, comme des garnisaires, et nous avions tous les jours de la viande, soit du bœuf, soit du lard, ou du mouton. Le pain de ménage était très bon, et le vin aussi. Mais plusieurs d'entre nous avaient l'air de trouver tout mauvais, croyant se faire passer, par ce moyen, pour de grands seigneurs ; ils se trompaient bien, car j'entendais les bourgeois dire en allemand :

« Ceux-là, dans leur pays, sont des mendiants ! Si l'on allait voir en France, on ne trouverait pas seulement des pommes de terre dans leur cave. »

QUESTIONS

3. LIGNES 33-34
Que penser de cette réaction de Zébédé ?

Et jamais ils ne se trompaient ; ce qui m'a fait penser souvent depuis, que les gens si difficiles chez les autres sont de pauvres diables chez eux.

Enfin pour ma part, j'étais bien content d'être gobergé[93] de cette façon, et j'aurais voulu voir durer cela toute la campagne. Deux conscrits de Saint-Dié étaient avec moi chez le maître de poste du village, dont presque tous les chevaux avaient été mis en réquisition pour notre cavalerie. Cela ne devait pas le rendre de bonne humeur, mais il ne disait rien et fumait sa pipe derrière le fourneau, du matin au soir. Sa femme était grande et forte, et ses deux filles étaient bien jolies. Elles avaient peur de nous et se sauvaient lorsque nous revenions de l'exercice, ou de monter la garde au bout du village.

Le soir du quatrième jour, comme nous finissions de souper, arriva vers sept heures un vieillard en capote[94] noire, la tête blanche et la figure tout à fait respectable. Il nous salua, puis il dit en allemand au maître de poste :

« Ce sont de nouvelles recrues ?

— Oui, monsieur Stenger, répondit l'autre, nous ne serons jamais débarrassés de ces gens-là. Si je pouvais les empoisonner tous, ce serait bientôt fait. »

Je me retournai tranquillement et je lui dis :

« Je connais l'allemand... ne dites pas de pareilles choses. »

À peine le maître de poste m'eut-il entendu, que sa grande pipe lui tomba presque de la main.

« Vous êtes bien imprudent en paroles, monsieur Kalkreuth ! dit le vieillard ; si d'autres que ce jeune homme vous avaient entendu, songez à ce qui vous arriverait.

— C'est une manière de parler, répondit le gros homme. Que voulez-vous ? quand on vous prend tout, quand on vous dépouille pendant des années, à la fin on ne sait plus ce qu'il faut dire, et l'on parle à tort et à travers. »

Le vieillard, qui n'était autre que le pasteur de Schweinheim, vint alors me saluer et me dit :

« Monsieur, votre manière d'agir est celle d'un honnête homme ; croyez que M. Kalkreuth est incapable de faire du mal, même à nos ennemis.

— Je le pense bien, monsieur, lui répondis-je, sans cela je ne mangerais pas de ses saucisses d'aussi bon cœur. »

93. *Gobergé :* bien nourri ; **94.** Une *capote :* un grand manteau avec capuchon.

Le maître de poste, en entendant ces mots, se mit à rire, ses deux grosses mains sur son ventre comme un enfant, et s'écria :

« Je n'aurais jamais cru qu'un Français me ferait rire. »

Mes deux camarades étaient de garde, ils sortirent, je restai seul. Alors le maître de poste alla chercher une bouteille de vieux vin ; il s'assit à la table et voulut trinquer avec moi, ce que je fis volontiers. Et depuis ce jour jusqu'à notre départ, ces gens eurent beaucoup de confiance en moi. Chaque soir nous causions au coin du feu ; le pasteur arrivait, et les jeunes filles elles-mêmes descendaient pour écouter. Elles étaient blondes avec des yeux bleus ; l'une pouvait avoir dix-huit ans, l'autre vingt ; je leur trouvais un air de ressemblance avec Catherine qui me remuait le cœur.

On savait que j'avais une amoureuse au pays, parce que je n'avais pu m'empêcher de le dire, et cela les attendrissait.

Le maître de poste se plaignait amèrement des Français.

Le pasteur disait que c'était une nation vaniteuse et peu chaste[95], et que, par ces motifs, toute l'Allemagne allait se lever contre nous ; qu'on était las des mauvaises mœurs de nos soldats et de l'avidité[96] de nos généraux et qu'on avait formé le *Tugend-Bund* pour nous combattre.

« Dans les premiers temps, me disait-il, vous nous parliez de Liberté ; nous aimions à entendre cela, et nos vœux étaient plutôt pour vos armées que pour celles du roi de Prusse et de l'empereur d'Autriche ; vous faisiez la guerre à nos soldats et non pas à nous ; vous souteniez des idées que tout le monde trouvait justes et grandes, et voilà pourquoi vous n'aviez pas affaire aux peuples, mais à leurs maîtres. Aujourd'hui, c'est bien différent ; toute l'Allemagne va marcher, toute la jeunesse va se lever, et c'est nous qui parlerons de Liberté, de Vertu, de Justice à la France. Celui qui parle de ces choses est toujours le plus fort, parce qu'il n'a contre lui que les gueux de tous les pays, et parce qu'il a pour lui la jeunesse, le courage, les grandes idées, tout ce qui vous élève l'âme au-dessus de l'égoïsme, et qui vous fait sacrifier la vie sans regret. Vous avez eu cela longtemps, mais vous n'en avez plus voulu. Vos généraux, dans le temps je m'en souviens, se battaient pour

---

95. La *vanité* est le sentiment qui porte à rechercher l'admiration des autres. De plus, les Français sont accusés de ne penser qu'à faire la cour aux femmes ; **96.** L'*avidité* : le désir violent d'acquérir de l'argent.

la Liberté, ils couchaient sur la paille, dans les granges comme de simples soldats : c'étaient de terribles hommes ! Maintenant, il leur faut des canapés, ils sont plus nobles et plus riches que nos banquiers. Cela fait que la guerre, la plus belle chose autrefois, — un art, un sacrifice, un dévouement à la patrie, — est devenue un métier, qui rapporte plus qu'une boutique. C'est toujours très noble, puisqu'on porte des épaulettes ; mais il y a pourtant une différence entre se battre pour des idées éternelles et se battre pour enrichir la boutique.

Aujourd'hui, c'est notre tour de parler de Liberté, et de Patrie : voilà pourquoi je pense que cette guerre vous sera funeste[97]. Tous les êtres qui pensent, depuis les plus simples étudiants jusqu'aux professeurs de théologie, vont marcher contre vous. Vous avez à votre tête le plus grand général du monde ; mais nous avons la justice éternelle. Vous croyez avoir pour vous les Saxons, les Bavarois, les Badois, et les Hessois ; détrompez-vous : les enfants de la vieille Allemagne savent bien que le plus grand crime et la plus grande honte, c'est de se battre contre ses frères. Que les rois fassent des alliances, les peuples seront contre vous malgré ces alliances ; ils défendent leur sang, leur patrie : ce que Dieu nous force d'aimer et qu'on ne peut trahir sans crime. Tout va vous tomber sur le dos ; les Autrichiens vous massacreront s'ils peuvent, malgré le mariage de Marie-Louise et de votre Empereur ; on commence à voir que les intérêts des rois ne sont pas tout en ce monde, et le plus grand génie ne peut pas changer la nature des choses[98]. »

Ainsi parlait ce pasteur d'un ton grave ; je ne comprenais pas alors très bien ses discours et je pensais : « Les mots sont des mots et les coups de fusil sont des coups de fusil. Si nous ne rencontrons que des étudiants et des professeurs de théologie pour nous livrer bataille, tout ira bien. Et tant qu'au reste, la discipline empêchera toujours les Hessois, les Bavarois et les Saxons de tourner, comme elle nous force bien de nous battre, nous autres Français, quoique plus d'un n'en ait pas envie. Est-ce que le soldat n'obéit pas au caporal, le caporal au sergent, ainsi de suite jusqu'au maréchal, qui fait ce que le roi veut ? On voit bien que ce pasteur n'a jamais servi dans un régiment,

---

97. *Funeste* : qui apporte la mort ; **98.** À intervalles réguliers, dans cet ouvrage, certains personnages (Melchior Goulden, le pasteur) viennent opposer les désirs du peuple et ceux des puissants, et rappeler la différence entre guerres justes et guerres injustes.

sans cela il saurait que les idées ne sont rien, et que la consigne est tout ; mais je ne veux pas le contredire, le maître de poste ne m'apporterait plus une bouteille de vin après le souper. Qu'ils pensent ce qui leur plaira, tout ce que je souhaite, c'est que nous ne rencontrions que des théologiens[99]. » **(4)**

Pendant que nous étions à causer ainsi, tout à coup, le 27 mars au matin, l'ordre de partir arriva. Le bataillon alla coucher à Lauterbach, puis le lendemain à New-Kirchen, et nous ne fîmes plus que marcher, marcher toujours. Ceux qui ne s'habituèrent pas alors à porter le sac ne pouvaient pas se plaindre du manque d'exercice ; car, Dieu merci, nous faisions du chemin ! Moi, je ne suais plus depuis longtemps, avec mes cinquante cartouches dans ma giberne, mon sac et mon fusil sur l'épaule, et je ne sais pas si je boitais encore.

Nous n'étions pas les seuls en mouvement : tout marchait, partout on rencontrait des régiments en route, des détachements de cavalerie, des lignes de canons, des convois de poudre et de boulets, et tout cela s'avançait vers Erfurt, comme, après une grande averse, des milliers de ruisseaux vont par tous les chemins à la rivière.

Nos sergents se disaient entre eux : « Nous approchons... ça va chauffer ! » Et nous pensions : « Tant mieux ! Ces gueux de Prussiens et de Russes sont cause qu'on nous a pris, s'ils étaient restés tranquilles, nous serions encore en France ! »

Cette idée nous donnait de l'aigreur.

Et puis partout on trouve des gens qui n'aiment qu'à se battre : Klipfel et Zébédé ne parlaient que de tomber sur les Prussiens, et moi, pour n'avoir pas l'air moins courageux que les autres, je disais que cela me réjouissait.

Le 8 avril, le bataillon entra dans la citadelle[100] d'Erfurt, une place très forte et très riche. Je me souviendrai toujours qu'au moment où l'on faisait rompre les rangs sur la place,

---

99. Le *théologien* traite des questions religieuses, de ce qu'il convient de croire dans ce domaine ; **100.** Une *citadelle* : une forteresse qui protège une ville et interdit aux ennemis d'y pénétrer.

QUESTIONS

4. LIGNES 41 À 170
Que montre cet épisode ? Quelles menaces pèsent sur les Français ?

devant la caserne, le vaguemestre[101] remit un paquet de lettres au sergent de la compagnie. Dans le nombre, il s'en trouvait une pour moi. Je reconnus tout de suite l'écriture de Catherine, ce qui me produisit un si grand effet que mes genoux en tremblaient !

Zébédé prit mon fusil en disant :

« Arrive. »

Il était aussi bien content d'avoir des nouvelles de Phalsbourg.

J'avais caché ma lettre au fond de ma poche, et tous ceux du pays me suivaient pour l'entendre lire. Mais je voulus être assis sur mon lit, bien tranquille avant de l'ouvrir, et seulement lorsqu'on nous eut casernés dans un coin de la Finckmatt et que mon fusil fut au râtelier[102], je commençai. Tous les autres étaient penchés sur mon dos. Les larmes me coulaient le long des joues, parce que Catherine me racontait qu'elle priait pour moi. **(5)**

Et les camarades entendant cela disaient :

« Nous sommes sûrs qu'on prie aussi pour nous ! »

L'un parlait de sa mère, l'autre de ses sœurs, l'autre de son amoureuse.

À la fin, M. Goulden avait écrit que toute la ville se portait bien, que je devais prendre courage, que ces misères n'auraient qu'un temps. Il me chargeait surtout de prévenir les camarades qu'on pensait à eux, et que leurs parents se plaignaient de ne pas recevoir un seul mot de leurs nouvelles.

Cette lettre fut une grande consolations pour nous tous.

Et quand je songe que nous étions alors le 8 avril et que bientôt allaient commencer les batailles, je la regarde comme un dernier adieu du pays pour la moitié d'entre nous : — plusieurs ne devaient plus entendre parler de leurs parents, de leurs amis, de ceux qui les aimaient en ce monde. **(6)**

---

101. Le *vaguemestre :* le militaire qui s'occupe du courrier ; **102.** Le *râtelier* est un bâti de bois ou de métal destiné à supporter les armes.

QUESTIONS

5. Quel rôle joue le courrier ?

6. LIGNES 227 À 232

À quel moment sont prononcées ces paroles ? Qu'apportent-elles au lecteur ?

XII

Tout cela, comme le disait le sergent Pinto, n'était encore que le commencement de la fête, car la danse allait venir. **(1)**

En attendant nous faisions le service de la citadelle avec un bataillon du 27e, et, du haut des remparts, nous voyions tous les environs couverts de troupes, les unes au bivac, les autres cantonnées dans les villages.

Le 18, en revenant de monter la garde à la porte de Warthau, le sergent qui m'avait pris en amitié me dit :

« Fusilier Bertha, l'Empereur est arrivé. »

Personne n'avait encore entendu parler de cela, et je lui répondis :

« Sauf votre respect, sergent, je viens de prendre un petit verre avec le sapeur Merlin, en planton la nuit dernière à la porte du général, il ne m'a rien raconté de ces choses. »

Alors, lui, clignant de l'œil, dit :

« Tout se remue, tout est en l'air... Tu ne comprends pas encore ça, conscrit, mais il est là, je le sens jusqu'à la pointe des pieds. Quand il n'est pas arrivé, tout ne va que d'une aile ; et maintenant, tiens, là-bas, regarde ces estafettes[103] qui galopent sur les routes, tout commence à revivre. Attends la première danse, attends, et tu verras : les Kaiserliks[104] et les Cosaques n'ont pas besoin de leurs lunettes pour voir s'il est avec nous ; ils le sentent tout de suite. »

En parlant ainsi, le sergent riait dans ses longues moustaches.

J'avais des pressentiments qu'il pouvait m'arriver de grands malheurs et j'étais pourtant forcé de faire bonne mine.

Enfin le sergent ne se trompait pas, car ce même jour, vers trois heures de l'après-midi, toutes les troupes cantonnées autour de la ville se mirent en mouvement, et, sur les cinq heures, on nous fit prendre les armes : le maréchal prince de

---

103. Une *estafette :* un soldat chargé de porter des dépêches militaires, alors que le *planton* est de garde à un endroit donné, ou porte les messages des officiers supérieurs ; **104.** *Kaiserliks :* il s'agit d'une dénomination populaire qui désignait, sous la Révolution, les soldats allemands.

QUESTIONS

1. SUR L'ENSEMBLE DU CHAPITRE

Repérer les indications de dates et de durée mentionnées dans le chapitre. Établir un calendrier.

la Moskowa[105] entrait en ville, au milieu d'une grande quantité d'officiers et de généraux qui formaient son état-major : presque aussitôt, le général Souham, un homme de six pieds, tout gris, entra dans la citadelle et nous passa en revue sur la place. Il nous dit d'une voix forte, que tout le monde put entendre :

« Soldats ! vous allez faire partie de l'avant-garde du 3e corps ; tachez de vous souvenir que vous êtes Français. *Vive l'Empereur !* »

Alors tout le monde cria : *« Vive l'Empereur ! »* et cela produisit un effet terrible dans les échos de la place.

Le général repartit avec le colonel Zapfel.

Cette nuit même, nous fûmes relevés par les Hessois, et nous quittâmes Erfurt avec le 10e hussard et un régiment de chasseurs badois[106]. À six ou sept heures du matin, nous étions devant la ville de Weimar, et nous voyions au soleil levant des jardins, des églises, des maisons, avec un vieux château sur la droite.

On nous fit bivaquer[107] dans cet endroit, et les hussards partirent en éclaireurs dans la ville. Vers neuf heures, pendant que nous faisions la soupe, tout à coup nous entendîmes au loin un pétillement de coups de fusil ; nos hussards avaient rencontré dans les rues des hussards prussiens, ils se battaient et se tiraient des coups de pistolet. Mais c'était si loin, que nous ne voyions pour ainsi dire rien de ce combat.

Au bout d'une heure, les hussards revinrent ; ils avaient perdu deux hommes. C'est ainsi que commença la campagne.

Nous restâmes là cinq jours, pendant lesquels tout le 3e corps s'avança. Comme nous étions l'avant-garde, il fallut repartir en avant, du côté de Sulza et de Warthau. C'est alors que nous vîmes l'ennemi : des Cosaques qui se retiraient toujours hors de portée de fusil, et plus ces gens se retiraient, plus nous prenions de courage.

Ce qui m'ennuyait, c'était d'entendre Zébédé dire d'un air de mauvaise humeur :

« Ils ne s'arrêteront donc jamais ? ils ne s'arrêteront donc jamais ? »

---

105. *Prince de la Moskowa* : le maréchal Ney portait ce titre depuis le 7 septembre 1812 (titre gagné à la bataille de Borodino) ; **106.** On remarquera le nombre important d'unités étrangères rattachées à l'armée française. Joseph Bertha a noté les difficultés rencontrées par les Italiens incorporés ; il relève la présence de régiments étrangers, mais ne s'interrogea jamais sur les raisons qui ont pu amener la présence de ces troupes, alors qu'il s'interroge, lui aussi, sur la valeur des causes à défendre ; **107.** Le *bivac* est la forme ancienne du terme *bivouac ;* c'est l'installation d'une troupe qui campe en plein air.

Je pensais : « S'ils s'en vont, qu'est-ce que nous pouvons souhaiter de mieux ? Nous aurons gagné sans avoir eu de mal. »

Mais, à la fin, ils firent halte de l'autre côté d'une rivière assez large et profonde ; et nous en vîmes une quantité qui nous attendaient pour nous hacher, si nous avions le malheur de passer cette rivière.

C'était le 29 avril, il commençait à se faire tard, on ne pouvait voir de plus beau soleil couchant. De l'autre côté de l'eau s'étendait une plaine à perte de vue, et, sur le bandeau rouge du ciel, fourmillaient ces cavaliers, avec des shakos recourbés en avant, des vestes vertes, une petite giberne sous le bras et des pantalons bleu de ciel ; il y avait aussi derrière des quantités de lances ; le sergent Pinto les reconnut pour être des chasseurs russes à cheval et des Cosaques. Il reconnut aussi la rivière et dit que c'était la Saale.

On s'approcha le plus près qu'on put de l'eau, pour tirer des coups de fusil aux cavaliers, qui se retirèrent plus loin, et disparurent même au fond du ciel rouge. On établit alors le bivac près de la rivière, on plaça des sentinelles. Nous avions laissé sur notre gauche un grand village ; un détachement s'y rendit, pour tâcher d'avoir de la viande en la payant, car depuis l'arrivée de l'Empereur on avait l'ordre de tout payer.

Dans la nuit, comme nous faisions la soupe, d'autres régiments de la division arrivèrent ; ils établirent aussi leurs bivacs le long de la rive, et c'était quelque chose de magnifique que ces traînées de feu tremblotant sur l'eau.

Personne n'avait envie de dormir ; Zébédé, Klipfel, Furst et moi, nous étions à la même gamelle, et nous disions en nous regardant :

« C'est demain que ça va chauffer, si nous voulons passer la rivière ! Tous les camarades de Phalsbourg, qui prennent leur chope à la brasserie de l'*Homme Sauvage*, ne se doutent pas que nous sommes assis à cet endroit, au bord d'une rivière, à manger un morceau de vache, et que nous allons coucher sur la terre, attraper des rhumatismes pour nos vieux jours, sans parler des coups de sabre et de fusil qui nous sont réservés, peut-être plus tôt que nous ne pensons. **(2)**

— Bah ! disait Klipfel, ça, c'est la vie. Je me moque bien

QUESTIONS

2. Quand commence véritablement la bataille ? Pourquoi cette attente ? Comment caractériser l'ambiance qui règne ?

de dormir dans du coton et de passer un jour comme l'autre ! Pour vivre, il faut être bien aujourd'hui, mal demain ; de cette façon, le changement est agréable. Et quant aux coups de fusil, de sabre et de baïonnette, Dieu merci ! nous en rendrons autant qu'on nous en donnera.

— Oui, faisait Zébédé en allumant sa pipe, pour mon compte, j'espère bien que, si je passe l'arme à gauche, ce ne sera pas faute d'avoir rendu les coups qu'on m'aura portés. »

Nous causions ainsi depuis deux ou trois heures ; Léger s'était étendu dans sa capote, les pieds à la flamme et dormait, lorsque la sentinelle cria :

« Qui vive ! à deux cents pas de nous.

— France !

— Quel régiment ?

— 6e léger. »

C'était le maréchal Ney et le général Brenier, avec des officiers de pontonniers[108] et des canons. Le maréchal avait répondu *6e léger*, parce qu'il savait d'avance où nous étions : cela nous réjouit et même nous rendit fiers. Nous le vîmes passer à cheval, avec le général Souham et cinq ou six autres officiers supérieurs, et malgré la nuit, nous les reconnûmes très bien ; le ciel était tout blanc d'étoiles, la lune montait, on y voyait presque comme en plein jour.

Ils s'arrêtèrent dans un coude de la rivière, où l'on plaça six canons, et, presque aussitôt après, les pontonniers arrivèrent avec une longue file de voitures chargées de madriers, de pieux et de tout ce qu'il fallait pour jeter deux ponts. Nos hussards couraient le long de la rive ramasser les bateaux, les canonniers étaient à leurs pièces, pour balayer ceux qui voudraient empêcher l'ouvrage. Longtemps nous regardâmes avancer ce travail. De tous côtés on entendait crier : « Qui vive ! — Qui vive ! » C'étaient les régiments du 3e corps qui arrivaient.

À la pointe du jour, je finis par m'endormir ; il fallut que Klipfel me secouât pour m'éveiller. On battait le rappel dans toutes les directions ; les ponts étaient finis ; on allait traverser la Saale.

Il tombait une forte rosée ; chacun se dépêchait d'essuyer son fusil, de rouler sa capote et de la boucler sur son sac. On s'aidait l'un l'autre, on se mettait en rang. Il pouvait être alors

---

108. Les *pontonniers :* militaires spécialisés dans la construction des ponts.

quatre heures du matin. Tout était gris à cause du brouillard qui montait de la rivière. Déjà deux bataillons passaient sur les ponts, les soldats à la file, les officiers et le drapeau au milieu. Cela produisait un roulement sourd. Les canons et les caissons passèrent ensuite.

Le capitaine Florentin venait de nous faire renouveler les amorces, lorsque le général Souham, le général Chemineau, le colonel Zapfel et notre commandant arrivèrent. Le bataillon[109] se mit en marche. Je regardais toujours si les Russes n'accouraient pas au grand galop, mais rien ne bougeait.

À mesure qu'on arrivait sur l'autre rive, chaque régiment formait le carré, l'arme au pied. Vers cinq heures toute la division avait passé. Le soleil dissipait le brouillard ; nous voyions, à trois quarts de lieue environ sur notre droite, une vieille ville, les toits en pointe, le clocher en forme de boule couvert d'ardoises avec une croix au-dessus, et plus loin derrière, un château : c'était Weissenfels. **(3)**

Entre la ville et nous s'étendait un pli de terrain profond. Le maréchal Ney, qui venait d'arriver aussi, voulut savoir avant tout ce qui se trouvait là-dedans. Deux compagnies du 27e furent déployées en tirailleur[110], et les carrés se mirent à marcher au pas ordinaire : les officiers, les sapeurs, les tambours à l'intérieur, les canons dans l'intervalle, et les caissons derrière le dernier rang.

Tout le monde se défiait de ce creux, d'autant plus que nous avions vu, la veille, une masse de cavalerie qui ne pouvait pas s'être sauvée jusqu'au bout de la grande plaine que nous découvrions en tout sens. C'était impossible ; aussi je n'ai jamais eu plus de défiance qu'en ce moment : je m'attendais à quelque chose. Malgré cela, de nous voir tous bien en rang, le fusil chargé, notre drapeau sur le front de bataille, nos généraux derrière, pleins de confiance, — de nous voir marcher ainsi sans nous presser de de nous entendre marquer le pas en masse,

---

109. Un *bataillon* comprenait 8 ou 9 compagnies de 60 hommes chacune ; **110.** *En tirailleurs :* en ordre dispersé, par opposition à ordre serré, utilisé en certaines circonstances.

QUESTIONS

3. SUR L'ENSEMBLE DU CHAPITRE

Relever les descriptions qui figurent à plusieurs reprises ; analyser l'effet qu'elles produisent. Ralentissent-elles le rythme de l'action ?

cela nous donnait un grand courage. Je me disais en moi-même : « Peut-être qu'en nous voyant ils se sauveront, ce serait encore ce qui vaudrait le mieux pour eux et pour nous. »

J'étais au second rang, derrière Zébédé, sur le front, et l'on peut se figurer si j'ouvrais les yeux. De temps en temps, je regardais un peu de côté l'autre carré qui s'avançait sur la même ligne, et je voyais le maréchal au milieu avec son état-major. Tous levaient la tête, leurs grands chapeaux de travers, pour voir de loin ce qui se passait.

Les tirailleurs arrivaient alors près du ravin bordé de broussailles et de haies vives. Déjà, quelques instants avant, j'avais aperçu plus loin, de l'autre côté, quelque chose remuer et reluire comme des épis où passe le vent ; l'idée m'était venue que les Russes, avec leurs lances et leurs sabres, pouvaient bien être là ; j'avais pourtant de la peine à le croire. mais, au moment où nos tirailleurs s'approchaient des bruyères, et comme la fusillade s'engageait en plusieurs endroits, je vis clairement que c'étaient des lances. Presque aussitôt un éclair brilla juste en face de nous et le canon tonna. Ces Russes avaient des canons ; ils venaient de tirer sur nous, et je ne sais quel bruit m'ayant fait tourner la tête, je vis que dans les rangs, à gauche, se trouvait un vide.

En même temps j'entendis le colonel Zapfel qui disait tranquillement :

« Serrez les rangs ! »

Et le capitaine Florentin qui répétait :

« Serrez les rangs ! »

Cela s'était fait si vite que je n'eus pas le temps de réfléchir. Mais cinquante pas plus loin il y eut encore un éclair et un bruit pareil dans les rangs, — comme un grand souffle qui passe, — et je vis encore un trou, cette fois à droite.

Et comme après chaque coup de canon des Russes, le colonel disait toujours : « Serrez les rangs ! » je compris que chaque fois il y avait un vide. Cette idée me troubla tout à fait, mais il fallait bien marcher.

Je n'osais penser à cela, j'en détournais mon esprit, quand le général Chemineau, qui venait d'entrer dans notre carré, cria d'une voix terrible :

« Halte ! »

Alors je regardai et je vis que les Russes arrivaient en masse.

« Premier rang, genou terre... croisez la baïonnette ! cria le général. Apprêtez armes ! »

Comme Zébédé avait mis le genou à terre, j'étais en quelque sorte au premier rang. Il me semblait encore voir avancer en ligne toute cette masse de chevaux et de Russes courbés en avant, le sabre à la main, et entendre le général dire tranquillement derrière nous, comme à l'exercice :

« Attention au commandement de feu. — Joue... Feu ! »

Nous avions tiré, les quatre carrés ensemble ; on aurait cru que le ciel venait de tomber. À peine la fumée était-elle un peu montée, que nous vîmes les Russes qui repartaient ventre à terre ; mais nos canons tonnaient et nos boulets allaient plus vite que leurs chevaux.

« Chargez ! » cria le général.

Je ne crois pas avoir eu dans ma vie un plaisir pareil.

« Tiens, tiens, ils s'en vont ! » me disais-je en moi-même.

Et de tous les côtés on entendait crier : *Vive l'Empereur !* Dans ma joie, je me mis à crier comme les autres. Cela dura bien une minute. Les carrés s'étaient remis en marche, on croyait déjà que tout était fini ; mais à deux ou trois cents pas du ravin, il se fit une grande rumeur, et pour la seconde fois le général cria :

« Halte !... Genou terre !.... Croisez la baïonnette ! »

Les Russes sortaient du creux comme le vent pour tomber sur nous. Ils arrivaient tous ensemble : la terre en tremblait. On n'entendait plus les commandements ; mais le bon sens naturel des soldats français les avertissait qu'il fallait tirer dans le tas, et les feux de file se mirent à rouler comme le bourdonnement des tambours aux grandes revues. Ceux qui n'ont pas entendu cela ne pourront jamais s'en faire une idée. Quelques-uns de ces Russes arrivaient jusque sur nous ; on les voyait se dresser dans la fumée, puis, aussitôt après, on ne voyait plus rien.

Au bout de quelques instants, comme on ne faisait plus que charger et tirer, la voix terrible du général Chemineau s'éleva, criant :

« Cessez le feu ! »

On n'osait presque pas obéir ; chacun se dépêchait de lâcher encore un coup ; mais la fumée s'étant dissipée, on vit cette grande masse de cavaliers qui remontaient de l'autre côté du ravin.

Aussitôt on déploya les carrés pour marcher en colonnes. Les tambours battaient la charge, nos canons tonnaient.

« En avant ! en avant !... *Vive l'Empereur !* »

Nous descendîmes dans le ravin par-dessus des tas de chevaux et de Russes qui remuaient encore à terre, et nous remontâmes au pas accéléré du côté de Weissenfels. Tous ces Cosaques et ces chasseurs, la giberne sur les reins et le dos plié, galopaient devant nous aussi vite qu'ils pouvaient : la bataille était gagnée !

Mais, au moment où nous approchions des jardins de la ville, leurs canons, qu'ils avaient emmenés, s'arrêtèrent derrière une espèce de verger et nous envoyèrent des boulets, dont l'un cassa la hache du Sapeur Merlin en lui faisant sauter la tête. Le caporal des sapeurs, Thomé, eut même le bras droit fracassé par un morceau de la hache ; il fallut lui couper le bras le soir, à Weissenfels. C'est alors qu'on se mit à courir, car, plus on arrive vite, moins les autres ont le temps de tirer ; chacun comprendrait cela.

Nous arrivâmes en ville par trois endroits : en traversant les haies, les jardins, les perches à houblon[111], et sautant par-dessus les murs. Le maréchal et les généraux couraient après nous. Notre régiment entra par une avenue bordée de peupliers qui longe le cimetière ; comme nous débouchions sur la place, une autre colonne arrivait par la grande rue.

Là nous fîmes halte, et le maréchal, sans perdre une minute, détacha le 27e pour aller prendre un pont et tâcher de couper la retraite à l'ennemi. Pendant ce temps, le reste de la division arriva et se mit en ordre sur la place. Le bourgmestre[112] et les conseillers de Weisenfels étaient déjà sur la porte de l'hôtel de ville pour nous souhaiter le bonjour.

Quand nous fûmes tous reformés, le maréchal prince de la Moskowa passa devant notre front de bataille et nous dit d'un air joyeux :

« À la bonne heure !... à la bonne heure !... Je suis content de vous !... L'Empereur saura votre belle conduite... C'est bien ! » **(4)**

---

111. *Le houblon* est une plante grimpante, ce qui explique les perches à houblon ; **112.** Le *bourgmestre :* le premier magistrat de la ville (car la scène se déroule en Allemagne ; rapprocher le bourgmestre du maire de nos villes).

QUESTIONS

4. LIGNES 140 À 292

Quelles sont les paroles rapportées pendant le combat ? Qui les prononce ? Quelle impression en retire le lecteur ?

Il ne pouvait s'empêcher de rire, parce que nous avions couru sur les canons.

Et comme le général Souham lui disait :

« Cela marche ! »

Il répondit :

« Oui, oui, c'est dans le sang ! c'est dans le sang ! »

Moi, je me réjouissais de ne rien avoir attrapé dans cette affaire. **(5)**

Le bataillon resta là jusqu'au lendemain. On nous logea chez les bourgeois, qui avaient peur de nous et qui nous donnaient tout ce que nous demandions. Le 27e rentra le soir ; il fut logé dans le vieux château. Nous étions bien fatigués. Après avoir fumé deux ou trois pipes ensemble, en causant de notre gloire, Zébédé, Klipfel et moi, nous allâmes nous coucher dans la boutique d'un menuisier, sur un tas de copeaux, et nous restâmes là jusqu'à minuit, moment où l'on battit le rappel. Il fallut bien alors se lever. Le menuisier nous donna de l'eau-de-vie et nous sortîmes. Il tombait de l'eau en masse. Cette nuit même le bataillon alla bivaquer devant le village de Clépen, à deux heures de Weissenfels. Nous n'étions pas trop contents à cause de la pluie.

Plusieurs autres détachements vinrent nous rejoindre. L'Empereur était arrivé à Weissenfels, et tout le 3e corps devait nous suivre. On ne fit que parler de cela toute la journée ; plusieurs s'en réjouissaient. Mais le lendemain vers cinq heures du matin, le bataillon repartit en avant-garde.

En face de nous coulait une rivière appelée le Rippach. Au lieu de se détourner pour gagner un pont, on la traversa sur place. Nous avions de l'eau jusqu'au ventre, et je pensais en tirant mes souliers de la vase : « Si on t'avait raconté ça dans le temps, quand tu craignais d'attraper des rhumes de cerveau chez M. Goulden, et que tu changeais de bas deux fois par semaine, tu n'aurais pu le croire ! Il vous arrive pourtant des choses terribles dans la vie ! »

Comme nous descendions la rivière de l'autre côté, dans les joncs, nous découvrîmes, sur des hauteurs à gauche, une bande

QUESTIONS

5. SUR LES LIGNES 140 À 300

À travers quel regard le combat est-il vu ? Peut-on comprendre les raisons qui amènent telle ou telle nouvelle ? Quelle est l'impression dominante ?

de Cosaques qui nous observaient. Ils nous suivaient lentement sans oser nous attaquer, et je vis alors que la vase était pourtant bonne à quelque chose.

Nous allions ainsi depuis plus d'une heure, le grand jour était venu, lorsque tout à coup une terrible fusillade et le grondement du canon nous firent tourner la tête du côté de Clépen. Le commandant, sur son cheval, regardait par-dessus les roseaux.

Cela dura longtemps ; le sergent Pinto disait :

« La division s'avance ; elle est attaquée. »

Les Cosaques regardaient aussi et seulement au bout d'une heure ils disparurent. Alors nous vîmes la division s'avancer en colonnes, à droite dans la plaine, chassant des masses de cavalerie russe.

« En avant ! » cria le commandant.

Et nous courûmes sans savoir pourquoi, en descendant toujours la rivière ; de sorte que nous arrivâmes à un vieux pont, où se réunissent le Rippach et la Gruna. Nous devions arrêter l'ennemi dans cet endroit ; mais les Cosaques avaient déjà découvert notre ruse : toute leur armée recula derrière la Gruna, en passant à gué[113], et la division nous ayant rejoints, nous apprîmes que le maréchal Bessières venait d'être tué d'un boulet de canon.

Nous partîmes de ce pont pour aller bivaquer en avant du village de Gorschen. Le bruit courait qu'une grande bataille approchait, et que tout ce qui s'était passé jusqu'alors n'était qu'un petit commencement, afin d'essayer si les recrues soutiendraient bien le feu. D'après cela, chacun peut s'imaginer les réflexions qu'un homme sensé devait se faire, étant là malgré lui, parmi des êtres insouciants tels que Furst, Zébédé, Klipfel, qui se réjouissaient, comme si de pareils événements avaient pu leur rapporter autre chose que des coups de fusil, de sabre ou de baïonnette.

Tout le reste de ce jour et même une partie de la nuit, songeant à Catherine, je priai Dieu de préserver mes jours, et de me conserver les mains, qui sont nécessaires à tous les pauvres pour gagner leur vie. **(6)**

---

113. *À gué :* à l'endroit où l'on a pied.

QUESTIONS

6. SUR L'ENSEMBLE DU CHAPITRE
Quelles sont les diverses pensées de Joseph ?

LE CHIRURGIEN MILITAIRE
sous le premier Empire. Gravure.

Ph. Roger Viollet, coll. Viollet

XIII

On alluma des feux sur la colline, en avant de Gross-Gorschen ; un détachement descendit au village et nous en ramena cinq ou six vieilles vaches pour faire la soupe. Mais nous étions tellement fatigués, qu'un grand nombre avaient encore plus envie de dormir que de manger. D'autres régiments arrivèrent avec des canons et des munitions. Vers onze heures, nous étions là dix ou douze mille hommes, et dans le village deux mille : toute la division Souham. Le général et ses officiers d'ordonnance se trouvaient dans un grand moulin, à gauche, près d'un cours d'eau qu'on appelle le Floss-Graben. Les sentinelles s'étendaient autour de la colline à portée du fusil.

Je finis aussi par m'endormir, à cause de la grande fatigue ; mais toutes les heures je m'éveillais, et derrière nous, du côté de la route qui part du vieux pont de Poserna et s'étend jusqu'à Lutzen et à Leipzig, j'entendais une grande rumeur dans la nuit : un roulement de voitures, de canons, de caissons, montant et s'abaissant au milieu du silence.

Le sergent Pinto ne dormait pas ; il fumait sa pipe en séchant ses pieds au feu. Chaque fois que l'un ou l'autre remuait, il voulait parler :

« Eh bien ! conscrit ! » disait-il.

Mais on faisait semblant de ne pas l'entendre, on se retournait en bâillant, et l'on se rendormait.

L'horloge de Gross-Gorschen tintait cinq heures lorsque je m'éveillai ; j'avais les os des cuisses et des reins comme rompus, à force d'avoir marché dans la vase. Pourtant, en appuyant les mains à terre, je m'assis pour me réchauffer, car j'avais bien froid. Les feux fumaient ; il ne restait plus que de la cendre et quelques braises. Le sergent debout, regardait la plaine blanche, où le soleil étendait quelques lignes d'or.

Tout le monde dormait autour de nous, les uns sur le dos, les autres sur l'épaule, les pieds au feu ; plusieurs ronflaient ou rêvaient tout haut.

Le sergent, me voyant éveillé, vint prendre une braise et la mit sur sa pipe, puis il me dit :

« Eh bien ! fusilier Bertha, nous sommes donc à l'arrière-garde, maintenant ? »

Je ne comprenais pas bien ce qu'il entendait par là.

« Ça t'étonne, conscrit ? fit-il ; c'est pourtant assez clair : nous n'avons pas bougé, nous autres, mais l'armée a fait demi-tour ; elle était là, hier, devant nous, sur le Rippach ; à cette heure elle est derrière nous, près de Lutzen : au lieu d'être en tête, nous sommes en queue. »

Et, clignant de l'œil d'un air malin, il tira deux ou trois grosses bouffées de sa pipe.

« Et qu'est-ce que nous y gagnons ? lui dis-je.

— Nous y gagnerons d'arriver à Leipzig les premiers et de tomber sur les Prussiens, répondit-il. Tu comprendras ça plus tard, conscrit. » **(1)**

Alors je me dressai pour regarder le pays, et je vis devant nous une grande plaine marécageuse, traversée par la Gruna-Bach et le Floss-Graben ; quelques petites collines s'arrondissaient au bord de ces cours d'eau, et au fond passait une large rivière, que le sergent me dit être l'Elster. Les brouillards du matin s'étendaient sur tout cela.

M'étant retourné, j'aperçus derrière nous, dans le vallon, la pointe du clocher de Gross-Gorschen, et plus loin, à droite et à gauche, cinq ou six petits villages bâtis dans le creux des collines, car c'est un pays de collines, et les villages de Kaya, d'Eisdorf, de Starsiedel, de Rahna, de Klein-Gorschen et de Gross-Gorschen, que j'ai connus depuis, sont entre ces collines, sur le bord de petites mares où poussent des peupliers, des saules et des trembles. Gross-Gorschen, où nous bivaquions, était le plus avancé dans la plaine, du côté de l'Elster ; le plus éloigné était Kaya, derrière lequel passait la grande route de Lutzen à Leipzig. On ne voyait pas d'autres feux sur les collines que ceux de notre division, mais tout le 3e corps occupait les villages, et le quartier général était à Kaya.

Vers six heures, les tambours battirent la diane, les trompettes des artilleurs à cheval et du train sonnèrent le réveil. On descendit au village, les uns pour chercher du bois, les autres de la paille ou du foin. Il arriva des voitures de munitions, et l'on fit la distribution du pain et des cartouches. Nous devions rester là, pour laisser défiler l'armée sur Leipzig ; voilà pourquoi le sergent Pinto disait que nous serions à l'arrière-garde.

QUESTIONS

1. SUR L'ENSEMBLE DU CHAPITRE

Dégager les principaux moments de cette bataille. Un journaliste l'aurait-il présentée de la sorte ? Comment un historien décrirait-il cette bataille de Lutzen ? Quels sont les éléments que le lecteur ignore ?

Deux cantinières arrivèrent du village et comme j'avais encore cinq écus de six livres, j'offris un petit verre à Klipfel et à Zébédé, pour rabattre les brouillards de la nuit. Je me permis d'en offrir un aussi au sergent Pinto, qui l'accepta, disant « que l'eau-de-vie sur du pain réchauffe le cœur ». **(2)**

Nous étions tout à fait contents, et personne ne se serait douté des terribles choses qui devaient s'accomplir en ce jour. On croyait les Russes et les Prussiens bien loin à nous chercher derrière la Gruna-Pach, mais ils savaient où nous étions ; et tout à coup, sur les dix heures, le général Souham, au milieu de ses officiers, monta la côte ventre à terre : il venait d'apprendre quelque chose. J'étais justement en sentinelle près des faisceaux[114] ; il me semble encore le voir, — avec sa tête grise et son grand chapeau bordé de blanc, — s'avancer à la pointe de la colline, tirer une grande lunette et regarder, puis revenir bien vite et descendre au village en criant de battre le rappel.

Alors toutes les sentinelles se replièrent, et Zébédé, qui avait des yeux d'épervier, dit :

« Je vois là-bas, près de l'Elster, des masses qui fourmillent... et même il y en a qui s'avancent en bon ordre, et d'autres qui sortent des marais sur trois ponts. Quelle averse, si tout cela nous tombe sur le dos !

— Ça, dit le sergent Pinto, le nez en l'air et la main en visière sur les yeux, c'est une bataille qui commence, ou je ne m'y connais pas. Pendant que notre armée défile sur Leipzig et qu'elle s'étend à plus de trois lieues, ces gueux de Prussiens et de Russes veulent nous prendre en flanc avec toutes leurs forces, et nous couper en deux. C'est bien vu de leur part : ils apprennent tous les jours les malices de la guerre.

— Mais nous, qu'est-ce que nous allons faire ? demanda Klipfel.

— C'est tout simple, répondit le sergent : nous sommes ici douze à quinze mille hommes, avec le vieux Souham qui n'a jamais reculé d'une semelle. Nous allons tenir comme des clous,

---

114. Les *faisceaux :* lorsqu'une troupe est au repos, à l'extérieur, les fusils sont réunis par trois pour se soutenir mutuellement. Cette disposition en triangle est appelée un faisceau.

QUESTIONS

2. LIGNES 1 À 82
Ces descriptions servent-elles à accélérer l'action ou à la suspendre ?

un contre six ou sept, jusqu'à ce que l'Empereur soit informé de la chose et qu'il se replie à notre secours. Tenez, voilà déjà les officiers d'ordonnance qui partent. »

C'était vrai : cinq ou six officiers traversaient la plaine de Lutzen derrière nous, du côté de Leipzig ; ils allaient comme le vent, et je suppliai le Seigneur, dans mon âme, de leur faire la grâce d'arriver à temps et d'envoyer toute l'armée à notre secours ; car, d'apprendre qu'il faut périr, c'est épouvantable, et je ne souhaite pas à mon plus grand ennemi d'être dans une position pareille.

Le sergent Pinto nous dit encore :

« Vous avez de la chance, conscrits ; si l'un ou l'autre de vous en échappe, il pourra se vanter d'avoir vu quelque chose de soigné. Regardez seulement ces lignes bleues qui s'avancent le fusil sur l'épaule, le long du Floss-Graben ; chacune de ces lignes est un régiment ; il y en a une trentaine : ça fait soixante mille Prussiens, sans compter ces files de cavaliers qui sont des escadrons, et sur leur gauche, près de Rippach, ces autres qui s'avancent et qui reluisent au soleil, ce sont les dragons et les cuirassiers de la garde impériale russe ; je les ai vus pour la première fois à Austerlitz, où nous les avons joliment arrangés. Il y en a bien dix-huit à vingt mille. Derrière ces masses de lances, ce sont des bandes de Cosaques. De sorte que nous allons avoir l'avantage, dans une heure, de nous regarder le blanc des yeux avec cent mille hommes, tout ce qu'il y a de plus obstiné en Russes et en Prussiens. C'est, à proprement parler, une bataille où l'on gagne la croix, et si on ne la gagne pas, on ne doit plus compter dessus.

— Vous croyez, sergent ? dit Zébédé, qui n'a jamais eu deux idées claires dans la tête, et qui se figurait déjà tenir la croix. Ses yeux reluisaient comme des yeux de bêtes qui voient tut en beau.

— Oui, répondit le sergent, car on va se serrer de près, et supposons que dans la mêlée on voie un colonel, un canon, un drapeau, quelque chose qui nous donne dans l'œil, on saute dessus à travers les coups de baïonnette, de sabre, de refouloir ou de n'importe quoi ; on l'empoigne, et, si l'on en revient, on est proposé. »

Pendant qu'il disait cela, l'idée me vint que le maire de Felsenbourg avait reçu la croix pour avoir amené son village, dans des voitures entourées de guirlandes, à la rencontre de Marie-Louise, en chantant de vieux *lieds,* et je trouvai sa manière d'avoir la croix bien plus commode que celle du sergent Pinto[115]. **(3)**

Je n'eus pas le temps d'en penser davantage, car on battait le rappel de tous les côtés ; chacun courait aux faisceaux de sa compagnie et se dépêchait de prendre son fusil. Les officiers vous rangeaient en bataille, des canons arrivaient au grand galop du village, on les plaçait au haut de la colline, un peu en arrière, pour que le dos de la côte leur servît d'épaulement. Les caissons arrivaient aussi.

Et plus loin, dans les villages de Rhana, de Kaya, de Klein-Gorschen, tout s'agitait ; mais nous étions les premiers sur lesquels devait tomber cette masse.

L'ennemi s'était arrêté à deux portées de canon, et ses cavaliers tourbillonnaient par centaines autour de la côte pour nous reconnaître. Rien qu'à voir au bord du Floss-Graben cette quantité de Prussiens qui rendaient les deux rives toutes noires, et dont les premières lignes commençaient à se former en colonnes, je me dis en moi-même :

« Cette fois, Joseph, tout est perdu, tout est fini... il n'y a plus de ressource... Tout ce que tu peux faire, c'est de te venger, de te défendre, et de n'avoir pitié de rien... Défends-toi, défends-toi[116] !... » **(4)**

Comme je pensais cela, le général Chemineau passa seul à cheval devant le front de bataille, en nous criant :

« Formez le carré[117] ! »

Tous les officiers, à droite, à gauche, en avant, en arrière, répétèrent le même ordre. On forma quatre carrés de quatre

---

115. Joseph Bertha multiplie les remarques pacifistes tout au long de l'œuvre, mais se trouve régulièrement contraint de combattre ; **116.** La bataille est décrite uniquement à partir des impressions que peut éprouver Joseph Bertha ; **117.** La formation en carrés était une formation adoptée par l'infanterie depuis le XVe siècle, principalement pour résister aux charges de cavalerie. Cette disposition offre l'avantage de présenter de tous côtés des armes blanches et des possibilités de feux. Mais le carré épais, qui avait cours durant les guerres de la Révolution et sous l'Empire, était très vulnérable à l'artillerie, comme les observations du héros amènent d'ailleurs à le constater.

QUESTIONS

3. LIGNES 82 À 155
Dégager le contraste entre le sergent Pinto, Zébédé et Joseph.

4. LIGNES 172 À 175
Analyser le changement du héros ; est-il confirmé par la suite du chapitre ? Dans ces conditions, que penser de ses intentions pacifiques ?

bataillons chacun. Je me trouvais cette fois dans un des côtés intérieurs, ce qui me fit plaisir ; car je pensais naturellement que les Prussiens, qui s'avançaient sur trois colonnes, tomberaient d'abord en face. Mais j'avais à peine eu cette idée qu'une véritable grêle de boulets traversa le carré. En même temps, le bruit des canons que les Prussiens avaient amenés sur une colline à gauche se mit à gronder bien autrement qu'à Weissenfels. Cela ne finissait pas ! Ils avaient sur cette côte une trentaine de grosses pièces ; on peut s'imaginer d'après cela quels trous ils faisaient. Les boulets sifflaient tantôt en l'air, tantôt dans les rangs, tantôt ils entraient dans la terre, qu'ils rabotaient avec un bruit terrible.

Nos canons tiraient aussi d'une manière qui vous empêchait d'entendre la moitié des sifflements et des ronflements des autres, mais cela ne servait à rien ; et, d'ailleurs, ce qui vous produisait le plus mauvais effet, c'étaient les officiers qui vous répétaient sans cesse :

« Serrez les rangs ! serrez les rangs ! »

Nous étions dans une fumée extraordinaire sans avoir encore tiré. Je me disais : « Si nous restons ici un quart d'heure, nous allons être massacrés sans pouvoir nous défendre ! » ce qui me paraissait terriblement dur, quand tout à coup les premières colonnes des Prussiens arrivèrent entre les deux collines, en faisant une rumeur étrange, comme une inondation qui monte. Aussitôt les trois premiers côtés de notre carré, celui de face, et les deux autres en obliquant à droite et à gauche, firent feu. Dieu sait combien de Prussiens restèrent dans ce creux ! Mais, au lieu de s'arrêter, leurs camarades continuèrent à monter, en criant comme des loups : *« Faterland ! Faterland ! »* et nous déchargeant tous leurs feux de bataillon à cent pas, pour ainsi dire dans le ventre.

Après cela commencèrent les coups de baïonnette et de crosse, car ils voulaient nous enfoncer ; ils étaient en quelque sorte furieux. Toute ma vie je me rappellerai qu'un bataillon de ces Prussiens arriva juste de côté sur nous, en nous lançant des coups de baïonnette que nous rendions sans sortir des rangs, et qu'ils furent tous balayés par deux pièces qui se trouvaient en position à cinquante pas derrière le carré.

Aucune autre troupe ne voulut alors entrer entre les carrés. Ils redescendaient la colline, et nous chargions nos fusils pour les exterminer jusqu'au dernier, lorsque leurs pièces recommencèrent à tirer, et que nous entendîmes un grand bruit à droite :

c'était leur cavalerie qui venait pour profiter des trous que faisaient leurs canons ! Je ne vis rien de cette attaque, car elle arrivait sur l'autre face de la division ; mais, en attendant, les boulets nous raflaient par douzaines[118]. Le général Chemineau venait d'avoir la cuisse cassée, et cela ne pouvait durer plus longtemps de cette manière, lorsqu'on nous ordonna de battre en retraite, ce que nous fîmes avec un plaisir que chacun doit comprendre. **(5)**

Nous passâmes autour de Gross-Gorschen, suivis par les Prussiens, qui nous fusillaient et que nous fusillions. Les deux mille hommes qui se trouvaient dans le village arrêtèrent l'ennemi par un feu roulant[119] de toutes les fenêtres, pendant que nous remontions la côte pour gagner le second village, Klein-Gorschen. Mais alors toute la cavalerie prussienne arriva de côté pour nous couper la retraite et nous forcer de rester sous le feu de leurs pièces. Cela me produisit une indignation qu'on ne peut croire. J'entendais Zébédé qui criait : **(6)**

« Courons plutôt dessus que de rester là ! »

C'était aussi terriblement dangereux, car ces régiments de hussards et de chasseurs s'avançaient en bon ordre avant de prendre leur élan.

Nous marchions toujours en arrière, quand au haut de la côte on nous cria : « Halte » » et dans le même moment les hussards, qui couraient déjà sur nous, reçurent une terrible décharge de mitraille qui les renversa par centaines. C'était la division du brave général Girard qui venait à notre secours de Klein-Gorschen ; elle avait placé seize pièces en batterie un peu à droite. Cela produisit un très bon effet : les hussards s'en allèrent plus vite qu'ils n'étaient venus, et les six carrés de la division Girard se réunirent avec les nôtres à Klein-Gorschen pour arrêter l'infanterie des Prussiens, qui s'avançait toujours, les trois premières colonnes en avant, et trois autres aussi fortes derrière.

---

118. Le héros note régulièrement l'importance des pertes en vies humaines ; **119.** On parle de *feu roulant* lorsque les coups de feu se succèdent sans intervalles et sans commandement d'exécution.

QUESTIONS

5. SUR L'ENSEMBLE DU CHAPITRE
La transformation des hommes pendant les combats.

6. LIGNES 238-240
Que penser de cette réaction ?

Nous avions perdu Gross-Gorschen ; mais cette fois, entre Klein-Gorschen et Rahna, l'affaire allait encore devenir plus terrible.

Moi, je ne pensais plus à rien qu'à me venger. J'étais devenu pour ainsi dire fou de colère et d'indignation[120] contre ceux qui voulaient m'ôter la vie, le bien de tous les hommes, que chacun doit conserver comme il peut. J'éprouvais une sorte de haine contre ces Prussiens, dont les cris et l'air d'insolence me révoltaient le cœur. **(7)** J'avais pourtant un grand plaisir de voir encore Zébédé près de moi, et comme en attendant les nouvelles attaques, nous avions l'arme au pied, je lui serrai la main.

« Nous avons eu de la chance, me dit-il. Mais pourvu que l'Empereur arrive bientôt, car ils sont vingt fois plus que nous... pourvu qu'il arrive avec des canons ! »

Il ne parlait plus d'attraper la croix !

Je regardai un peu de côté pour voir si le sergent y était encore, et je l'aperçus qui essuyait tranquillement sa baïonnette ; sa figure n'avait pas changé : cela me réjouit. J'aurais bien voulu savoir si Klipfel et Furst se trouvaient aussi dans leur rangs, mais alors le commandement de « Portez armes ! » me fit songer à autre chose.

Les trois premières colonnes ennemies s'étaient arrêtées sur la colline du Gross-Gorschen pour attendre les trois autres, qui s'approchaient le fusil sur l'épaule. Le village, entre nous dans le vallon, brûlait, les toits de chaume flambaient, la fumée montait jusqu'au ciel ; et sur une côte, à gauche, nous voyions arriver, à travers les terres de labour, une longue file de canons pour nous prendre en écharpe.

Il pouvait être midi lorsque les six colonnes se mirent en marche ; et que, sur les deux côtés de Gross-Gorschen, se déployèrent des masses de hussards et de chasseurs à cheval. Notre artillerie, placée en arrière des carrés, au haut de la côte, avait ouvert un feu terrible contre les canonniers prussiens qui lui répondaient sur toute la ligne.

---

120. On notera le changement d'humeur du héros, si pacifiste quelques instants auparavant.

QUESTIONS

7. SUR L'ENSEMBLE DU CHAPITRE
La présentation de l'ennemi.

Nos tambours commençaient à battre dans les carrés, pour avertir que l'ennemi s'approchait ; on les entendait comme le bourdonnement d'une mouche pendant un orage, et dans le fond du vallon les Prussiens criaient tous ensemble :

« *Faterland ! Faterland !* »

Leurs feux de bataillon, en grimpant la colline, nous couvraient de fumée, parce que le vent soufflait de notre côté, ce qui nous empêchait de les voir. Malgré cela, nous avions commencé nos feux de file[121]. On ne s'entendait et l'on ne se voyait plus depuis au moins un quart d'heure, quand tout à coup les hussards prussiens furent dans notre carré. Je ne sais pas comment cela s'était fait, mais ils étaient dedans, et tourbillonnaient à droite et à gauche en se penchant sur leurs petits chevaux, pour nous hacher sans miséricorde. Nous leur donnions des coups de baïonnette, nous criions, ils nous lâchaient des coups de pistolet ; enfin c'était terrible. — Zébédé, le sergent Pinto et une vingtaine d'autres de la compagnie, nous tenions ensemble. — Je verrai toute ma vie ces figures pâles, les moustaches allongées derrière les oreilles, les petits shakos serrés par la jugulaire[122] sous leurs mâchoires ; les chevaux qui se dressent en hennissant sur des tas de morts et de blessés. J'entendrai toujours les cris que nous poussions, les uns en allemand, les autres en français ; ils nous appelaient : « *Schweinpelz*[123] *!* » et le vieux sergent Pinto ne finissait pas de crier :

« Hardi ! mes enfants, hardi ! »

Je n'ai jamais pu me figurer comment nous sortîmes de là ; nous marchions au hasard dans la fumée, nous tourbillonnions au milieu des coups de fusil et des coups de sabre. Tout ce que je me rappelle, c'est que Zébédé me criait à chaque instant : « Arrive ! arrive ! » et que finalement nous fûmes dans un champ en pente, derrière un carré qui tenait encore, avec le sergent Pinto et sept ou huit autres de la compagnie.

Nous étions faits comme des bouchers !

« Rechargez ! » nous dit le sergent.

Et alors, en rechargeant, je vis qu'il y avait du sang et des cheveux au bout de ma baïonnette, ce qui montre que, dans ma fureur, j'avais donné des coups terribles.

---

121. Les *feux de file* sont les tirs exécutés successivement par les files ou les rangs d'une troupe rangée en ordre serré ; **122.** La *jugulaire* est une courroie de cuir qui passe sous le menton et retient le shako ; **123.** *Schweinpelz ! :* peau de cochon !

Au bout d'une minute, le vieux Pinto reprit :

« Le régiment est en déroute... ces gueux de Prussiens en ont sabré la moitié... Nous le retrouverons plus tard... Pour le moment il faut empêcher l'ennemi d'entrer dans le village. — Par file à gauche, en avant marche ! »

Nous descendîmes un petit escalier qui menait dans un jardin de Klein-Gorschen, et nous entrâmes dans une maison, dont le sergent barricada la porte du côté des champs avec une grande table de cuisine ; ensuite il dit, en nous montrant la porte de la rue :

« Voici notre retraite. »

Après cela, nous montâmes au premier, dans une assez grande chambre qui formait le coin au pied de la côte ; elle avait deux fenêtres sur le village et deux autres sur la colline toute couverte de fumée, où continuaient de pétiller les feux de file et de rouler le canon. Au fond, dans une alcôve, se trouvait un lit défait, et devant le lit un berceau ; les gens s'étaient sauvés sans doute au commencement de la bataille ; mais un chien à grosse queue blanche, oreilles droites et museau pointu, à moitié caché sous les rideaux, nous regardait les yeux luisants : tout cela me revient comme un rêve[124].

Le sergent venait d'ouvrir une fenêtre, et tirait déjà dans la rue, où s'avançaient deux ou trois hussards prussiens, parmi des tas de charrettes et de fumier ; Zébédé et les autres, debout derrière lui, observaient, l'arme prête. Je regardai sur la côte, pour voir si le carré tenait toujours, et je l'aperçus à cinq ou six cents pas reculant en bon ordre, et faisant feu des quatre côtés sur la masse de cavaliers qui l'entouraient. À travers la fumée, je voyais le colonel, un gros court, à cheval au milieu, le sabre à la main, et, tout près de lui, le drapeau, tellement déchiré, que ce n'était plus qu'une loque pendant le long de la hampe[125].

Plus loin, à gauche, une colonne ennemie débouchait au tournant de la route et marchait sur Klein-Gorschen. Cette colonne voulait se mettre en travers de notre retraite dans le village ; mais des centaines de soldats débandés étaient arrivés comme nous, il en arrivait même encore de tous les côtés, les uns se retournant tous les cinquante pas pour lâcher leur coup

---

124. Plus que les remarques pacifistes, cette observation est une dénonciation de la guerre et de la sauvagerie qu'elle suscite ; **125.** La *hampe :* le manche qui permet de tenir le drapeau.

de fusil, les autres blessés, se traînant pour arriver quelque part. Ils entraient dans les maisons, et comme la colonne s'approchait toujours, un feu roulant commença sur elle de toutes les fenêtres. Cela l'arrêta d'autant plus qu'au même instant, sur la côte à droite, commençaient à se déployer les divisions Brenier et Marchand, que le prince de la Moskowa envoyait à notre secours.

Nous avons su depuis que le maréchal Ney avait suivi l'Empereur du côté de Leipzig[126] et qu'il revenait alors au roulement du canon.

Les Prussiens firent donc halte en cet endroit ; le feu cessa des deux côtés. Nos carrés et nos colonnes remontèrent la côte en face de Starsiedel, et tout le monde, au village, se dépêcha d'évacuer les maisons pour rallier chacun son régiment. Le nôtre était mêlé dans deux ou trois autres ; et quand les divisions mirent l'arme au pied en avant de Kaya, nous eûmes de la peine à nous reconnaître. On fit l'appel de notre compagnie, il restait quarante-deux hommes, le grand Furst et Léger n'y étaient plus ; mais Zébédé, Klipfel et moi nous avions retiré notre peau de l'affaire.

Malheureusement ce n'était pas encore fini, car ces Prussiens, remplis d'insolence à cause de notre retraite, faisaient déjà de nouvelles dispositions pour venir nous attaquer à Kaya, il leur arrivait des masses de renforts ; et, voyant cela, je pensai que, pour un si grand général, l'Empereur avait eu pourtant une bien mauvaise idée de s'étendre sur Leipzig et de nous laisser surprendre par une armée de plus de cent mille hommes.

Comme nous étions en train de nous reformer derrière la division Brenier, dix-huit mille vieux soldats de la garde prussienne montaient la côte au pas de charge, portant les shakos de nos morts au bout de leurs baïonnettes en signe de victoire. En même temps le combat se prolongeait à gauche, entre Klein-Gorschen et Starsiedel. La masse de cavalerie russe que nous avions vue reluire au soleil du matin, derrière la Gruna-Bach, voulait nous tourner ; mais le 6ᵉ corps était arrivé nous couvrir et les régiments de marine tenaient là comme des murs. Toute la plaine ne formait qu'un nuage, où l'on voyait étinceler les casques, les cuirasses et les lances par milliers.

---

126. La bataille de *Leipzig* se déroula du 16 au 19 octobre 1813 (se reporter à la Documentation thématique).

De notre côté, nous reculions toujours, quand tout à coup quelque chose passa devant nous comme le tonnerre : c'était le maréchal Ney[127] ! il arrivait au grand galop, suivi de son état-major. Je n'ai jamais vu de figure pareille ; ses yeux étincelaient, ses joues tremblaient de colère ! En une seconde il eut parcouru toute la ligne dans sa profondeur, et se trouva sur le front de nos colonnes. Tout le monde le suivait comme entraîné par une force extraordinaire ; au lieu de reculer, on marchait à la rencontre des Prussiens, et dix minutes après tout était en feu. Mais l'ennemi tenait solidement ; il se croyait déjà le maître et ne voulait pas lâcher la victoire ; d'autant plus qu'il recevait toujours du renfort, et que nous autres nous étions épuisés par cinq heures de combat.

Notre bataillon, cette fois, se trouvait en seconde ligne, les boulets passaient au-dessus, mais un bruit bien pire et qui me traversait les nerfs, c'était le grelottement de la mitraille dans les baïonnettes : cela sifflait comme une espèce de musique terrible et qui s'entendait de bien loin.

Au milieu des cris, des commandements et de la fusillade, nous recommencions tout de même à redescendre sur un tas de morts. Nos premières divisions rentraient à Klein-Gorschen ; on s'y battait corps à corps ; on ne voyait dans la grande rue du village que des crosses de fusil en l'air, et des généraux à cheval, l'épée à la main comme de simple soldats.

Cela dura quelques minutes ; nous disions dans les rangs : « Ça va bien ! ça va bien !... on avance. » Mais de nouvelles troupes étant arrivées du côté des Prussiens, nous fûmes obligés de reculer pour la seconde fois, et malheureusement si vite qu'un grand nombre se sauvèrent jusque dans Kaya. Ce village était sur la côte, et le dernier en avant de la route de Lutzen. C'est un long boyau de maisons[128] séparées les unes des autres par de petits jardins, des écuries et des ruchers. Si l'ennemi nous forçait à Kaya, l'armée était coupée en deux.

En courant, je me rappelai ces paroles de M. Goulden : « Si par malheur les alliés nous battent, ils viendront se venger chez nous de tous ce que nous leur avons fait depuis dix ans. »

---

127. Enregistrons, au passage, un témoignage de plus du courage manifesté par le maréchal Ney, surnommé « le Brave des braves ». Toutes les précisions qui sont ainsi données contribuent à donner au récit un air de véracité. On a dit que les auteurs avaient utilisé les notes figurant sur le carnet d'un capitaine de l'armée napoléonienne ; **128.** Un *boyau de maisons* est un espace long et étroit délimité par les bâtiments.

Je croyais la bataille perdue, car le maréchal Ney lui-même, au milieu d'un carré, reculait, et les soldats, pour sortir de la mêlée, emportaient des officiers blessés sur leurs fusils en brancards. Enfin ça prenait une mauvaise tournure.

J'entrai dans Kaya sur la droite du village, en enjambant des haies et sautant par-dessus de petites palissades que les gens mettent pour séparer les jardins.

J'allais tourner le coin d'un hangar, lorsque, levant la tête, j'aperçus une cinquantaine d'officiers à cheval arrêtés au haut d'une colline en face ; plus loin, derrière eux, des masses d'artillerie accouraient ventre à terre sur la route de Leipzig. Cela me fit regarder, et je reconnus l'Empereur, un peu en avant des autres ; il était assis, comme dans un fauteuil, sur son cheval blanc. Je le voyais très bien sous le ciel pâle ; il ne bougeait pas et regardait la bataille au-dessous avec sa lunette. **(8)**

Cette vue me rendit si joyeux que je me mis à crier : *Vive l'Empereur !* de toutes mes forces ; puis j'entrai dans la grande rue de Kaya par une allée entre deux vieilles maisons. J'étais l'un des premiers, et j'aperçus encore des gens du village, hommes, femmes, enfants, qui se dépêchaient d'entrer dans leurs caves.

Plusieurs personnes auxquelles j'ai raconté cela m'ont fait des reproches d'avoir couru si vite, mais je leur ai répondu que lorsque Michel Ney reculait, Joseph Bertha pouvait bien reculer aussi[129].

Klipfel, Zébédé, le sergent Pinto, tous ceux que je connaissais à la compagnie étaient encore dehors, et j'entendais un bruit tellement épouvantable qu'on ne peut s'en faire une idée. Des masses de fumée passaient par-dessus les toits, les tuiles roulaient et tombaient dans la rue, et les boulets enfonçaient les murs ou cassaient les poutres avec un fracas horrible.

En même temps, de tous côtés, par les ruelles, par-dessus les haies et les palissades des jardins entraient nos soldats en se retournant pour faire feu. Il y en avait de tous les régiments, sans shakos, déchirés, couverts de sang, l'air furieux et,

129. Le détail est d'autant plus amusant que le héros a tenté de se faire réformer parce qu'il boitait.

QUESTIONS

8. SUR L'ENSEMBLE DU CHAPITRE
La présence de l'Empereur aux différents moments de l'action.

maintenant que j'y pense après tant d'années, c'étaient tous des enfants, de véritables enfants: sur quinze ou vingt, pas un n'avait de moustaches ; mais le courage est né dans la race française[130] !

Et comme les Prussiens, — conduits par de vieux officiers qui criaient : « *Forwertz ! Forwertz !* » — arrivaient en se grimpant en quelque sorte sur le dos, comme des bandes de loups, pour aller plus vite, nous, au coin d'une grange, à vingt ou trente, en face d'un jardin où se trouvaient un petit rucher et de grands cerisiers en fleur qu'il me semble voir encore, nous commençâmes un feu roulant sur ces gueux qui voulaient escalader un petit mur au-dessous et prendre le village.

Combien d'entre eux, en arrivant sur ce mur, retombèrent dans la masse, je n'en sais rien ; mais il en venait toujours d'autres. Des centaines de balles sifflaient à nos oreilles et s'aplatissaient contre les pierres ; le crépi tombait, la paille pendait des poutres, la grande porte à gauche était criblée ; et nous, derrière la grange, après avoir rechargé, nous faisions la navette pour tirer dans le tas : cela durait juste le temps d'ajuster et de serrer la détente, et malgré cela, cinq ou six étaient déjà tombés au coin du fenil[131], le nez à terre ; mais notre rage était si grande que nous n'y faisions pas attention.

Comme je retournais là pour la dixième fois, en épaulant, le fusil me tomba de la main ; je me baissai pour le ramasser et je tombai dessus : j'avais une balle dans l'épaule gauche ; le sang se répandait sur ma poitrine comme de l'eau chaude. J'essayai de me relever ; mais tout ce que je pus faire, ce fut de m'asseoir contre le mur. Alors le sang descendit jusque sur mes cuisses, et l'idée me vint que j'allais mourir en cet endroit, ce qui me donna tout froid.

Les camarades continuaient à tirer par-dessus ma tête, et les Prussiens répondaient toujours.

En songeant qu'une autre balle pouvait m'achever, je me cramponnai tellement de la main droite au coin du mur pour m'ôter de là, que je tombai dans un petit fossé qui conduisait l'eau de la rue dans le jardin. Mon bras gauche était lourd

---

130. En janvier 1813, puis en octobre 1813, on avait appelé par anticipation les conscrits des classes 1814 et 1815. Ces conscrits étaient très jeunes ; on les surnomma les Marie-Louise, car l'impératrice régente signa le décret qui les appelait. Cette extrême jeunesse des soldats est le signe d'un régime qui fait la guerre depuis trop longtemps et arrive au bout des ressources humaines d'un pays ; **131.** Le *fenil :* l'endroit où l'on range le foin.

comme du plomb, ma tête tournait ; j'entendais toujours la fusillade, mais comme un rêve. Cela dura quelque temps sans doute.

Lorsque je rouvris les yeux, la nuit venait ; les Prussiens défilaient dans la ruelle en courant. Ils remplissaient déjà le village, et dans le jardin en face se trouvait un vieux général, la tête nue, les cheveux blancs, sur un grand cheval brun. Il criait comme une trompette d'amener des canons, et des officiers partaient ventre à terre porter ses ordres. Près de lui, debout sur le petit mur encombré de morts, un de leurs chirurgiens lui bandait le bras. Derrière, de l'autre côté, se tenait également à cheval un officier russe très mince, un jeune homme coiffé d'un chapeau à plumes vertes tombant en forme de bouquet. Je vis cela d'un coup d'œil : — ce vieux avec son gros nez, son front large et plat, ses yeux vifs, son air hardi ; les autres autour de lui ; le chirurgien, un petit homme chauve en lunettes ; et dans le fond de la vallée, à cinq ou six cents pas, entre deux maisons, nos soldats qui se reformaient. Tout cela je l'ai devant moi comme si j'y étais encore.

On se tirait plus ; mais entre Klein-Gorschen et Kaya, des cris terribles s'élevaient... On entendait rouler pesamment, hennir, jurer et claquer du fouet. Sans savoir pourquoi, je me traînai hors de l'ornière, et me remis contre le mur, et presque aussitôt deux pièces de seize, attelées chacune de six chevaux, tournèrent au coin de la première maison du village. Les artilleurs à cheval frappaient de toutes leurs forces, et les roues entraient dans les tas de morts et de blessés comme dans de la paille ; les os craquaient ! voilà d'où venaient les grands cris que j'avais entendus ; les cheveux m'en dressaient sur la tête[132].

« Ici !... cria le vieux en allemand. Pointez là-bas, entre ces deux maisons, près de la fontaine. »

Les deux pièces furent aussitôt retournées ; les voitures de poudre et de mitraille arrivèrent au galop. Le vieux vint voir, son bras gauche en écharpe, et, tout en remontant la ruelle, je l'entendis qui disait au jeune officier russe, d'un ton bref :

« Dites à l'empereur Alexandre que je suis dans Kaya... La bataille est gagnée si on m'envoie des renforts. Qu'on ne délibère pas, qu'on agisse ! Il faut nous attendre à une attaque furieuse. Napoléon arrive, je sens cela... Dans une demi-heure

---

132. Ces éléments auditifs, peu fréquents dans l'ouvrage, témoignent d'autant plus de l'horreur de la situation.

nous l'aurons sur les bras avec sa garde. Coûte que coûte, je lui tiendrai tête ; mais, au nom de Dieu, qu'on ne perde pas une minute, et la victoire est à nous ! »

Le jeune homme partit au galop du côté de Klein-Gorschen, et dans le même instant quelqu'un dit près de moi :

« Ce vieux-là, c'est Blücher... Ah ! gredin, si je tenais mon fusil. »

Ayant tourné la tête, je vis un vieux sergent sec et aigre, avec de grandes rides le long des joues, qui se tenait assis contre la porte de la grange, les deux mains appuyées à terre comme des béquilles, car ses reins étaient cassés par une balle. Ses yeux jaunes suivaient le général prussien en louchant ; son nez crochu, déjà pâle[133], se recourbait comme un bec dans ses grosses moustaches ; il avait l'air terrible et fier. **(9)**

« Si je tenais mon fusil, dit-il encore une fois, tu verrais si la bataille est gagnée ! »

Nous étions les seuls êtres encore vivants dans ce coin encombré de morts.

Moi, songeant qu'on allait peut-être m'enterrer le lendemain avec tous ces autres dans le jardin en face, et que je ne reverrais plus Catherine, des larmes me coulaient sur les joues, et je ne pus m'empêcher de dire :

« Maintenant tout est fini ! »

Le sergent alors me regarda de travers, et, voyant que j'étais encore si jeune, il me demanda :

« Qu'est-ce que tu as, conscrit ?

— Une balle dans l'épaule, mon sergent.

— Dans l'épaule, ça vaut mieux que dans les reins, on peut en réchapper. »

Et d'une voix moins rude, après m'avoir considéré de nouveau, il ajouta :

« Ne crains rien, va, tu reverras le pays[134]. »

---

133. C'est un signe qui annonce la mort prochaine ; **134.** On notera le courage prêté au sergent, un ancien qui a dû traverser bien des campagnes, mais aussi la fraternité qu'il manifeste. Toutes les scènes sont vécues à travers le témoignage de Joseph Bertha. Les officiers sont là pour commander et donner l'exemple, mais ils ont peu de contact avec leurs hommes.

QUESTIONS

9. SUR L'ENSEMBLE DU CHAPITRE

La présentation des anciens de l'armée napoléonienne, leur attitude, leur rôle.

Je pensai qu'il avait pitié de ma jeunesse et qu'il voulait me consoler ; mais je sentais ma poitrine comme fracassée, et cela m'ôtait tout espoir.

Le sergent ne dit plus rien ; seulement, de temps en temps, il faisait un effort pour dresser la tête et voir si nos colonnes arrivaient. Il jurait entre ses dents, et finit par se laisser glisser, l'épaule dans le coin de la porte, en disant :

« Mon affaire est faite ! mais le grand gueux me l'a payée tout de même. »

Il regardait dans la haie en face, où se trouvait étendu sur le dos un grenadier prussien, la baïonnette encore en travers du ventre.

Il pouvait être alors six heures ; l'ennemi occupait toutes les maisons, les jardins, les vergers, la grande rue et les ruelles. J'avais froid par tout le corps, et je m'étais engourdi, le front sur les genoux, quand le roulement du canon m'éveilla de nouveau. Les deux pièces du jardin et plusieurs autres derrière, placées plus haut dans le village, tiraient en jetant leurs éclairs dans la grande rue, où se pressaient les Prussiens et les Russes. Toutes les fenêtres tiraient aussi. Mais cela n'était rien en comparaison du feu des Français sur la colline en face. Dans le fond au-dessous, montait la jeune garde en colonnes serrées, au pas de charge, les colonels, les commandants et les généraux à cheval au milieu des baïonnettes, l'épée en l'air : tout cela gris, éclairé de seconde en seconde par la lumière des quatre-vingts pièces que l'Empereur avait fait mettre en une seule batterie pour appuyer le mouvement. Ces quatre-vingts pièces faisaient un fracas terrible, et malgré la distance, la vieille cassine contre laquelle je m'appuyais en tremblait jusque dans ses fondements. Dans la rue, les boulets enlevaient des files de Prussiens et de Russes, comme les coups de faux enlèvent l'herbe : c'était leur tour de serrer les rangs.

J'entendais aussi, derrière nous, l'artillerie ennemie répondre, et je pensais : « Mon Dieu ! mon Dieu ! pourvu maintenant que les Français l'emportent, leurs pauvres blessés seront recueillis, au lieu que ces Prussiens et ces Cosaques songeraient d'abord aux leurs et nous laisseraient tous périr. »

Je ne faisais plus attention au sergent, je ne regardais que les canonniers prussiens charger leurs pièces, pointer et tirer, en les maudissant au fond de mon âme ; et j'écoutais avec ravissement les cris de *Vive l'Empereur !* qui commençaient à monter de la vallée, et qu'on entendait dans l'intervalle des détonations de l'artillerie.

Enfin, au bout de vingt minutes, les Prussiens et les Russes se mirent à reculer ; ils repassaient en foule par la ruelle où nous étions pour se jeter sur la côte ; les cris de *Vive l'Empereur !* se rapprochaient, les canonniers, devant nous, se dépêchaient comme des forcenés, quand trois ou quatre boulets arrivèrent cassant une roue et les couvrant de terre. Une pièce tomba sur le côté ; deux artilleurs étaient tués et deux blessés. Alors je sentis une main me prendre par le bras ; je me retournai et je vis le vieux sergent, à demi mort, qui me regardait en riant d'un air farouche. Le toit de notre baraque s'affaissait, le mur penchait, mais nous n'y prenions pas garde : nous ne voyions que la défaite des ennemis, et nous n'entendions, au milieu de tout ce fracas épouvantable, que les cris toujours plus proches de nos soldats.

Tout à coup le sergent tout pâle dit :

« Le voilà ! »

Et penché en avant, sur les genoux, une main à terre et l'autre levée, il cria d'une voix éclatante.

« Vive l'Empereur ! »

Puis il tomba la face à terre et ne remua plus.

Et moi, me penchant aussi pour voir, je vis Napoléon qui montait dans la fusillade, son chapeau enfoncé dans sa grosse tête, sa capote grise ouverte, un large ruban rouge[135] en travers de son gilet blanc, calme, froid, comme éclairé par le reflet des baïonnettes. Tout pliait devant lui ; les canonniers prussiens abandonnaient leurs pièces et sautaient le mur du jardin, malgré les cris de leurs officiers qui voulaient les retenir. **(10)**

Ces choses, je les ai vues ; elles sont restées comme peintes en feu dans mon esprit ; mais depuis ce moment je ne me rappelle plus rien de la bataille, car, dans l'espérance de notre victoire, j'avais perdu le sentiment, et j'étais comme un mort au milieu de tous ces morts. **(11)**

---

135. Ce ruban rouge est sans doute l'insigne de la Légion d'honneur, décoration créée par Napoléon en 1804. En 1814, l'ordre de la Légion d'honneur comptait 29 000 membres. En outre, l'Empereur montre le courage dont témoignent tous les chefs dans l'œuvre, mais il y ajoute un détachement qui en fait une demi-divinité.

QUESTIONS

10. LIGNES 644 À 650
Quel effet produisent ces lignes ?

11. SUR L'ENSEMBLE DU CHAPITRE
Analyser les effets d'attente, d'angoise.

LE BIVOUAC IMPÉRIAL.
Lith. coloriée, d'après H. Vernet. Bibl. Paul-Marmottan, Boulogne.

XIV

Je me réveillai dans la nuit, au milieu du silence. Des nuages traversaient le ciel, et la lune regardait le village abandonné, les canons renversés et les tas de morts, comme elle regarde, depuis le commencement du monde, l'eau qui coule, l'herbe qui pousse et les feuilles qui tombent en automne. Les hommes ne sont rien auprès des choses éternelles ; ceux qui vont mourir le comprennent mieux que les autres. **(1)**

Je ne pouvais plus bouger et je souffrais beaucoup ; mon bras droit seul remuait encore. Pourtant je parvins à me dresser sur le coude, et je vis les morts entassés jusqu'au fond de la ruelle. La lune donnait dessus ; ils étaient blancs comme de la neige : les uns la bouche et les yeux tout grands ouverts ; les autres la face contre terre, la giberne et le sac au dos, la main cramponnée au fusil. Je voyais cela d'une façon effrayante, mes dents en claquaient d'épouvante.

Je voulus appeler au secours ; j'entendis comme un faible cri d'enfant qui sanglote, et je m'affaissai de désespoir. Mais ce faible cri que j'avais poussé dans le silence en éveillait d'autres de proche en proche, cela gagnait de tous les côtés : tous les blessés croyaient entendre arriver du secours, et ceux qui pouvaient encore se plaindre appelaient. Ces cris durèrent quelques instants, puis tout se tut, et je n'entendis plus qu'un cheval souffler lentement près de moi, derrière la haie. Il voulait se lever, je voyais sa tête se dresser au bout de son long cou, puis il retombait.

Moi, par l'effort que je venais de faire, ma blessure s'était rouverte, et je sentais de nouveau le sang couler sous mon bras. Alors je fermai les yeux pour me laisser mourir, et toutes les choses lointaines, depuis le temps de ma première enfance, — les choses du village, lorsque ma pauvre mère me tenait dans ses bras et qu'elle chantait pour m'endormir, la petite chambre, la vieille alcôve, notre chien Pommer, qui jouait avec moi et me roulait à terre ; le père qui rentrait le soir tout joyeux, la hache sur l'épaule, et qui me prenait dans ses larges mains en m'embrassant, — toutes ces choses me revinrent comme un rêve !

QUESTIONS

1. LIGNES 1 À 7

Ces réflexions ont-elles été formulées par Joseph, alors qu'il se croyait sur le point de mourir ?

Je pensais : « Ah ! pauvre femme... pauvre père !... si vous aviez su que vous éleviez votre enfant avec tant d'amour et de peines, pour qu'il périsse un jour misérablement, seul, loin de tout secours !... quelles n'auraient pas été votre désolation et vos malédictions contre ceux qui l'ont réduit à cet état... Ah ! si vous étiez là !... si je pouvais seulement vous demander pardon des peines que je vous ai données[136] ! »

Et, songeant à cela, les larmes me couvraient la figure, ma poitrine se gonflait : longtemps je sanglotais tout bas en moi-même.

La pensée de Catherine, de la tante Grédel, du bon M. Goulden, me vint aussi bientôt, et ce fut quelque chose d'épouvantable ! c'était comme un spectacle qui se passe sous vos yeux : je voyais leur étonnement et leurs craintes en apprenant la grande bataille ; la tante Grédel qui courait tous les jours sur la route pour aller voir à la poste, pendant que Catherine l'attendait en priant ; et M. Goulden, seul dans sa chambre, qui lisait dans la gazette que le 3e corps avait plus donné que les autres ; il se promenait la tête penchée et s'asseyait bien tard à l'établi, tout rêveur. Mon âme était là-bas avec eux ; elle attendait en quelque sorte devant la poste avec la tante Grédel, elle retournait au village abattue, elle voyait Catherine dans la désolation.

Puis, un matin, le facteur Rœdig passait aux Quatre-Vents, avec sa blouse et son petit sac de cuir ; il ouvrait la porte de la salle et tendait un grand papier à la tante Grédel, qui restait toute saisie, Catherine debout derrière elle, pâle comme une morte : et c'était mon acte de décès qui venait d'arriver ! J'entendais les sanglots déchirants de Catherine étendue à terre, et les malédictions de la tante Grédel, — ses cheveux gris défaits, — criant qu'il n'y avait plus de justice... qu'il vaudrait mieux pour les honnêtes gens n'être jamais venus au monde, puisque Dieu les abandonne ! — Le bon père Goulden arrivait pour les consoler ; mais en entrant, il se mettait à sangloter avec elles, et tous pleuraient dans une désolation inexprimable, criant :

« Ô pauvre Joseph ! pauvre Joseph ! »

---

136. Malgré sa grave blessure, Joseph ne peut s'empêcher de prononcer un monologue intérieur. Les lecteurs de l'époque aimaient d'ailleurs ces discours dramatiques.

Cela me déchirait le cœur. **(2)**

L'idée me vint aussi que trente ou quarante mille familles en France, en Russie, en Allemagne, allaient recevoir la même nouvelle, et plus terrible encore, puisqu'un grand nombre des malheureux étendus sur le champ de bataille avaient leurs père et mère ; je me représentais cela comme une abomination, comme un grand cri du genre humain qui monte au ciel.

C'est alors que je me rappelai ces pauvres femmes de Phalsbourg, qui priaient dans l'église à la grande retraite de Russie, et que je compris ce qui se passait dans leur âme !... Je pensais que Catherine irait bientôt là ; qu'elle prierait des années et des années en songeant à moi... Oui, je pensais cela, car je savais que nous nous aimions depuis notre enfance, et qu'elle ne pourrait jamais m'oublier. Mon attendrissement était si grand, qu'une larme suivait l'autre sur mes joues ; et cela me faisait pourtant du bien d'avoir cette confiance en elle et d'être sûr qu'elle conserverait son amour jusque dans la vieillesse, qu'elle m'aurait toujours devant les yeux, et qu'elle n'en prendrait pas un autre.

La rosée s'était mise à tomber vers le matin. Ce grand bruit monotone sur les toits, dans le jardin et la ruelle remplissait le silence. Je songeais à Dieu, qui depuis le commencement des temps fait les mêmes choses, et dont la puissance est sans bornes ; qui pardonne les fautes, parce qu'il est bon, et j'espérais qu'il me pardonnerait, en considération de mes souffrances.

Comme la rosée était forte, elle finit par emplir le petit ruisseau. De temps en temps on entendait un mur tomber dans le village, un toit s'affaisser ; les animaux, effarouchés par la bataille, reprenaient confiance et sortaient au petit jour : une chèvre bêlait dans l'étable voisine ; un grand chien de berger, la queue traînante, passa regardant les morts ; le cheval, en le voyant, se mit à souffler d'une façon terrible ; il le prenait peut-être pour un loup, et le chien se sauva.

Tous ces détails me reviennent, parce qu'au moment de mourir on voit tout, on entend tout ; on se dit en quelque sorte : « Regarde... écoute... car bientôt tu n'entendras et tu ne verras plus rien en ce monde. »

QUESTIONS

2. LIGNES 47 À 74
Pourquoi cette évocation ?

Mais ce qui m'est resté bien autrement dans l'esprit, ce que je ne pourrais jamais oublier, quand je vivrais cent ans, c'est lorsque au loin je crus entendre un bruit de paroles. Oh ! comme je me réveillai... comme j'écoutai... et comme je me levai sur mon bras pour crier : « Au secours ! » Il faisait encore nuit, et pourtant un peu de jour pâlissait déjà le ciel ; tout au loin, à travers la pluie qui rayait l'air, une lumière marchait au milieu des champs, elle allait au hasard, s'arrêtant ici... là... et je voyais alors des formes noires se pencher autour ; ce n'étaient que des ombres confuses, mais d'autres que moi voyaient aussi cette lumière, car de tous côtés des soupirs s'élevaient dans la nuit... des cris plaintifs, des voix si faibles, qu'on aurait dit des petits enfants qui appellent leur mère[137] ! **(3)**

Mon Dieu, qu'est-ce que la vie ? De quoi donc est-elle faite, pour qu'on y attache un si grand prix ?

Ce misérable souffle qui nous fait tant pleurer, tant souffrir, pourquoi donc craignons-nous de le perdre plus que tout au monde ? Que nous est-il donc réservé plus tard, puisque à la moindre crainte de mort tout frémit en nous ?

Qui sait cela ? Tous les hommes en parlent depuis des siècles et des siècles, tous y pensent et personne ne peut le dire.

Moi, dans mon ardeur de vivre, je regardais cette lueur, comme un malheureux qui se noie regarde le rivage... je me cramponnais pour la voir, et mon cœur grelottait d'espérance. Je voulais crier, ma voix n'allait pas plus loin que mes lèvres ; le bruissement de la pluie dans les arbres et sur les toits couvrait tout, et malgré cela je me disais : « Ils l'entendent... ils viennent !... » Il me semblait voir la lanterne remonter le sentier du jardin, et la lumière grossir à chaque pas ; mais après avoir erré quelques instants sur le champ de bataille, elle entra lentement dans un pli de terrain et disparut. **(4)**

Alors je retombai sans connaissance.

---

137. Ces cris des blessés ont été notés dans tous les ouvrages qui évoquent de grands combats, de même que ces pensées d'un blessé qui craint de mourir.

QUESTIONS

3. SUR L'ENSEMBLE DU CHAPITRE
Analyser les procédés qui provoquent une montée de la tension dramatique tout au long du récit (évocations, descriptions, monologues intérieurs...).

4. SUR L'ENSEMBLE DU CHAPITRE
Les divers bruits, leur rôle.

XV (1)

C'est au fond d'un grand hangar en forme de halle, — des piliers tout autour, — que je revins à moi ; quelqu'un me donnait à boire du vin et de l'eau, et je trouvais cela très bon. En ouvrant les yeux, je vis un vieux soldat à moustaches grises, qui me relevait la tête et me tenait le gobelet aux lèvres. **(2)**

« Eh bien ! me dit-il d'un air de bonne humeur, eh bien ! ça va mieux[138] ? »

Et je ne pus m'empêcher de lui sourire en songeant que j'étais encore vivant. J'avais la poitrine et l'épaule gauche solidement emmaillotées ; je sentais là comme une brûlure, mais cela m'était bien égal : — je vivais !

Je me mis d'abord à regarder les grosses poutres qui se croisaient en l'air, et les tuiles, où le jour entrait en plus d'un endroit ; puis, au bout de quelques instants, je tournai la tête, et je reconnus que j'étais dans un de ces vastes hangars où les brasseurs du pays abritent leurs tonneaux et leurs voitures. Tout autour, sur des matelas et des bottes de paille, étaient rangés une foule de blessés, et vers le milieu, sur une grande table de cuisine, un chirurgien-major et ses deux aides, les manches de chemise retroussées, coupaient une jambe à quelqu'un ; le blessé poussait des gémissements. Derrière eux se trouvait un tas de bras et de jambes, et chacun peut s'imaginer les idées qui me passèrent par la tête.

Cinq ou six soldats d'infanterie donnaient à boire aux blessés ; ils avaient des cruches et des gobelets.

Mais ce qui me fit le plus d'impression, ce fut ce chirurgien en manches de chemise, qui coupait sans rien entendre ; il avait

---

138. Encore un exemple de fraternité, d'encouragement de la part d'un ancien.

QUESTIONS

1. SUR LES CHAPITRES XIII, XIV ET XV

Étudier la disposition voulue d'un chapitre court placé entre deux chapitres longs. Quelle est la fonction particulière du chapitre XIV dans ces conditions ? Donner un titre résumant le point essentiel abordé par chacun de ces chapitres.

2. SUR L'ENSEMBLE DU CHAPITRE

En étudier la construction, analyser la construction en trois « tableaux ».

un grand nez, les joues creuses, et se fâchait à chaque minute contre ses aides, qui ne lui donnaient pas assez vite les couteaux, les pinces, la charpie, le linge, ou qui n'enlevaient pas tout de suite le sang avec l'éponge. Cela n'allait pourtant pas mal, car en moins d'un quart d'heure ils avaient coupé déjà deux jambes[139]. **(3)**

Dehors, contre les piliers, stationnait une grande voiture pleine de paille.

Comme on venait d'étendre sur la table une espèce de carabinier russe de six pieds au moins, le cou percé d'une balle près de l'oreille, et que le chirurgien demandait les petits couteaux pour lui faire quelque chose, un autre chirurgien passa devant le hangar, un chirurgien de cavalerie, gros, court et tout grêlé. Il tenait un portefeuille sous le bras, et s'arrêta près de la voiture.

« Hé ! Forel ! cria-t-il d'un ton joyeux.

— Tiens, c'est vous, Duchêne ? répondit le nôtre en se retournant. Combien de blessés ?

— Dix-sept à dix-huit mille[140].

— Diable ! Eh bien ! ça va-t-il ce matin ?

— Mais oui ; je suis en train de chercher un bouchon[141]. »

Notre chirurgien sortit du hangar pour serrer la main à son camarade ; ils se mirent à causer tranquillement, pendant que les aides buvaient un coup de vin, et que le Russe roulait les yeux d'un air désespéré.

« Tenez, Duchêne, vous n'avez qu'à descendre la rue... en face de ce puits... vous voyez ?

— Très bien.

— Juste en face, vous trouverez la cantine.

— Ah ! bon... merci ! Je me sauve ! »

L'autre alors partit, et le nôtre lui cria :

« Bon appétit, Duchêne ! »

---

139. Émile Erckmann a souvent entendu les amis de son père, anciens combattants de la République et de l'Empire, évoquer de telles scènes (en particulier pendant la période 1841-1842) ; **140.** Beaucoup de blessés succombaient à leurs blessures, à cette époque, en raison des infections qui se développaient ; **141.** Un *bouchon* : un cabaret. Cette appellation venait du petit bouquet de paille (le bouchon) qui servait d'enseigne, au moment où le terme est apparu dans la langue, au XVIe siècle. Le terme a longtemps été utilisé pour désigner un cabaret.

QUESTIONS

3. SUR L'ENSEMBLE DU CHAPITRE
Les cruautés de la guerre.

Puis il revint du côté de son Russe, qui l'attendait, et commença par lui ouvrir le cou depuis la nuque jusqu'à l'épaule. Il travaillait d'un air de mauvaise humeur, en disant aux aides :

« Allons donc, messieurs, allons donc ! »

Le Russe soupirait comme on peut s'imaginer ; mais il n'y faisait pas attention, et, finalement, jetant une balle à terre, il lui mit un bandage et dit :

« Enlevez ! »

On enleva le Russe de la table, les soldats l'étendirent sur une paillasse à la file des autres, et l'on apporta le voisin.

Je n'aurais jamais cru que des choses pareilles se passaient dans le monde ; mais j'en vis encore d'autres dont le souvenir me resta longtemps.

À cinq ou six paillasses de la mienne était assis un vieux caporal, la jambe emmaillotée ; il clignait de l'œil et disait à son voisin, dont on venait de couper le bras :

« Conscrit, regarde un peu dans ce tas ; je parie que tu ne reconnais pas ton bras. »

L'autre, tout pâle, mais qui pourtant avait montré le plus grand courage, regarda, et presque aussitôt il perdit connaissance.

Alors le caporal se mit à rire et dit :

« Il a fini par le reconnaître... C'est celui d'en bas, avec la petite fleur bleue. Ça produit toujours le même effet. »

Il s'admirait lui-même d'avoir découvert cela, mais personne ne riait avec lui.

À chaque minute les blessés criaient :

« À boire ! »

Quand l'un commençait, tous suivaient. Le vieux soldat m'avait pris sans doute en amitié, car, en passant, il me présentait toujours son gobelet.

Je ne restai pas là-dedans plus d'une heure ; une dizaine d'autres voitures à larges échelles étaient venues se ranger derrière la première. Des paysans du pays, en veste de velours et large feutre noir, le fouet sur l'épaule, attendaient, tenant leurs chevaux par la bride. Un piquet de hussards arriva bientôt, le maréchal des logis mit pied à terre, et, entrant sous le hangar, il dit :

« Faites excuse, major, mais voici un ordre pour escorter douze voitures de blessés jusqu'à Lutzen ; est-ce que c'est ici qu'on les charge ?

— Oui, c'est ici », répondit le chirurgien.

Et tout de suite on se mit à charger la première file.

Les paysans et les hommes de l'ambulance, avant de nous enlever, nous faisaient boire encore un bon coup.

Dès qu'une voiture était pleine, elle partait en avant, et une autre s'avançait. J'étais sur la troisième, assis dans la paille, au premier rang, à côté d'un conscrit du 27e qui n'avait plus de main droite ; derrière, un autre manquait d'une jambe, un autre avait la tête fendue, un autre la mâchoire cassée, ainsi de suite jusqu'au fond.

On nous avait rendu nos grandes capotes, et nous avions tellement froid, malgré le soleil, qu'on ne voyait que notre nez, notre bonnet de police, ou le bandeau de linge au-dessus des collets. Personne ne parlait ; on avait bien assez à penser pour soi-même.

Par moments, je sentais un froid terrible, puis tout à coup des bouffées de chaleur qui m'entraient jusque dans les yeux : c'était le commencement de la fièvre. Mais en partant de Kaya, tout allait encore bien, je voyais clairement les choses, et ce n'est que plus tard, du côté de Leipzig, que je me sentis tout à fait mal.

Enfin, on nous chargea donc de la sorte : ceux qui pouvaient encore se tenir assis dans les premières voitures, les autres étendus dans les dernières, et nous partîmes. Les hussards, à cheval près de nous, causaient de la bataille, fumaient et riaient sans nous regarder.

C'est en traversant Kaya que je vis toutes les horreurs de la guerre. Le village ne formait plus qu'un monceau de décombres. Les toits étaient tombés ; les pignons, de loin en loin, restaient seuls debout ; les poutres et des lattes étaient rompues ; on y voyait, à travers, les petites chambres avec leurs alcôves, leurs portes et leurs escaliers. De pauvres gens, des femmes, des enfants, des vieillards, allaient et venaient à l'intérieur tout désolés ; ils montaient et descendaient comme dans des cages en plein air. Quelquefois, tout au haut, la cheminée d'une petite chambre, un petit miroir et des branches de buis au-dessus montraient que là vivait une jeune fille dans les temps de paix.

Ah ! qui pouvait prévoir alors qu'un jour tout ce bonheur serait détruit, non par la fureur des vents ou la colère du ciel, mais par la rage des hommes, bien autrement redoutable !

Il n'y avait pas jusqu'aux pauvres animaux qui n'eussent un

air d'abandon au milieu de ces ruines. Les pigeons cherchaient leur colombier, les bœufs et les chèvres leur étable ; ils allaient déroutés par les ruelles, mugissant et bêlant d'une voix plaintive. Des poules perchaient sur les arbres, et partout, partout on rencontrait la trace des boulets !

À la dernière maison, un vieillard tout blanc, assis sur le seuil de sa demeure en ruine, tenait entre ses genoux un petit enfant ; il nous regarda passer morne et sombre. Nous voyait-il ? Je n'en sais rien ; mais son front sillonné de grandes rides et ses yeux ternes annonçaient le désespoir. Que d'années de travail, que d'économies et de souffrances il lui avait fallu pour assurer le repos de sa vieillesse ! Maintenant tout était anéanti... l'enfant et lui n'avaient plus une tuile pour abriter leur tête !...

Et ces grandes fosses d'une demi-lieue, — où tous les gens du pays travaillent à la hâte pour empêcher la peste d'achever la destruction du genre humain, — je les ai vues aussi du haut de la colline de Kaya, et j'en ai détourné les yeux avec horreur ! Oui, j'ai vu ces immenses tranchées dans lesquelles on enterre les morts : Russes, Français, Prussiens, tous pêle-mêle, — comme Dieu les avait faits pour s'aimer avant l'invention des plumets et des uniformes, qui les divisent au profit de ceux qui les gouvernent. Ils sont là... ils s'embrassent... et si quelque chose revit en eux, ce qu'il faut bien espérer, ils s'aiment et se pardonnent, en maudissant le crime qui, depuis tant de siècles, les empêche d'être frères avant la mort !

Mais ce qu'il y avait encore de plus triste, c'était la longue file de voitures emmenant les pauvres blessés ; — ces malheureux dont on ne parle dans les bulletins que pour en diminuer le nombre, et qui périssent dans les hôpitaux comme des mouches, loin de tous ceux qu'ils aiment, pendant qu'on tire le canon et qu'on chante dans les églises pour se réjouir d'avoir tué des milliers d'hommes !

Lorsque nous arrivâmes à Lutzen, la ville était tellement encombrée de blessés que notre convoi reçut l'ordre de partir pour Leipzig. On ne voyait dans les rues que des malheureux aux trois quarts morts, étendus le long des maisons sur de la paille. Il nous fallut plus d'une heure pour arriver devant une église, où l'on déchargea quinze ou vingt d'entre nous qui ne pouvaient plus supporter la route.

Le maréchal des logis et ses hommes, après s'être rafraîchis dans un bouchon au coin de la place, remontèrent à cheval, et nous continuâmes notre chemin vers Leipzig.

Alors je n'entendais et je ne voyais plus ; la tête me tournait, mes oreilles bourdonnaient, je prenais les arbres pour des hommes ; j'avais une soif dont on ne peut se faire l'idée.

Depuis longtemps, d'autres, dans les voitures, s'étaient mis à crier, à rêvasser, à parler de leur mère, à vouloir se lever et sauter sur le chemin. Je ne sais pas si je fis les mêmes choses ; mais je m'éveillai comme d'un mauvais rêve, au moment où deux hommes me prenaient chacun par une jambe, — le bras autour des reins, — et m'emportaient en traversant une place sombre. Le ciel fourmillait d'étoiles, et, sur la façade d'un grand édifice, qui se détachait en noir au milieu de la nuit, brillaient des lumières innombrables : c'était l'hôpital du faubourg de Hall, à Leipzig.

Les deux hommes montèrent un escalier tournant. Tout en haut, ils entrèrent dans une salle immense, — où des lits à la file se touchaient presque d'un bout à l'autre sur trois rangs, — et l'on me coucha dans un de ces lits. Ce qu'on entendait de cris, de jurements, de plaintes, n'est pas à imaginer : ces centaines de blessés avaient tous la fièvre. Les fenêtres étaient ouvertes, les petites lanternes tremblotaient au courant d'air. Des infirmiers, des médecins, des aides, le grand tablier lié sous les bras, allaient et venaient. Et le bourdonnement sourd des salles au-dessous, les gens qui montaient et descendaient, les nouveaux convois qui débouchaient sur la place, les cris des voituriers, le claquement des fouets, les piétinements des chevaux : tout vous faisait perdre la tête[142].

Là, pour la première fois, pendant qu'on me déshabillait, je sentis à l'épaule un mal tellement horrible, que je ne pus retenir mes cris. Un chirurgien arriva presque aussitôt, et fit des reproches à ceux qui ne prenaient pas garde. C'est tout ce que je me rappelle de cette nuit, car j'étais comme fou : — j'appelais Catherine, M. Goulden, la tante Grédel à mon secours, — chose que m'a racontée plus tard mon voisin, un vieux canonnier à cheval, que mes rêves empêchèrent de dormir.

Ce n'est que le lendemain, vers huit heures, au premier pansement, que je vis mieux la salle. Alors aussi je sus que j'avais l'os de l'épaule gauche cassé.

---

142. Les indications de bruits interviennent souvent pour créer une tension dramatique.

Lorsque je m'éveillai, j'étais au milieu d'une douzaine de chirurgiens : l'un d'eux, un gros homme brun, qu'on appelait M. le baron[143], ouvrait mon bandage ; un aide tenait, au pied du lit, une cuvette d'eau chaude. Le major examina ma blessure ; tous les autres se penchaient pour entendre ce qu'il allait dire. Il leur parla quelques instants ; mais tout ce que je pus comprendre, c'est que la balle était venue de bas en haut, qu'elle avait cassé l'os et qu'elle était ressortie par-derrière. Je vis qu'il connaissait bien son état, puisque les Prussiens avaient tiré d'en bas, par-dessus le mur du jardin, et que la balle avait dû remonter. Il lava lui-même la plaie et remit le bandage en deux tours de main ; de sorte que mon épaule ne pouvait plus remuer et que tout se trouvait en ordre. **(4)**

Je me sentais beaucoup mieux. Dix minutes après, un infirmier vint me mettre une chemise sans me faire mal, à force d'habitude.

Le chirurgien s'était arrêté près de l'autre lit et disait :

« Hé ! te voilà donc encore, l'ancien !

— Oui, monsieur le baron, c'est encore moi, répondit le canonnier, tout fier de voir qu'il le reconnaissait : la première fois, c'était à Austerlitz, pour un coup de mitraille, ensuite à Iéna, ensuite à Smolensk, pour deux coups de lance.

— Oui, oui, dit le chirurgien comme attendri ; et maintenant qu'est-ce que nous avons ?

— Trois coups de sabre sur le bras gauche, en défendant ma pièce contre des hussards prussiens. »

Le chirurgien s'approcha, défit le bandage, et je l'entendis qui demandait au canonnier :

« Tu as la croix ?

— Non, monsieur le baron.

— Tu t'appelles ?

— Christian Zimmer, maréchal des logis au 2e d'artillerie à cheval.

— Bon ! bon ! »

---

143. Il s'agit du baron *Dominique Larrey,* célèbre chirurgien de la garde.

QUESTIONS

4. SUR L'ENSEMBLE DU CHAPITRE

Analyser les éléments qui fonctionnent par paires (chirurgiens indifférents, chirurgiens attentifs, les deux hôpitaux, la femme fidèle et l'infidèle...).

Il pansait alors les blessures et finit par dire en se levant : « Tout ira bien ! »

Il se retourna, causant avec les autres, et sortit après avoir fini son tour et donné quelques ordres aux infirmiers.

Le vieux canonnier paraissait tout joyeux ; comme je venais d'entendre à son nom qu'il devait être de l'Alsace, je me mis à lui parler dans notre langue, de sorte qu'il en fut encore plus réjoui. C'était un gaillard de six pieds[144], les épaules rondes, le front plat, le nez gros, les moustaches d'un blond roux, dur comme un roc, mais brave homme tout de même. Ses yeux se plissaient quand on lui parlait alsacien, ses oreilles se dressaient, j'aurais pu tout lui demander en alsacien, il m'aurait tout donné s'il avait eu quelque chose ; mais il n'avait que des poignées de main qui vous faisaient craquer les os. Il m'appelait *Joséphel*, comme au pays, et me disait :

« *Joséphel*, prends garde d'avaler les remèdes qu'on te donne... Il ne faut avaler que ce qu'on connaît... Tout ce qui ne sent pas bon ne vaut rien. Si l'on nous donnait tous les jours une bouteille de *rikevir*[145], nous serions bientôt guéris ; mais c'est plus commode de nous démolir l'estomac avec une poignée de mauvaise herbe bouillie dans de l'eau que de nous apporter du vin blanc d'Alsace. »

Quand j'avais peur à cause de la fièvre et de ce que je voyais, il prenait des airs fâchés et me regardait avec ses grands yeux gris, en disant :

« *Joséphel*, est-ce que tu es fou d'avoir peur ? Est-ce que des gaillards comme nous autres peuvent mourir dans un hôpital ? Non... non... ôte-toi cette idée de la tête. »

Mais il avait beau dire, tous les matins les médecins, en faisant leur ronde, en trouvaient sept ou huit de morts. Les uns attrapaient la fièvre chaude, les autres un refroidissement, et cela finissait toujours par la civière, que l'on voyait passer sur les épaules des infirmiers ! — de sorte qu'on ne savait jamais s'il fallait avoir chaud ou froid pour bien aller.

Zimmer me disait :

« Tout cela, *Joséphel*, vient des mauvaises drogues que les médecins inventent. Vois-tu ce grand maigre ? Il peut se vanter d'avoir tué plus d'hommes que pas une pièce de campagne ;

---

144. Le *pied* valait environ 0,32 m. Mesurer 6 pieds à l'époque constituait une grande taille ; **145.** Le *rikevir :* il s'agit d'un vin blanc réputé (le riesling) produit dans la commune de *Riquewhir*, commune du Haut-Rhin.

il est en quelque sorte toujours chargé à mitraille, et la mèche allumée. Et ce petit brun ? à la place de l'Empereur, je l'enverrais aux Prussiens et aux Russes, il leur tuerait plus de monde qu'un corps d'armée. »

Il m'aurait fait bien rire avec ses plaisanteries, si je n'avais pas vu passer les brancards.

Au bout de trois semaines, l'os de mon épaule commençait à reprendre, les deux blessures se refermaient tout doucement, je ne souffrais presque plus. Les coups de sabre que Zimmer avait sur le bras et sur l'épaule allaient aussi très bien. On nous donnait chaque matin un bon bouillon qui nous remontait le cœur, et le soir un peu de bœuf, avec un demi-verre de vin dont la vue seule nous réjouissait et nous faisait voir l'avenir en beau. **(5)**

Vers ce temps, on nous permit aussi de descendre dans un grand jardin plein de vieux ormes, derrière l'hôpital. Il y avait des bancs sous les arbres, et nous nous promenions dans les allées comme de véritables rentiers, en grande capote grise et bonnet de coton.

La saison était magnifique ; notre vue s'étendait sur la Partha, bordée de peupliers. Cette rivière tombe dans l'Elster, à gauche, en formant de grandes lignes bleues. Du même côté s'étend une forêt de hêtres, et sur le devant passent trois ou quatre grandes routes blanches, qui traversent des plaines de blé, d'orge, d'avoine, des plantations de houblon, enfin tout ce qu'il est possible de se figurer d'agréable et de riche, principalement quand le vent donne dessus, et que toutes ces moissons se penchent et se relèvent au soleil[146].

La chaleur du mois de juin annonçait une bonne année. Souvent, en voyant ce beau pays, je pensais à Phalsbourg, et je me mettais à pleurer. Zimmer me disait :

« Je voudrais bien savoir pourquoi diable tu pleures, *Joséphel ?* Au lieu d'avoir attrapé la peste d'hôpital, d'avoir perdu le bras ou la jambe, comme des centaines d'autres, nous voilà tranquillement assis sur un banc à l'ombre ; nous recevons

---

146. Dans toutes les œuvres d'Erckmann-Chatrian, leurs héros se montrent sensibles à la beauté des paysages, à l'harmonie qui s'en dégage.

QUESTIONS

5. SUR L'ENSEMBLE DU CHAPITRE
L'évolution du héros, son retour à la vie.

du bouillon, de la viande et du vin ; on nous permet même de fumer, quand nous avons du tabac, et tu n'es pas content ? Qu'est-ce qui te manque ? »

Alors je lui parlais de mes amours avec Catherine, de mes promenades aux Quatre-Vents, de nos belles espérances, de nos promesses de mariage, enfin de tout ce bon temps qui n'était plus qu'un songe. Il m'écoutait en fumant sa pipe.

« Oui, oui, disait-il, c'est triste tout de même. Avant la conscription de 1798, je devais aussi me marier avec une fille de notre village, qui s'appelait Margrédel, et que j'aimais comme les yeux de ma tête. Nous nous étions fait des promesses, et pendant toute la campagne de Zurich, je ne passais pas un jour sans penser à Margrédel.

Mais voilà qu'à mon premier congé, j'arrive au pays, et qu'est-ce que j'apprends ? Qu'elle s'est mariée depuis trois mois avec un cordonnier de chez nous, nommé Passauf.

Tu peux te figurer ma colère, *Joséphel ;* je ne voyais plus clair, je voulais tout démolir ; et comme on me dit que Passauf était à la brasserie du *Grand-Cerf,* je vais là sans regarder ni à droite ni à gauche. En arrivant, je le reconnais au bout de la table, près d'une fenêtre de la cour, contre la pompe. Il riait avec trois ou quatre autres mauvais gueux, en buvant des chopes. Je m'approche, et lui se met à crier : « Tiens, tiens, voici Christian Zimmer ! Comment ça va-t-il, Christian ? j'ai des compliments pour toi de Margrédel ! » Il clignait de l'œil. Moi, j'empoigne aussitôt une cruche, que je lui casse sur l'oreille gauche en disant : « Va lui porter ça de ma part, Passauf ; c'est mon cadeau de noces. » Naturellement, tous les autres tombent sur mon dos, j'en assomme encore deux ou trois avec un broc ; je monte sur une table, et je passe la jambe à travers une fenêtre sur la place, où je bats en retraite.

Mais j'étais à peine rentré chez ma mère que la gendarmerie arrive et qu'on m'arrête par ordre supérieur. On m'attache sur une charrette, et l'on me reconduit de brigade en brigade au régiment, qui se trouvait à Strasbourg. Je reste six semaines à la Finkmatt, et j'aurais peut-être eu du boulet si nous n'avions alors passé le Rhin pour aller à Hohenlinden. Le commandant Courtaud lui-même me dit : « Tu peux te vanter d'avoir de la chance d'être un bon pointeur ; mais s'il t'arrive encore d'assommer les gens avec une cruche, cela tournera mal, je t'en préviens. Est-ce que c'est une manière de se battre, animal ? Pourquoi donc avons-nous un sabre, si ce n'est pas pour nous en servir et nous en faire honneur au pays ? » Je n'avais rien à répondre.

Depuis ce temps-là, *Joséphel,* le goût du mariage m'est passé. Ne me parle pas d'un soldat qui pense à sa femme, c'est une véritable misère. Regarde les généraux qui se sont mariés, est-ce qu'ils se battent comme dans le temps ? Non, ils n'ont qu'une idée, c'est de grossir leur magot et principalement d'en profiter en vivant bien avec leurs duchesses et leurs petits ducs au coin du feu. Mon grand-père Yéri, le garde forestier, disait toujours qu'un bon chien de chasse doit être maigre ; sauf la différence des grades, je pense la même chose des bons généraux et des bons soldats. Nous autres nous sommes toujours à l'ordonnance, mais nos généraux engraissent, et cela vient des bons dîners qu'on leur fait à la maison[147]. »

Ainsi me parlait Zimmer dans la sincérité de son âme, et cela ne m'empêchait pas d'être triste.

Dès que j'avais pu me lever, je m'étais dépêché de prévenir M. Goulden par une lettre que je me trouvais à l'hôpital de Hall, dans l'un des faubourgs de Leipzig, à cause d'une légère blessure au bras ; mais qu'il ne fallait rien craindre pour moi : que je me portais de mieux en mieux. Je le priai de montrer ma lettre à Catherine et à la tante Grédel, afin de leur donner de la confiance au milieu de cette guerre terrible. Je lui disais aussi que mon plus grand bonheur serait de recevoir des nouvelles du pays et de la santé de tous ceux que j'aimais.

Depuis ce moment, je n'avais plus de repos ; chaque matin j'attendais une réponse, et de voir le vaguemestre distribuer des vingt et trente lettres à toute la salle, sans rien recevoir, cela me saignait le cœur : je descendais bien vite au jardin pour fondre en larmes. Il y avait un coin obscur où l'on jetait les pots cassés, un endroit couvert d'ombre et qui me plaisait le mieux, parce que les malades n'y venaient jamais. C'est là que je passais mon temps à rêver sur un vieux banc moisi. Des idées mauvaises me traversaient la tête : j'allais jusqu'à croire que Catherine pouvait oublier ses promesses, et je m'écriais en moi-même : « Ah ! si seulement tu ne t'étais pas relevé de Kaya ! tout serait fini !... Pourquoi ne t'a-t-on pas abandonné ! Cela vaudrait mieux que de tant souffrir. »

---

147. Émile Erckmann a souvent développé le thème de la transformation des généraux républicains, devenus, sous l'Empire, amollis et avides d'argent. C'est une idée que l'écrivain tenait de son père.

Les choses en étaient venues au point que je désirais ne pas guérir, quand un matin le vaguemestre, parmi les autres noms, appela Joseph Bertha. Alors je levai la main sans pouvoir parler, et l'on me remit une grosse lettre carrée, couverte de timbres innombrables. je reconnus l'écriture de M. Goulden, ce qui me rendit tout pâle.

« Eh bien ! me dit Zimmer en riant, à la fin cela vient tout de même. »

Je ne lui répondis pas, et m'étant habillé, je fourrai la lettre dans ma poche, et je descendis pour la lire seul, tout au fond du jardin, à la place où j'allais toujours.

D'abord, en l'ouvrant, je vis deux ou trois petites fleurs de pommier, que je pris dans ma main, et un bon sur la poste, avec quelques mots de M. Goulden. Mais ce n'est pas cela qui me touchait le plus et qui me faisait trembler des pieds à la tête, c'était l'écriture de Catherine, que je regardais les yeux troubles sans pouvoir la lire, car mon cœur battait d'une force extraordinaire.

Pourtant je finis par me calmer un peu et par lire tout doucement la lettre, en m'arrêtant de temps en temps pour être bien sûr que je ne me trompais pas, que c'était bien ma chère Catherine qui m'écrivait et que je ne faisais pas un rêve.

Cette lettre, je l'ai conservée, parce qu'elle me rendit en quelque sorte la vie ; la voici donc telle que je l'ai reçue le 8 juin 1813 :

« Mon cher Joseph,

Cette lettre est afin de te dire en commençant que je t'aime toujours de plus en plus, et que je veux jamais aimer que toi. Tu sauras aussi que mon plus grand chagrin est de savoir que tu es blessé dans un hôpital, et que je ne peux pas te soigner. C'est un bien grand chagrin. Et depuis le départ des conscrits, nous n'avons pas eu seulement une heure de repos. La mère se fâchait, en disant que j'étais folle de pleurer jour et nuit, et elle pleurait autant que moi, toute seule le soir auprès de l'âtre, je l'entendais bien d'en haut ; et sa colère retombait sur Pinacle, qui n'osait plus aller au marché, parce qu'elle avait un marteau dans son panier.

Mais notre plus grand chagrin de tout, Joseph, c'est quand le bruit a couru qu'on venait de livrer une bataille, où des mille et mille hommes avaient été tués. Nous ne vivions plus ; la mère courait tous les matins à la poste, et moi je ne pouvais plus bouger de mon lit. À la fin des fins ta lettre est pourtant arrivée. Maintenant je vais mieux, parce que je pleure à mon aise, en bénissant le Seigneur qui a sauvé tes jours.

Et quand je pense combien nous étions heureux dans le temps, Joseph, lorsque tu venais tous les dimanches, et que nous restions assis l'un près de l'autre sans bouger, et que nous ne pensions à rien ! Ah ! nous ne connaissions pas notre bonheur ; nous ne savions pas ce qui pouvait nous arriver ; mais que la volonté de Dieu soit faite. Pourvu que tu guérisses, et que nous puissions espérer encore une fois d'être ensemble comme nous étions !

Beaucoup de gens parlent de la paix, mais nous avons eu tant de malheurs, et l'empereur Napoléon aime tant la guerre, qu'on ne peut plus se confier en rien.

Tout ce qui me fait du plaisir, c'est de savoir que ta blessure n'est pas dangereuse et que tu m'aimes encore... Ah ! Joseph, moi je t'aimerai toujours, je ne peux pas dire autre chose ; c'est tout ce que je peux te dire dans le fond de mon cœur, et je sais aussi que ma mère t'aime bien.

Maintenant, M. Goulden veut t'écrire quelques mots, et je t'embrasse mille et mille fois. — Il fait bien beau temps ici ; nous aurons une bonne année. Le grand pommier du verger est tout blanc de fleurs ; je vais en cueillir que je mettrai pour toi dans la lettre quand M. Goulden aura écrit. Peut-être, avec la grâce de Dieu, nous mordrons encore une fois ensemble dans une de ses grosses pommes. Embrasse-moi comme je t'embrasse, et adieu, Joseph ! » **(6)**

En lisant cela, je fondais en larmes, et Zimmer étant arrivé, je lui dis :

« Tiens, assieds-toi, je vais te lire ce que m'écrit mon amoureuse ; tu verras après si c'est une Margrédel.

— Laisse-moi seulement allumer ma pipe », répondit-il. Il mit le couvercle sur l'amadou, puis il ajouta :

« Tu peux commencer, *Joséphel ;* mais je t'en préviens, moi, je suis un ancien, je ne crois pas tout ce qu'on écrit... les femmes sont plus fines que nous. »

Malgré cela, je lui lus la lettre de Catherine lentement. Il

QUESTIONS

6. Rôle de cette lettre.

ne disait rien, et quand j'eus fini, il la prit et la regarda longtemps d'un air rêveur ; ensuite il me la rendit en disant :

« Ça, *Joséphel,* c'est une bonne fille, pleine de bon sens et qui n'en prendra jamais un autre que toi.

— Tu crois qu'elle m'aime bien ?

— Oui, celle-là, tu peux te fier dessus ; elle ne se mariera jamais avec un Passauf. Je me méfierais plutôt de l'Empereur que d'une fille pareille. »

En entendant ces paroles de Zimmer, j'aurais voulu l'embrasser, et je lui dis :

« J'ai reçu de la maison un billet de cent francs que nous toucherons à la poste. Voilà le principal pour avoir du vin blanc. Tâchons de sortir d'ici.

— C'est bien vu, fit-il en relevant ses grosses moustaches et remettant sa pipe dans sa poche. Je n'aime pas de moisir dans un jardin quand il y a deux auberges dehors. Il faut tâcher d'avoir une permission. »

Nous nous levâmes tout joyeux, et nous montions l'escalier de l'hôtel, quand le vaguemestre, qui descendait, arrêta Zimmer en lui demandant :

« Est-ce que vous n'êtes pas le nommé Christian Zimmer, canonnier au 2e d'artillerie à cheval ?

— Faites excuse, vaguemestre, j'ai cet honneur.

— Eh bien ! voici quelque chose pour vous », dit-il en lui remettant un petit paquet avec une grosse lettre.

Zimmer était stupéfait, n'ayant jamais rien reçu ni de chez lui ni d'ailleurs. Il ouvrit le paquet, — où se trouvait une boîte, — puis la boîte, et vit la croix d'honneur. Alors il devint tout pâle, ses yeux se troublèrent, et un instant il appuya la main derrière lui sur la balustrade ; mais ensuite il cria : *Vive l'Empereur !* d'une voix si terrible que les trois salles en retentirent comme une église.

Le vaguemestre le regardait de bonne humeur.

« Vous êtes content ? dit-il.

— Si je suis content, vaguemestre ! il ne me manque plus qu'une chose.

— Quoi ?

— La permission de faire un tour en ville.

— Il faut vous adresser à M. Tardieu, le chirurgien en chef. »

Il descendit en riant, et, comme c'était l'heure de la visite, nous montâmes, bras dessus bras dessous, demander la permission au major, un vieux à tête grise qui venait d'entendre crier : *Vive l'Empereur !* et nous regardait d'un air grave.

« Qu'est-ce que c'est ? » fit-il.

Zimmer lui montra sa croix et dit :

« Pardon, major, mais je me porte comme un charme.

— Je vous crois, dit M. Tardieu ; vous voulez une sortie ?

— Si c'est un effet de votre bonté, pour moi et mon camarade Joseph Bertha. »

Le chirurgien avait visité ma blessure la veille ; il tira de sa poche un portefeuille et nous donna deux sorties.

Nous redescendîmes, fiers comme des rois : Zimmer de sa croix d'honneur, et moi de ma lettre. **(7)**

En bas dans le grand vestibule, le concierge nous cria : « Eh bien ! eh bien ! où donc allez-vous ? »

Zimmer lui fit voir nos billets, et nous sortîmes, heureux de respirer l'air du dehors. Une sentinelle nous montra le bureau de poste, où j'allai toucher mes cent francs. **(8)**

Alors, plus graves, parce que notre joie était un peu rentrée, nous gagnâmes la porte de Hall, à deux portées de fusil sur la gauche, au bout d'une longue avenue de tilleuls. Chaque faubourg est séparé des vieux remparts par une de ces allées, et, tout autour de Leipzig, passe une autre avenue très large, également de tilleuls. Les remparts sont de vieilles bâtisses, — comme on en voit à Saint-Hippolyte, dans le Haut-Rhin, — des murs décrépits[148] où pousse l'herbe, à moins que les Allemands ne les aient réparés depuis 1813.

XVI

Combien de choses nous devions apprendre en ce jour ! À l'hôpital, personne ne s'inquiète de rien ; quand on voit arriver chaque matin des cinquantaines de blessés, et qu'on en voit partir autant tous les soirs sur la civière, cela vous montre

---

148. *Décrépits :* très anciens, sur le point de tomber en ruine.

QUESTIONS

7. LIGNES 263 À 541
La découverte de l'amitié.

8. SUR L'ENSEMBLE DU CHAPITRE
Dégager les caractéristiques de l'univers militaire, tel qu'il est présenté.

l'univers en petit, et l'on pense : « Après nous la fin du monde ! »

Mais, dehors, les idées changent. En découvrant la grande rue de Hall, cette vieille ville avec ses magasins, ses portes cochères encombrées de marchandises, ses vieux toits avancés en forme de hangar, ses grosses voitures basses couvertes de ballots, enfin tout ce spectacle de la vie active des commerçants, j'étais émerveillé. Je n'avais jamais rien vu de pareil, et je me disais :

« Voilà bien une ville de commerce comme on se les représente : — pleine de gens industrieux cherchant à gagner leur vie, leur aisance et leurs richesses ; où chacun veut s'élever, non pas au détriment des autres, mais en travaillant, en imaginant nuit et jour des moyens de prospérité pour sa famille ; ce qui n'empêche pas tout le monde de profiter des inventions et des découvertes. Voilà le bonheur de la paix, au milieu d'une guerre terrible[149] ! » **(1)**

Et les pauvres blessés qui s'en allaient le bras en écharpe, ou bien traînant la jambe appuyée sur leurs béquilles, me faisaient de la peine à voir.

Je me laissais conduire tout rêveur par mon ami Zimmer, qui se reconnaissait à tous les coins de rue, et me disait :

« Ça, c'est l'église Saint-Nicolas ; ça, c'est le grand bâtiment de l'Université ; ça, l'hôtel de ville. »

Il se souvenait de tout, ayant déjà vu Leipzig en 1807, avant la bataille de Friedland, et ne cessait de me répéter :

« Nous sommes ici comme à Metz, à Strasbourg, ou partout ailleurs en France. Les gens nous veulent du bien. Après la campagne de 1806, toutes les honnêtetés qu'on pouvait nous faire, on nous les a faites. Les bourgeois nous emmenaient par trois ou quatre dîner chez eux. On nous donnait même des bals, on nous appelait les héros d'Iéna. Tu vas voir comme on nous aime ! Entrons, où nous voudrons, partout on nous recevra comme des bienfaiteurs du pays : c'est nous qui avons nommé leur électeur roi de Saxe, et nous lui avons aussi donné un bon morceau de la Pologne. »

---

149. Pour les principales batailles napoléoniennes, consulter la Documentation thématique.

QUESTIONS

1. LIGNES 13 À 20
Que penser de cette vision idyllique ?

Tout à coup Zimmer s'arrêta devant une petite porte basse en s'écriant :

« Tiens, c'est la brasserie du *Mouton-d'Or !* La façade est sur l'autre rue, mais nous pouvons entrer par ici. Arrive ! »

Je le suivis dans une espèce de conduit tortueux qui nous mena bientôt au fond d'une vieille cour entourée de hautes bâtisses en bousillage, avec de petites galeries vermoulues sous le pignon, et la girouette au-dessus, comme dans la rue du Fossé-des-Tanneurs, à Strasbourg. À droite, se trouvait la brasserie : on découvrait les cuves cerclées de fer sur les poutres sombres, des tas de houblon et d'orge déjà bouillis, et dans un coin, une grande roue à manivelle, où galopait un chien énorme, pour pomper la bière à tous les étages.

Le cliquetis des verres et des cruches d'étain s'entendait dans une salle à droite, donnant sur la rue de Tilly, et, sous les fenêtres de cette salle, s'ouvrait une cave profonde où retentissait le marteau du tonnelier. La bonne odeur de la jeune bière[150] de mars remplissait l'air, et Zimmer, les yeux levés sur les toits, la face épanouie de satisfaction, s'écria :

« Oui, c'est bien ici que nous venions, le grand Ferré, servant de gauche, le gros Roussillon et moi. Dieu du ciel, comme je me réjouis de revoir tout ça, *Joséphel !* C'est qu'il y a pourtant six ans depuis. Ce pauvre Roussillon, il a laissé ses os l'année dernière à Smolensk, et le grand Ferré doit être maintenant dans son village, près de Toul, car il a eu la jambe gauche emportée à Wagram. Comme tout vous revient, quand on y pense ! » **(2)**

En même temps il poussa la porte, et nous entrâmes dans une haute salle pleine de fumée. Il me fallut un instant pour voir, à travers ce nuage gris, une longue file de tables entourées de buveurs, la plupart en redingote courte et petite casquette, et les autres en uniforme saxon. C'étaient des étudiants, des jeunes gens de famille qui viennent à Leipzig étudier le droit, la médecine, et tout ce qu'on peut apprendre en vidant des chopes et menant une vie joyeuse qu'ils appellent dans leur

---

150. La *bière* est une boisson fermentée, à base d'orge ; or une variété particulière d'orge était semée en mars.

QUESTIONS

2. SUR L'ENSEMBLE DU CHAPITRE
Analyser le caractère de Zimmer.

langue le *Fuschscommerce*[151]. Ils se battent souvent entre eux avec des espèces de lattes rondes par le bout, et seulement aiguisées de quelques lignes ; de sorte qu'ils se font des balafres, à la figure, comme me l'a raconté Zimmer, mais il n'y a jamais de danger pour leur vie. Cela montre le bon sens de ces étudiants, qui savent très bien que la vie est une chose précieuse, et qu'il vaut mieux avoir cinq ou six balafres et même davantage que de la perdre.

Zimmer riait en me racontant ces choses ; son amour de la gloire l'aveuglait ; il disait qu'on ferait aussi bien de charger les canons avec des pommes cuites que de se battre avec ces lattes rondes au bout.

Enfin nous entrâmes dans la salle, et nous vîmes le plus vieux d'entre ces étudiants, — un grand sec, les yeux creux, le nez rouge, la barbe blonde commençant à déteindre en jaune, à force d'avoir été lavée par la bière, — nous le vîmes debout sur une table, et lisant tout haut une gazette qui lui pendait en forme de tablier dans la main droite. Il tenait de l'autre main une longue pipe de porcelaine.

Tous ses camarades, avec leurs cheveux blonds retombant en boucles sur le collet de leur petite redingote, l'écoutaient la chope en l'air. Au moment où nous entrons, nous les entendîmes qui répétaient entre eux :

« Faterland ! Faterland[152] ! »

Ils trinquaient avec les soldats saxons, pendant que le grand sec se baissait pour prendre aussi sa chope ; et le gros brasseur, la tête grise et crépue, le nez épaté, les yeux ronds et les joues en forme de citrouille, criait d'une voix grasse.

« Gesoundheit ! Gesoundheit ! »

À peine eûmes-nous fait quatre pas dans la fumée que tout se tut.

« Allons, allons, camarades, s'écria Zimmer, ne vous gênez pas, continuez à lire, que diable ! Nous ne serons pas fâchés non plus d'apprendre du nouveau. »

Mais ces jeunes gens ne voulurent pas profiter de notre invitation, et le vieux descendit de la table en repliant sa gazette, qu'il mit dans sa poche.

« C'était fini, dit-il, c'était fini.

---

151. *Fuschscommerce :* l'art de l'inutile ; **152.** *Faterland :* patrie ; *Gesoundheit :* santé.

— Oui, c'était fini », répétèrent les autres en se regardant d'un air singulier.

Deux ou trois soldats saxons sortirent aussitôt, comme pour aller prendre l'air dans la cour, et disparurent.

Le gros tavernier nous demanda :

« Vous ne savez peut-être pas que la grande salle est sur la rue de Tilly ?

— Si, nous le savons bien, répondit Zimmer ; mais j'aime mieux cette petite salle. C'est ici que nous venions dans le temps, deux vieux camarades et moi, vider quelques chopes en l'honneur d'Iéna et d'Auerstaedt. Cette salle me rappelle de bons souvenirs.

— Ah !... comme vous voudrez, comme vous voudrez, dit le brasseur. C'est de la bière de mars que vous demandez ?

— Oui, deux chopes et la gazette.

— Bon ! bon ! »

Il nous servit les deux chopes, et Zimmer, qui ne voyait rien, essaya de causer avec les étudiants, qui s'excusaient en s'en allant les uns après les autres. Je sentais que tous ces gens-là nous portaient une haine d'autant plus terrible, qu'ils n'osaient la montrer tout de suite. **(3)**

Dans la gazette, qui venait de France, on ne parlait que d'un armistice, après deux victoires nouvelles à Bautzen et à Wurtschen. Nous apprîmes alors que cet armistice avait commencé le 6 juin, et qu'on tenait des conférences à Prague, en Bohême, pour arranger la paix.

Naturellement cela me faisait plaisir ; j'espérais qu'on renverrait au moins les estropiés chez eux. Mais Zimmer, avec son habitude de parler haut, remplissait toute la salle de ses réflexions ; il m'interrompait à chaque ligne et disait :

« Un armistice !... Est-ce que nous avions besoin d'un armistice, nous ? Est-ce qu'après avoir écrasé ces Prussiens et ces Russes à Lutzen, à Bautzen et à Wurtschen, nous ne devions pas les détruire de fond en comble ? Est-ce que, s'ils nous avaient battus, ils nous donneraient un armistice, eux ? Ça, vois-tu, Joseph, c'est le caractère de l'Empereur, il est trop bon... il est trop bon ! C'est son seul défaut. Il a fait la même chose après Austerlitz, et nous avons été obligés de

QUESTIONS

3. SUR L'ENSEMBLE DU CHAPITRE
Relever les thèmes essentiels abordés. Est-ce que l'action progresse ? Quelle est la fonction d'un tel chapitre ?

recommencer la partie. Je te dis qu'il est trop bon. Ah ! s'il n'était pas si bon, nous serions maîtres de toute l'Europe. »

En même temps il regardait à droite et à gauche, pour demander l'avis des autres. Mais on nous faisait des mines du diable, et personne ne voulait répondre.

Finalement Zimmer se leva.

« Partons, Joseph, dit-il. Moi, je ne me connais pas en politique ; mais je soutiens que nous ne devions pas accorder d'armistice à ces gueux[153] ; puisqu'ils sont à terre, il fallait leur passer sur le ventre. »

Après avoir payé, nous sortîmes, et Zimmer me dit :

« Je ne sais pas ce que ces gens ont aujourd'hui ; nous les avons dérangés dans quelque chose.

— C'est bien possible, lui répondis-je. Ils n'avaient pas l'air aussi bons garçons que tu le racontais.

— Non, fit-il. Ces jeunes gens-là, vois-tu, sont bien au-dessous des anciens étudiants que j'ai vus. Ceux-là passaient en quelque sorte leur existence à la brasserie. Ils buvaient des vingt et même des trente chopes dans leur journée ; moi-même, Joseph, je ne pouvais pas lutter contre des gaillards pareils. Cinq ou six d'entre eux qu'on appelait *senior,* avaient la barbe grise et l'air vénérable. Nous chantions ensemble *Fanfan-la-Tulipe* et le *Roi Dagobert,* qui ne sont pas des chansons politiques ; mais ceux-ci ne valent pas les anciens. » **(4)**

J'ai souvent pensé depuis à ce que nous avions vu ce jour-là, et je suis sûr que ces étudiants faisaient partie du *Tugend-Bund*[154]. **(5)**

---

153. Le terme de *gueux* est le plus injurieux que l'on rencontre dans les œuvres d'Erckmann-Chatrian, bien qu'elles se déroulent dans des milieux populaires ; **154.** La *Tugend-Bund* (ou *Tugendbud*), la « ligue de la vertu », était une association fondée en 1808, en vue de célébrer les vertus civiques et de libérer la Prusse. À l'origine, cette association comportait 700 membres, mais elle fut dissoute sur l'ordre de Napoléon, en 1809. À partir de 1810, la Prusse et la *Tugend-Bund* jouèrent un rôle important dans la renaissance du nationalisme allemand ; cette action conduisit au soulèvement général de l'Allemagne contre l'occupation française en 1813. C'est ce soulèvement (ou du moins certaines de ses manifestations) que présentent certains passages de l'*Histoire d'un conscrit de 1813.*

QUESTIONS

4. SUR L'ENSEMBLE DU CHAPITRE

Le monde des civils, ses rapports avec le monde militaire.

5. SUR L'ENSEMBLE DU CHAPITRE

Peut-on parler d'une évolution de Joseph Bertha ? Dans quel sens ?

En rentrant à l'hôpital, après avoir bien dîné et bu chacun notre bouteille de bon vin blanc à l'auberge de *la Grappe,* dans la rue de Tilly, nous apprîmes, Zimmer et moi, que nous irions coucher le soir même à la caserne de Rosenthâl. C'était une espèce de dépôt des blessés de Lutzen lorsqu'ils commençaient à se remettre. On y vivait à l'ordinaire comme en garnison ; il fallait répondre à l'appel du matin et du soir. Le reste du temps on était libre. Tous les trois jours, le chirurgien venait passer la visite, et quand vous étiez remis, vous receviez une feuille de route pour aller rejoindre votre corps.

On peut s'imaginer la position de douze à quinze cents pauvres diables, habillés de capotes grises à boutons de plomb, coiffés de gros shakos en forme de pots de fleurs, et chaussés de souliers usés par les marches et les contremarches, pâles, minables, et la plupart sans le sou, dans une ville riche comme Leipzig. Nous ne faisions pas grande figure parmi ces étudiants, ces bons bourgeois, ces jeunes femmes riantes, qui, malgré toute notre gloire, nous regardaient comme des va-nu-pieds.

Toutes ces belles choses que m'avait racontées mon camarade rendaient cette situation encore plus triste pour moi.

Il est vrai que dans le temps on nous avait bien reçus ; mais nos anciens ne s'étaient pas toujours honnêtement conduits avec des gens qui les traitaient en frères, et maintenant on nous fermait la porte au nez. Nous étions réduits à contempler du matin au soir les places, les églises et les devantures des charcutiers, qui sont très belles en ce pays.

Nous cherchions toutes sortes de distractions ; les vieux jouaient à la *drogue*[155], les jeunes au bouchon[156]. Nous avions aussi, devant la caserne, le jeu du chat et du rat. C'est un piquet planté dans la terre, auquel se trouvent attachées deux cordes ; le rat tient l'une de ces cordes et le chat l'autre. Ils ont les yeux bandés ; le chat est armé d'une trique, et tâche de rencontrer le rat, qui dresse l'oreille et l'évite tant qu'il peut. Ils tournent ainsi sur la pointe des pieds, et donnent le spectacle de leur finesse à toute la compagnie.

---

155. La *drogue :* un ancien jeu de cartes dans lequel le perdant se mettait sur le nez un ou plusieurs morceaux de bois fourchus. C'était un jeu qui avait cours principalement chez les soldats et les matelots ; **156.** Le *bouchon :* autre jeu dans lequel on pose des pièces de monnaie sur un bouchon, que l'on cherche à renverser avec un palet (ou parfois avec une boule de billard).

Zimmer me disait qu'autrefois les bons Allemands venaient voir ce spectacle en foule, et qu'on les entendait rire d'une demi-lieue, lorsque le chat touchait le rat avec sa trique. Mais les temps étaient bien changés ; le monde passait sans même tourner la tête : nous perdions nos peines à vouloir l'intéresser en notre faveur.

Durant les six semaines que nous restâmes à Rosenthâl, Zimmer et moi, nous fîmes souvent le tour de la ville pour nous désennuyer. Nous sortions par le faubourg de Randstatt, et nous poussions jusqu'à Lindenau, sur la route de Lutzen. Ce n'étaient que ponts, marais, petites îles boisées à perte de vue. Là-bas, nous mangions une omelette au lard, au bouchon de *la Carpe,* et nous l'arrosions d'une bouteille de vin blanc. On ne nous donnait plus rien à crédit, comme après Iéna ; je crois qu'au contraire l'aubergiste nous aurait fait payer double et triple en l'honneur de la patrie allemande, si mon camarade n'avait connu le prix des œufs, du lard et du vin, comme le premier Saxon venu.

Le soir, quand le soleil se couche derrière les roseaux de l'Elster et de la Pleisse, nous rentrions en ville au chant mélancolique des grenouilles, qui vivent dans ces marais par milliards. **(6)**

Quelquefois nous faisions halte, les bras croisés sur la balustrade d'un pont, et nous regardions les vieux remparts de Leipzig, ses églises, ses antiques masures et son château de Plessenbourg, éclairés en rouge par le crépuscule : la ville s'avance en pointe à l'embranchement de la Pleisse et de la Partha, qui se rencontrent au-dessus. Elle est en forme d'éventail ; le faubourg de Hall se trouve à la pointe, et les sept autres faubourgs forment les branches de l'éventail. Nous regardions aussi les mille bras de l'Elster et de la Pleisse, croisés comme un filet entre les îles déjà sombres, tandis que l'eau brillait comme de l'or, et nous trouvions cela très beau.

Mais si nous avions su qu'il nous faudrait un jour traverser ces rivières sous le canon des ennemis après avoir perdu la plus terrible et la plus sanglante des batailles, et que des régiments entiers disparaîtraient dans ces eaux qui nous

QUESTIONS

6. SUR L'ENSEMBLE DU CHAPITRE
Les marques d'une dégradation de la situation.

réjouissaient alors les yeux, je crois que cette vue nous aurait rendus bien tristes[157]. **(7)**

D'autres fois nous remontions la rive de la Pleisse jusqu'à Marck-Kléeberg. Cela faisait plus d'une lieue, et partout la pleine était couverte de moissons que l'on se dépêchait de rentrer. Les gens sur leurs grandes voitures semblaient ne pas nous voir ; quand nous leur demandions un renseignement, ils avaient l'air de ne pas nous comprendre. Zimmer voulait toujours se fâcher ; je le retenais en lui disant que ces gueux ne cherchaient qu'un prétexte pour nous tomber dessus, et que d'ailleurs nous avions l'ordre de ménager les populations.

« C'est bon ! faisait-il ; si la guerre se promène par ici... gare ! Nous les avons comblés de biens... et voilà comment ils nous reçoivent. »

Mais ce qui montre encore mieux la malveillance du monde à notre égard, c'est ce qui nous arriva le lendemain du jour où finit l'armistice. Ce jour-là, vers onze heures, nous voulions nous baigner dans l'Elster. Nous avions déjà jeté nos habits, lorsque Zimmer, voyant approcher un paysan sur la route de Connewitz, lui cria :

« Hé ! camarade, il n'y a pas de danger, ici ?

— Non, non, entrez hardiment, répondit cet homme ; c'est un bon endroit. »

Et Zimmer, étant entré sans défiance, descendit de quinze pieds. Il nageait bien, mais son bras gauche était encore faible ; la force du courant l'entraîna, sans lui donner le temps de s'accrocher aux branches des saules qui pendaient dans l'eau. Si par bonheur une espèce de gué ne s'était pas rencontré plus loin, qui lui permit de prendre pied, il entrait entre deux îles de vase, d'où jamais il n'aurait pu sortir.

Le paysan s'était arrêté sur la route pour voir ce qui se passerait. La colère me saisit et je me rhabillai bien vite, en lui montrant le poing ; mais il se mit à rire et gagna le village d'un bon pas.

---

157. Cette réflexion est prêtée à Joseph Bertha, auteur du récit de cette période de sa vie.

QUESTIONS

7. LIGNES 250 À 255
Quelle est l'impression qui provient d'une telle anticipation sur la suite des événements ?

Zimmer ne se possédait plus d'indignation ; il voulait courir à Connewitz et tâcher de découvrir ce gueux ; malheureusement c'était impossible : allez donc trouver un homme qui se cache dans trois ou quatre cents baraques ! Et d'ailleurs, quand on l'aurait trouvé, qu'est-ce que nous pouvions faire ?

Enfin, nous descendîmes à l'endroit où l'on avait pied, et la fraîcheur de l'eau nous calma.

Je me rappelle qu'en rentrant à Leipzig Zimmer ne fit que parler de vengeance.

« Tout le pays est contre nous, disait-il, les bourgeois nous font mauvaise mine, les femmes nous tournent le dos, les paysans veulent nous noyer, les aubergistes nous refusent le crédit, comme si nous ne les avions pas conquis trois ou quatre fois ; et tout cela vient de notre bonté tout à fait extraordinaire : nous aurions dû déclarer que nous sommes les maîtres ! Nous avons accordé aux Allemands des rois et des princes ; nous avons même fait des ducs, des comtes et des barons avec les noms de leurs villages, nous les avons comblés d'honneurs, et voilà maintenant leur reconnaissance !

Au lieu de nous ordonner de respecter les populations, on devrait nous laisser pleins pouvoirs sur le monde ; alors tous ces bandits changeraient de figure et nous feraient bonne mine comme en 1806. La force est tout. On fait d'abord les conscrits par force ; car si on ne les forçait pas de partir, tous resteraient à la maison. Avec les conscrits on fait des soldats par force, en leur expliquant la discipline ; avec des soldats on gagne des batailles par force, et alors les gens vous donnent tout par force ; ils vous dressent des arcs de triomphe et vous appellent des héros, parce qu'ils ont peur. Voilà !

Mais l'Empereur est trop bon... S'il n'était pas si bon, je n'aurais pas risqué de me noyer aujourd'hui ; rien qu'en voyant mon uniforme, ce paysan aurait tremblé de me dire un mensonge. »

Ainsi parlait Zimmer, et ces choses sont encore présentes à ma mémoire ; elles se passaient le 12 août 1813.

En rentrant à Leipzig, nous vîmes la joie peinte sur la figure des habitants ; elle n'éclatait pas ouvertement, mais les bourgeois en se rencontrant dans la rue s'arrêtaient et se donnaient la main ; les femmes allaient se rendre visite l'une à l'autre ; une espèce de satisfaction intérieure brillait dans les yeux des servantes, des domestiques et des plus misérables ouvriers.

Zimmer me dit :

« On croirait que les Allemands sont joyeux ; ils ont tous l'air de bonne humeur.

— Oui, répondis-je, cela vient du beau temps et de la rentrée des récoltes. »

C'était vrai, le temps était très beau ; mais en arrivant à la caserne de Rosenthâl, nous aperçûmes nos officiers sous la grande porte causant entre eux avec vivacité. Les hommes de garde écoutaient, et les passants s'approchaient pour entendre : On nous dit que les conférences de Prague étaient rompues, et que les Autrichiens venaient aussi de nous déclarer la guerre, ce qui nous mettait deux cent mille hommes de plus sur les bras.

J'ai su depuis[158] que nous étions alors trois cent mille hommes contre cinq cent vingt mille, et que parmi nos ennemis se trouvaient deux anciens généraux français, Moreau[159] et Bernadotte[160]. Chacun a pu lire cela dans les livres ; mais nous l'ignorions encore, et nous étions sûrs de remporter la victoire, puisque nous n'avions jamais perdu de bataille. Du reste, la mauvaise mine qu'on nous faisait ne nous inquiétait pas : en temps de guerre, les paysans et les bourgeois sont en quelque sorte comptés pour rien, on ne leur demande que de l'argent et des vivres, qu'ils donnent toujours, parce qu'ils savent qu'à la moindre résistance on leur prendrait jusqu'au dernier sou. **(8)**

---

158. Là encore Joseph Bertha ne se contente pas du simple récit de ses impressions ; **159.** La première trahison mentionnée est celle de Jean Victor *Moreau*. Ce général avait servi sous la Révolution, puis avait aidé Bonaparte lors du coup d'État du 18-Brumaire. Commandant de l'armée du Rhin, Moreau avait exaspéré Bonaparte par les victoires qu'il avait remportées. Il avait également refusé d'entrer dans l'ordre de la Légion d'honneur créé par l'Empereur en 1804. En outre, si Moreau n'avait pas participé à des complots royalistes dirigés contre Napoléon, il ne les avait pas dénoncés alors qu'il en connaissait l'existence. Condamné à deux ans de prison, puis gracié, Moreau était parti en exil aux États-Unis. Il en était revenu pour conseiller le tsar Alexandre III, en 1813. C'est alors qu'il fut mortellement blessé à la bataille de Dresde ; **160.** Jean-Baptiste *Bernadotte* fut nommé maréchal par Napoléon en 1804. Il devint prince de Ponte-Corvo en 1805. Mais, en 1809, Bernadotte se vit enlever le commandement du 9e corps d'armée, ce qui le blessa profondément. Il accepta donc sa désignation comme prince héritier par les États de Suède, en 1810. Dès lors, il se comporta en Suédois. En 1812, il fit alliance avec Alexandre III de Russie contre la France. En 1813, il commandait une des armées alliées et décida du sort de la bataille de Leipzig. En récompense, il obtint d'ailleurs l'union des couronnes de Suède et de Norvège.

QUESTIONS

8. SUR L'ENSEMBLE DU CHAPITRE

Quels aspects et quelles conséquences des guerres napoléoniennes sont proposés au lecteur ?

Le lendemain de cette grande nouvelle, il y eut visite générale, et douze cents blessés de Lutzen, à peu près remis, reçurent l'ordre de rejoindre leurs corps. Ils s'en allaient par compagnies, avec armes et bagages, en suivant les uns la route d'Altenbourg, qui remonte l'Elster, les autres celle de Wurtzen, plus à gauche. Zimmer était du nombre, ayant lui-même demandé à partir. Je l'accompagnai jusque hors des portes, et puis nous nous embrassâmes tout attendris. Moi je restai, mon bras était encore trop faible.

Nous n'étions plus que cinq ou six cents, parmi lesquels un certain nombre de maîtres d'armes, de professeurs de danses et d'élégance française, de ces gaillards qui forment en quelque sorte le fond de tous les dépôts. Je ne tenais pas à les connaître, et mon unique consolation était de songer à Catherine, et quelquefois à mes vieux camarades Klipfel et Zébédé, dont je ne recevais aucune nouvelle.

C'était une existence bien triste ; les gens nous regardaient d'un œil mauvais ; ils n'osaient rien dire, sachant que l'armée française se trouvait à quatre journées de marche, et Blücher et Schwartzenberg beaucoup plus loin. Sans cela, comme ils nous auraient pris à la gorge !

Un soir, le bruit courut que nous venions de remporter une grande victoire à Dresde. Ce fut une consternation générale, les habitants ne sortaient plus de chez eux. J'allais lire la gazette à l'auberge de *la Grappe,* dans la rue de Tilly. Les journaux français restaient tous sur la table ; personne ne les ouvrait que moi.

Mais la semaine suivante, au commencement de septembre, je vis le même changement sur les figures que le jour où les Autrichiens s'étaient déclarés contre nous. Je pensai que nous avions eu des malheurs, ce qui était vrai, comme je l'appris plus tard, car les gazettes de Paris n'en disaient rien.

Le temps s'était mis à la pluie à la fin d'août ; l'eau tombait à verse. Je ne sortais plus de la caserne. Souvent, assis sur mon lit, — regardant par la fenêtre l'Elster bouillonner sous l'ondée, et les arbres des petites îles se pencher sous les grands coups de vent, — je pensais : « Pauvres soldats !... pauvres camarades !... que faites-vous à cette heure ? où êtes-vous ? Sur la grande route peut-être, au milieu des champs ! » **(9)**

QUESTIONS

9. LIGNES 375 À 391
Quelles découvertes Joseph est-il amené à faire ?

Et malgré mon chagrin de vivre là, je me trouvais moins à plaindre qu'eux. Mais un jour le vieux chirurgien Tardieu fit son tour et me dit :

« Votre bras est solide... Voyons, levez-moi cela... Bon... bon ! »

Le lendemain, à l'appel, on me fit passer dans une salle où se trouvaient des effets d'habillement, des sacs, des gibernes et des souliers en abondance. Je reçus un fusil, deux paquets de cartouches et une feuille de route pour le 6e, à Gauernitz, sur l'Elbe. C'était le 1er octobre. Nous nous mîmes en marche douze ou quinze ensemble ; un fourrier[161] du 27e nommé Poitevin nous conduisait.

En route, tantôt l'un, tantôt l'autre changeait de direction pour rejoindre son corps ; mais Poitevin, quatre soldats d'infanterie et moi nous continuâmes notre chemin jusqu'au village de Gauernitz. **(10)**

XVII

Nous allions donc, suivant la grande route de Wurtzen, le fusil en bandoulière, la capote retroussée, le dos arrondi sous le sac, et l'oreille basse, comme on peut croire. La pluie tombait, l'eau nous coulait du shako dans la nuque ; le vent secouait les peupliers, dont les feuilles jaunes, voltigeant autour de nous, annonçaient l'hiver, et cela continuait ainsi des heures. **(1)**

De loin en loin un village se rencontrait avec ses hangars, ses fumiers, ses jardins entourés de palissades. Les femmes, debout derrière les petites vitres ternes, nous regardaient passer ; un chien aboyait, un homme qui fendait du bois sur

---

161. Un *fourrier :* c'est le nom que l'on donnait autrefois à un officier ou à un sous-officier chargé de préparer et de distribuer le logement des troupes.

QUESTIONS

10. SUR L'ENSEMBLE DU CHAPITRE
L'isolement des soldats.

XVII-1. SUR L'ENSEMBLE DU CHAPITRE
Encore une fois, on trouve une division en trois épisodes ; les distinguer, leur donner un titre. Analyser les développements de l'action : les trois épisodes jouent-ils le même rôle ?

sa porte, se retournait pour nous suivre des yeux, et nous allions toujours crottés jusqu'à l'échine. Nous revoyions, au bout du village, la grande route s'étendre à perte de vue, les nuages gris se traîner sur les champs dépouillés, et quelques maigres corbeaux s'éloigner à tire d'aile en jetant leur cri mélancolique. **(2)**

Rien de triste comme un pareil spectacle, surtout quand on pense que l'hiver approche, et qu'il faudra bientôt coucher dehors dans la neige. Aussi personne ne disait mot, sauf le fourrier Poitevin. C'était un vieux soldat, jaune, ridé, les joues creuses, le nez rouge, les moustaches longues d'une aune, comme tous les buveurs d'eau-de-vie. Il avait le langage relevé, qu'il entremêlait d'expressions de caserne ; et quand la pluie redoublait, il s'écriait, avec un éclat de rire bizarre :

« Oui... Poitevin... oui... cela t'apprendra à siffler !... »

Ce vieil ivrogne s'était aperçu que j'avais quelques sous au fond de ma poche ; il se tenait près de moi, disant :

« Jeune homme, si votre sac vous gêne, passez-moi ça. »

Mais je le remerciais de son honnêteté.

Malgré mon ennui d'être avec un homme qui regardait toujours les enseignes d'auberge lorsque nous traversions un village, et qui disait : « Un petit verre ferait joliment de bien par le temps qui court... » je n'avais pu m'empêcher de lui payer quelques gouttes, de sorte qu'il ne me quittait plus. **(3)**

Nous approchions de Wurtzen et la pluie tombait à verse, lorsque le fourrier s'écria pour la vingtième fois :

« Oui, Poitevin... voilà l'existence... cela t'apprendra à siffler !

— Quel diable de proverbe, avez-vous là, fourrier ? lui dis-je... Je voudrais bien savoir comment la pluie vous apprend à siffler.

— Ce n'est pas un proverbe, jeune homme, c'est une idée qui me revient quand je m'amuse. »

Puis, au bout d'un instant :

« Vous saurez, dit-il, qu'en 1806, époque où je faisais mes

QUESTIONS

2. SUR L'ENSEMBLE DU CHAPITRE
La nouvelle dénonciation de la guerre. Comment est-elle opérée ?

3. SUR L'ENSEMBLE DU CHAPITRE
L'apprentissage de la solitude par Joseph.

études à Rouen, il m'arriva de siffler une pièce de théâtre, avec bien d'autres jeunes gens que moi. Les uns sifflaient, les autres applaudissaient ; il en résulta des coups de poing, et la police nous mit au violon par douzaines. L'Empereur, ayant appris la chose, dit : « Puisqu'ils aiment tant à se battre, qu'on les incorpore dans mes armées ! Ils pourront satisfaire leur goût ! » Et naturellement la chose fut faite, personne n'osa souffler dans le pays, pas même les pères et mères[162] !

— Vous étiez donc conscrit ? lui dis-je.

— Non, mon père venait de m'acheter un remplaçant. C'est une plaisanterie de l'Empereur... une de ces plaisanteries dont on se souvient longtemps : vingt ou trente d'entre nous sont morts de misère... Quelques autres, au lieu de remplir une place honorable dans leur pays, soit comme médecin, juge, avocat, sont devenus de vieux ivrognes. Voilà ce qui s'appelle une bonne farce. » **(4)**

Alors il se mit à rire en me regardant du coin de l'œil. J'étais devenu tout pensif, et deux ou trois fois encore, avant d'arriver à Gauernitz, je payai des petits verres à ce pauvre diable.

Vers cinq heures du soir, en approchant du village de Risa, nous aperçûmes à gauche un vieux moulin avec son pont de bois, que suivait un sentier de traverse. Nous prîmes le sentier pour couper au court, et nous n'étions plus qu'à deux cents pas du moulin, lorsque nous entendîmes de grands cris. En même temps, deux femmes, une toute vieille et l'autre toute jeune, traversèrent un jardin, entraînant après elle des enfants. Elles tâchaient de gagner un petit bois qui borde la route, sur la côte en face. Presque aussitôt nous vîmes plusieurs de nos soldats sortir du moulin avec des sacs, d'autres remonter d'une cave à la file avec de petites tonnes[163], qu'ils se dépêchaient de charger sur une charrette près de l'écluse, d'autres amenaient

---

162. Encore une fois, on rencontre une double dénonciation : celle des malheurs apportés par la guerre, mais aussi celle de Napoléon, présenté comme un tyran cruel. Or l'*Histoire d'un conscrit de 1813* est un roman publié en 1864, sous le règne de Napoléon III, neveu de Napoléon Ier ; **163.** *Tonnes :* ici le terme paraît synonyme de *tonneau.* Habituellement les *tonnes* sont de grands tonneaux.

QUESTIONS

4. LIGNES 36 À 62

Le passage du comique au dramatique (l'utilisation des contrastes, de l'ironie...).

des vaches et des chevaux d'une étable, tandis qu'un vieillard, devant la porte, levait les mains au ciel, et que cinq ou six de ces mauvais gueux entouraient le meunier tout pâle et les yeux hors de la tête[164].

Tout cela : le moulin, la digue, les fenêtres défoncées, les femmes qui se sauvent, nos soldats en bonnet de police, faits comme de véritables bandits, le vieux qui les maudit, et les vaches qui secouent la tête, pour se débarrasser de ceux qui les emmènent, pendant que d'autres les piquent derrière avec leurs baïonnettes... tout est là... devant moi... je crois encore le voir ! **(5)**

« Ça, dit le fourrier Poitevin, ce sont des maraudeurs[165]... Nous ne sommes plus loin de l'armée.

— Mais c'est abominable ! m'écriai-je ; ce sont des brigands !

— Oui, répondit le fourrier, c'est contraire à la discipline ; si l'Empereur le savait, on les fusillerait comme des chiens. »

Nous traversions alors le petit pont ; et comme on venait de percer une des tonnes derrière la charrette, les soldats s'empressaient autour, avec une cruche, en buvant à la ronde. Cette vue révolta le fourrier, qui s'écria d'un ton majestueux :

« De quelle autorité exercez-vous ce pillage ? »

Plusieurs tournèrent la tête, et, voyant que nous n'étions plus que trois, parce que les autres avaient suivi leur chemin sans s'arrêter, un d'eux répondit :

« Hé ! vieux farceur... tu veux ta part du gâteau... c'est tout simple... Mais il n'y a pas besoin de retrousser ses moustaches pour ça. Tiens, bois un coup. »

Il lui tendait la cruche ; le fourrier la prit, et, me regardant de côté, il but.

« Eh bien, jeune homme, fit-il ensuite, si le cœur vous en dit ! Il est fameux, ce petit vin.

— Merci », lui répondis-je.

---

164. Les pillages exercés par toutes les armées étaient fréquents à l'époque. En France, l'armée russe fait de même dans *l'Invasion.* Erckmann-Chatrian ne manquent jamais une occasion de présenter les scènes de pillage ou de destruction, mais ne montrent jamais de scènes de viol, malheureusement fréquentes selon d'autres témoignages ; **165.** Des *maraudeurs :* des voleurs.

QUESTIONS

5. LIGNES 83 À 89

Qui prononce cette remarque ? À quel moment ? Quel effet en résulte ?

Plusieurs autour de nous criaient :

« En route ! en route ! Il est temps. »

D'autres :

« Non, non, attendez... Il faut encore voir !...

— Dites donc, reprit le fourrier d'un ton de brave homme, vous savez, camarades... il faut aller en douceur.

— Oui, oui, l'ancien, répondit une espèce de tambour-major[166], — le grand chapeau à cornes en travers des épaules, et, souriant d'un air moqueur, les yeux à demi fermés : — Oui, sois tranquille, nous allons plumer la poule dans les règles. On aura des égards... on aura des égards ! »

Alors le fourrier ne dit plus rien ; il était comme honteux à cause de moi.

« Que voulez-vous, jeune homme ! me dit-il en allongeant le pas pour rejoindre les camarades, à la guerre comme à la guerre... On ne peut pas se laisser dépérir ! »

Je crois qu'il serait resté, sans la peur d'être pris. Moi, j'étais triste et je me disais :

« Voilà bien les ivrognes ! ils peuvent avoir de bons mouvements, mais la vue d'une cruche de vin leur fait tout oublier. »

Enfin, vers dix heures du soir, nous découvrîmes des feux de bivac sur une côte sombre, à droite du village de Gauernitz et d'un vieux château, où brillaient aussi quelques lumières. Plus loin, dans la plaine, tremblotaient d'autres feux en plus grand nombre.

La nuit était claire. Les grandes pluies avaient essuyé le ciel. Comme nous approchions du bivac, on nous cria :

« *Qui vive !*

— France ! » répondit le fourrier.

Mon cœur battait avec force, en pensant que dans quelques minutes j'allais revoir mes vieux camarades, s'ils étaient encore de ce monde.

Des hommes de garde s'avançaient déjà d'une espèce de hangar, à demi-portée de fusil du village, pour venir nous reconnaître. Ils arrivèrent près de nous. le chef du poste, un vieux sous-lieutenant tout gris, le bras en écharpe sous son manteau, nous demanda d'où nous venions, où nous allions, si nous avions rencontré quelque parti de Cosaques en route.

---

166. Le *tambour-major* était un sous-officier chargé d'instruire les tambours et clairons d'un corps de troupe. Il avait pour insigne une grande canne de buis.

Le fourrier répondit pour nous tous. L'officier nous prévint alors que la division Souham avait quitté les environs de Gauernitz le matin, et nous dit de le suivre pour voir nos feuilles de route, ce que nous fîmes en silence, passant autour des feux de bivac, où les hommes, couverts de boue sèche, dormaient par vingtaines : pas un ne remuait.

Nous arrivâmes au hangar. C'était une vieille briqueterie ; le toit très large, en forme d'éteignoir, reposait sur des piliers à six ou sept pieds du sol. Derrière s'élevaient de grandes provisions de bois. Il faisait bon là-dedans. On avait allumé du feu ; l'odeur de la terre cuite s'étendait aux environs. La chambre du four était encombrée de soldats qui dormaient le dos au mur comme des bienheureux ; la flamme les éclairait sous les poutres sombres. Près des piliers brillaient les fusils en faisceaux. Je crois revoir ces choses : je sens la bonne chaleur qui m'entre dans le corps ; je vois mes camarades, dont les habits fument à quelques pas du four et qui attendent gravement que l'officier ait fini de lire les feuilles de route à la lumière rouge. Un vieux soldat, sec et brun, veillait seul ; il était assis sur ses jambes croisées, et tenait entre ses genoux un soulier qu'il raccommodait avec une alêne et de la ficelle. **(6)**

C'est à moi que l'officier rendit le premier sa feuille en disant :

« Vous rejoindrez demain votre bataillon à deux lieues d'ici, près de Torgau. »

Alors le vieux soldat, qui me regardait, posa la main à terre pour me montrer qu'il y avait de la place, et j'allai m'asseoir près de lui. J'ouvris mon sac, et je mis d'autres chaussettes et des souliers neufs que j'avais reçus à Leipzig ; cela me fit du bien.

Le vieux me demanda :

« Tu vas rejoindre ?

— Oui, le 6e, à Torgau.

— Et tu viens ?

— De l'hôpital de Leipzig.

— Ça se voit, fit-il ; tu es gras comme un chanoine. On t'a nourri de cuisses de poulet là-bas, pendant que nous mangions de la vache enragée. » **(7)**

QUESTIONS

6. SUR L'ENSEMBLE DU CHAPITRE
Relever les diverses descriptions et analyser leur rôle.

7. LIGNES 183 À 185
Rapprocher cette réflexion de remarques analogues dans un autre passage du chapitre. Que traduisent de tels comportements ?

Je regardais mes voisins endormis ; il avait raison ; ces pauvres conscrits n'avaient plus que la peau et les os : ils étaient jaunes, plombés et ridés comme des vétérans, on aurait cru qu'ils ne pouvaient plus se tenir.

Le vieux, au bout d'un instant, reprit :

« Tu as été blessé ?

— Oui, l'ancien, à Lutzen.

— Quatre mois d'hôpital, fit-il en allongeant la lèvre, quelle chance ! Moi, j'arrive d'Espagne. Je m'étais flatté de retrouver les *Kaiserlicks* de 1807... des moutons... de vrais moutons. Ah ! oui, ils sont devenus pires que les guérillas. Ça se gâte, ça se gâte ! »

Il se parlait ainsi tout bas, sans faire attention à moi, et tirait les deux ficelles comme un cordonnier, en serrant les lèvres. De temps en temps il essayait le soulier pour voir si la couture ne le gênerait pas. Finalement, il mit l'alêne dans son sac, le soulier à son pied, et s'étendit l'oreille sur une botte de paille.

J'étais tellement fatigué que j'avais de la peine à m'endormir ; pourtant, au bout d'une heure, je tombai dans un profond sommeil.

Le lendemain, je me remis en route avec le fourrier Poitevin et trois autres soldats de la division Souham. Nous gagnâmes d'abord la route qui longe l'Elbe. Le temps était humide ; le vent, qui balayait le fleuve, jetait de l'écume jusque sur la chaussée.

Nous allongions le pas depuis une heure, quand tout à coup le fourrier dit :

« Attention ! »

Il s'était arrêté le nez en l'air, comme un chien de chasse qui flaire quelque chose. Nous écoutions tous sans rien entendre, à cause du bruit des flots sur la rive et du vent dans les arbres. Mais Poitevin avait l'oreille plus exercée que nous.

« On tiraille là-bas, dit-il en nous montrant un bois sur la droite. L'ennemi peut être de notre côté ; tâchons de ne pas donner au milieu. Tout ce que nous avons de mieux à faire, c'est d'entrer sous bois, et de poursuivre notre chemin avec prudence. Nous verrons à l'autre bout ce qui se passe... Si les Prussiens ou les Russes sont là, nous battrons en retraite sans qu'ils nous voient. Si ce sont des Français, nous avancerons. »

Chacun trouva que le fourrier avait raison, et, dans mon âme, j'admirai la finesse de ce vieil ivrogne. Nous descendîmes donc de la route dans le bois, Poitevin en avant et nous derrière, le fusil armé. Nous marchions doucement, nous arrêtant tous les cent pas pour écouter. Les coups de fusil se rapprochaient ; ils se suivaient un à un, en retentissant dans les ravins. Le fourrier nous dit :

« Ce sont des tirailleurs qui observent un parti de cavalerie, car les autres ne répondent pas. »

C'était vrai : dix minutes après, nous apercevions entre les arbres un bataillon d'infanterie française en train de faire la soupe au milieu des bruyères, et, tout au loin sur la plaine grise, des pelotons de Cosaques défilant d'un village à l'autre. Quelques tirailleurs, le long du bois, tiraient dessus, mais ils étaient presque hors de portée.

« Allons, vous voilà chez vous, jeune homme », me dit Poitevin en souriant.

Il devait avoir bon œil, pour lire le numéro du régiment à une pareille distance. Moi, j'avais beau regarder, je ne voyais que des êtres déguenillés[167] et tellement minables qu'ils avaient tous le nez pointu, les yeux luisants, les oreilles écartées de la tête par le renfoncement des joues. Leurs capotes étaient quatre fois trop larges pour eux ; on aurait dit des manteaux, tant elles formaient de plis sur les bras et le long des reins. Quant à la boue, je n'en parle pas : c'était sinistre.

En ce jour, je devais apprendre pourquoi les Allemands paraissaient si joyeux après notre victoire de Dresde.

Nous descendions vers deux petites tentes, autour desquelles trois ou quatre chevaux broutaient l'herbe maigre. Je vis là le colonel Lorain, détaché sur la rive gauche de l'Elbe, avec le 3e bataillon. C'était un grand maigre, les moustaches brunes, et qui n'avait pas l'air doux. Il nous regardait venir en fronçant le sourcil, et quand je lui présentai ma feuille de route, il ne dit qu'un mot :

« Allez rejoindre votre compagnie. »

Je m'éloignai, pensant bien reconnaître quelques hommes de la 4e mais depuis Lutzen les compagnies avaient été fondues dans les compagnies, les régiments dans les régiments et les divisions dans les divisions, de sorte qu'en arrivant au pied de la côte où campaient les grenadiers, je ne reconnus personne. Les hommes, en me voyant approcher, me jetaient un coup d'œil de travers comme pour dire :

---

167. *Déguenillés :* couverts de vêtements en lambeaux.

« Est-ce que celui-là veut sa part du bouillon ? Un instant ! nous allons voir ce qu'il apporte à la marmite. »

J'étais honteux de demander la place de ma compagnie, lorsqu'une espèce de vétéran osseux, le nez long et crochu comme un bec d'aigle, les épaules larges où pendait sa vieille capote usée, relevant la tête et m'observant, dit d'une voix tout à fait calme :

« Tiens ! c'est toi, Joseph ! je te croyais enterré depuis quatre mois ! »

Alors je reconnus mon pauvre Zébédé. Il paraît que ma figure l'attendrit, car, sans se lever, il me serra la main, en s'écriant :

« Klipfel... voici Joseph ! »

Un autre soldat, assis près de la marmite voisine, tourna la tête et dit :

« C'est toi, Joseph ? Tiens ! tu n'es pas mort ? »

Et voilà tous les compliments que je reçus. La misère avait rendu ces gens tellement égoïstes, qu'ils ne pensaient plus qu'à leur peau. Malgré cela, Zébédé conservait toujours un bon fond ; il me dit de m'asseoir près de sa marmite, en lançant aux autres un de ces coups d'œil qui le faisaient respecter, et m'offrit sa cuiller, qu'il avait passée dans une boutonnière de sa capote. Mais je le remerciai, ayant eu la veille le bon esprit d'entrer chez le charcutier de Riza et de mettre dans mon sac une douzaine de cervelas, avec une bonne croûte de pain et un flacon d'eau-de-vie. J'ouvris donc mon sac, je tirai le chapelet de cervelas et j'en remis deux à Zébédé, ce qui lui fit venir les larmes aux yeux. J'avais aussi l'intention d'en offrir aux camarades ; mais devinant ma pensée, il me posa la main sur le bras d'un air expressif, et dit :

« Ce qui est bon à manger est bon à garder ! »

Alors il se retira du cercle, et nous mangeâmes en buvant du *schnaps*[168] ; les autres ne disaient rien et nous regardaient de travers. Klipfel, ayant senti l'odeur de l'ail, tourna la tête en s'écriant :

« Hé ! Joseph, viens donc manger à notre marmite. Les camarades sont toujours des camarades, que diable !

— C'est bon ! c'est bon ! répondit Zébédé ; pour moi, les meilleurs camarades sont les cervelas ; on les retrouve toujours à l'occasion. »

---

168. Le *schnaps :* une variété d'eau-de-vie.

Puis il referma lui-même mon sac et me dit :

« Garde ça, Joseph... Voilà plus d'un mois que je ne m'étais pas si bien régalé. Tu n'y perdras rien, sois tranquille. »

Une demi-heure après, on battit le rappel ; les tirailleurs se replièrent, et le sergent Pinto, qui se trouvait dans le nombre, me reconnut.

« Eh bien ! me dit-il, vous en êtes donc réchappé ! Cela me fait plaisir... Mais vous arrivez dans un vilain moment ! Mauvaise guerre... mauvaise guerre », faisait-il en hochant la tête.

Le colonel et les commandants montèrent à cheval, et l'on se remit en route. Les Cosaques s'éloignaient. Nous allions l'arme à volonté. Zébédé marchait près de moi, et me racontait ce qui s'était passé depuis Lutzen : — d'abord les grandes victoires de Bautzen et de Wurtschen ; les marches forcées pour rejoindre l'ennemi qui battait en retraite ; la joie qu'on avait de pousser sur Berlin. Ensuite l'armistice, pendant lequel on était cantonné dans les bourgades ; puis l'arrivée des vétérans d'Espagne, des hommes terribles, habitués au pillage, et qui montraient aux jeunes à vivre sur le paysan.

Malheureusement, à la fin de l'armistice, tout le monde s'était mis contre nous ; les gens nous avaient pris en horreur ; on coupait les ponts sur nos derrières, on avertissait les Prussiens, les Russes et les autres de nos moindres mouvements, et chaque fois qu'il nous arrivait une débâcle, au lieu de nous secourir, on tâchait de nous enfoncer encore plus dans la bourbe. Les grandes pluies étaient venues pour nous achever. Le jour de la bataille de Dresde, il en tombait tellement, que le chapeau de l'empereur lui pendait sur les deux épaules. Mais quand on remporte la victoire, cela vous fait rire : on a chaud tout de même, et l'on trouve de quoi changer ; le pire de tout, c'est quand on est battu, qu'on se sauve dans la boue, avec des hussards, des dragons et d'autres gens de cette espèce à vos trousses[169], et qu'on ne sait pas, lorsqu'on découvre au loin dans la nuit une lumière, s'il faut avancer ou périr dans le déluge. **(8)**

---

169. *À vos trousses :* qui vous poursuivent.

QUESTIONS

8. SUR L'ENSEMBLE DU CHAPITRE
La présence de l'eau, ses conséquences.

Zébédé me racontait ces choses en détail. Il me dit qu'après la victoire de Dresde le général Vandamme, qui devait fermer la retraite aux Autrichiens, avait pénétré du côté de Kulm, dans une espèce d'entonnoir, à cause de son ardeur extraordinaire, et que ceux que nous avions battus la veille étaient tombés sur lui à droite, à gauche, en avant et en arrière ; qu'on l'avait pris, avec plusieurs autres généraux, et détruit son corps d'armée. Deux jours avant, le 26 août, pareille chose était arrivée à notre division, ainsi qu'aux 5e, 6e et 11e corps sur les hauteurs de Lowenberg. Nous devions écraser les Prussiens de ce côté, mais par un faux mouvement du maréchal Macdonald, l'ennemi nous avait surpris dans le creux d'un ravin, avec nos canons embourbés, notre cavalerie en désordre et notre infanterie qui ne pouvait plus tirer à cause de la pluie battante ; on s'était défendu à coups de baïonnette ; et le 3e bataillon était arrivé, sous les charges de ces Prussiens, jusque dans la rivière de la Kaltzbach. Là, Zébédé avait reçu d'un grenadier[170] deux coups de crosse sur le front. Le courant l'avait entraîné pendant qu'il tenait à bras le corps le capitaine Arnould ; et tous deux étaient perdus, si par bonheur le capitaine, dans la nuit noire, n'avait pu saisir une branche d'arbre à l'autre bord et se retirer de l'eau. — Il me dit que toute cette nuit, malgré le sang qui lui sortait du nez et des oreilles, il avait marché jusqu'au village de Goldberg, mourant de faim, de fatigue et de ses coups de crosse, et qu'un menuisier avait eu pitié de lui : que ce brave homme lui avait donné du pain, des oignons et de l'eau[171]. — Il me raconta ensuite que le lendemain toute la division suivie des autres corps marchait par troupes à travers champs, chacun pour son compte, sans recevoir d'ordres, parce que les généraux, les maréchaux et tous les officiers montés s'étaient sauvés le plus loin possible, dans la crainte d'être pris. Il m'assura que cinquante hussards les auraient ramassés les uns après les autres, mais que, par bonheur, Blücher n'avait pu traverser la rivière débordée, de sorte qu'ils avaient fini par se rallier Wolda, où les tambours de tous les corps battaient la marche de leur régiment aux quatre coins du village. Par ce moyen, chaque homme s'était démêlé lui-même en marchant sur son tambour.

---

170. Les *grenadiers* étaient généralement des soldats d'élite ; **171.** Dans ce roman, on trouve régulièrement des gestes de bonté effectués par les gens du peuple, sans opérer toujours des distinctions entre ennemis et amis.

Le plus heureux, dans cette déroute, c'est qu'un peu plus loin, à Buntzlau, les officiers supérieurs s'étaient aussi retrouvés, tout surpris d'avoir encore des bataillons à conduire ! **(9)**

Voilà ce que me raconta mon camarade, sans parler de la défiance qu'il fallait avoir de nos alliés, qui, d'un moment à l'autre, ne pouvaient manquer de nous tomber sur les reins. Il me dit que le maréchal Oudinot et le maréchal Ney avaient aussi été battus, l'un à Gross-Beeren et l'autre à Dennewitz. C'était quelque chose de bien triste ; car, dans ces retraites, les conscrits mouraient d'épuisement, de maladie et de toutes les misères. Les vieux d'Espagne et les anciens d'Allemagne, tannés par le mauvais temps, pouvaient seuls résister à ces grandes fatigues.

« Enfin, me dit Zébédé, nous avons tout contre nous : le pays, les pluies continuelles et nos propres généraux, las de tout cela. Les uns sont ducs, princes, et s'ennuient d'être toujours dans la boue, au lieu de s'asseoir dans de bons fauteuils ; et les autres, comme Vandamme, veulent se dépêcher de devenir maréchal, en faisant un grand coup. Nous autres, pauvres diables, qui n'avons rien à gagner que d'être estropiés pour le restant de nos jours, et qui sommes les fils des paysans et des ouvriers qui se sont battus pour abolir la noblesse, il faut que nous périssions pour en faire une nouvelle ! »

Je vis alors que les plus pauvres, les plus malheureux ne sont pas toujours les plus bêtes et qu'à force de souffrir on finit par voir la triste vérité. Mais je ne dis rien, et je suppliai le Seigneur de me donner la force et le courage de pouvoir supporter les misères que toutes ces fautes et ces injustices nous annonçaient de loin.

Nous étions alors entre trois armées, qui voulaient se réunir pour nous écraser d'un coup : celle du Nord commandée par Bernadotte, celle de Silésie commandée par Blücher, et l'armée de Bohême commandée par Schwartzenberg. On croyait, tantôt que nous allions passer l'Elbe, pour tomber sur les Prussiens

QUESTIONS

9. LIGNES 342 À 382

Le récit de Zébédé est-il fait au style direct ou au style indirect ? Pourquoi ? Repérer les introducteurs (« il me dit », « il m'assura »...) ; où sont-ils placés ? Quelle est leur fonction ? Quel effet résulte de l'emploi de la 3e personne (liée à l'usage du style indirect) au lieu de la 1re dans tout ce récit ? Peut-on parler d'une prise de recul qui donne plus d'intensité dramatique ?

et les Suédois, tantôt que nous allions courir sur les Autrichiens, du côté des montagnes, comme nous avions fait cinquante fois en Italie et ailleurs. Mais les autres avaient fini par comprendre ce mouvement, et quand nous avions l'air d'approcher, ils s'en allaient plus loin. Ils se défiaient surtout de l'Empereur, qui ne pouvait être à la fois en Bohême et en Silésie, et cela faisait des marches et des contre-marches abominables. **(10)**

Tout ce que demandaient les soldats, c'était de se battre, car, à force de marcher et de dormir dans la boue, à force d'être à la demi-ration et rongés par la vermine, ils avaient pris la vie en horreur. Chacun pensait : « Pourvu que cela finisse d'une façon ou d'une autre... C'est trop fort... cela ne peut pas durer ! »

Moi-même, au bout de quelques jours j'étais las d'une pareille existence ; je sentais que les jambes m'entraient jusque dans les côtes, et je dépérissais à vue d'œil.

Tous les soirs il fallait faire faction, à cause d'un gueux nommé Thielmann, qui soulevait les paysans contre nous ; il nous suivait comme notre ombre, il nous observait de village en village, sur les hauteurs, sur les routes, dans le creux des vallons : son armée, c'étaient tous ceux qui nous en voulaient ; il avait toujours assez de monde.

C'est aussi vers ce temps que les Bavarois, les Badois et les Wurtembergeois se déclarèrent contre nous, de sorte que toute l'Europe était sur notre dos.

Enfin nous eûmes la consolation de voir que l'armée se ramassait comme pour une grande bataille ; au lieu de rencontrer les Cosaques de Platow et les partisans de Thielmann aux environs des villages, nous trouvions des hussards, des chasseurs, des dragons d'Espagne, de l'artillerie, des équipages de ponts en marche. La pluie tombait à verse ; ceux qui n'avaient plus la force de se traîner s'asseyaient dans la boue au pied d'un arbre et s'abandonnaient à leur malheureux sort.

Le 11 octobre, nous bivaquions près du village de Lousig ; le 12, près de Grafenheinichen ; le 13, nous passions la Mulda, et nous voyions défiler sur le pont la vieille garde et La Tour-Maubourg. On annonçait le passage de l'Empereur,

QUESTIONS

10. LIGNES 409 À 420

Qui peut formuler de telles observations ? Pourquoi les introduire dans le cours du récit ?

mais nous partîmes avec la division Dombrowski et le corps de Souham.

Dans les moments où la pluie cessait de tomber, et quand un rayon de soleil d'automne brillait entre les nuages, on voyait toute l'armée en marche : la cavalerie et l'infanterie s'avançaient de partout sur Leipzig. De l'autre côté de la Mulda brillaient aussi les baïonnettes des Prussiens ; mais on ne découvrait pas encore les Autrichiens ni les Russes ; ils arrivaient sans doute d'ailleurs.

Le 14, notre bataillon fut encore une fois détaché pour aller en reconnaissance dans la ville d'Aaken ; l'ennemi s'y trouvait ; il nous reçut à coups de canon, et nous restâmes toute la nuit dehors, sans pouvoir allumer un seul feu, à cause de la pluie. Le lendemain nous partîmes de là, pour rejoindre la division à marches forcées. Je ne sais pas pourquoi chacun disait : « La bataille approche !... la bataille approche !... »

Le sergent Pinto prétendait que l'Empereur était dans l'air. — Moi, je ne sentais rien, mais je voyais que nous marchions sur Leipzig, et je pensais : « Si nous avons une bataille, pourvu qu'il ne t'arrive pas d'attraper un mauvais coup comme à Lutzen, et que tu puisses encore revoir Catherine ! »

La nuit suivante, le temps s'étant un peu remis, des milliards d'étoiles éclairaient le ciel, et nous allions toujours. Le lendemain, vers dix heures, près d'un petit village dont je ne me rappelle pas le nom, on venait de crier : « Halte ! » pour respirer, lorsque nous entendîmes tous ensemble comme un grand bourdonnement dans l'air. Le colonel, encore à cheval, écoutait, et le sergent Pinto dit :

« La bataille est commencée. »

Presque au même instant le colonel, levant son épée, cria : « En avant ! »

Alors on se mit à courir : les sacs, les gibernes, les fusils, la boue, tout sautait ; on ne faisait attention à rien. Une demi-heure après, nous aperçûmes, à quelque mille pas devant le bataillon, une queue de colonne qui n'en finissait plus : des caissons, des canons, de l'infanterie, de la cavalerie ; derrière nous, sur la route de Duben ; il en venait d'autres, et tout cela galopait ! Même à travers champs, des régiments entiers arrivaient au pas de course. **(11)**

QUESTIONS

11. LIGNES 482 À 489
Les effets d'accumulation dans ces lignes. Quelle dominante se dégage ?

Tout au bout de la route, on voyait les deux clochers de Saint-Nicolas et de Saint-Thomas de Leipzig dans le ciel, tandis qu'à droite et à gauche, des deux côtés de la ville, s'élevaient de grands nuages de fumée où passaient des éclairs. Le bourdonnement augmentait toujours ; nous étions encore à plus d'une lieue de la ville qu'on était forcé de parler haut pour s'entendre, et l'on se regardait tout pâles comme pour dire : « Voilà ce qui s'appelle une bataille ! »

Le sergent Pinto criait :

« C'est plus fort qu'à Eylau[172] ! »

Il ne riait pas, ni Zébédé, ni moi, ni les autres ; mais nous galopions tout de même, et les officiers répétaient sans cesse : « En avant ! en avant ! »

Voilà pourtant comme les hommes perdent la tête ; l'amour de la patrie était bien en nous, mais plus encore la fureur de nous battre.

Sur les onze heures, nous découvrîmes le champ de bataille, à une lieue en avant de Leipzig. Nous voyions aussi les clochers de la ville couverts de monde, et les vieux remparts sur lesquels je m'étais promené tant de fois en pensant à Catherine. En face de nous, à 1 200 ou 1 500 mètres, étaient rangés deux régiments de lanciers rouges, et un peu à gauche, deux ou trois régiments de chasseurs à cheval, dans les prairies de la Partha. C'est entre ces régiments que défilaient les convois qui venaient de Duben. Plus loin, le long d'une petite côte, étaient échelonnées les divisions Ricard, Dombrowski, Souham et plusieurs autres. Elles tournaient le dos à la ville. Des canons attelés et des caissons, — les canonniers et les soldats du train à cheval, — se tenaient prêts à partir. Enfin, tout à fait derrière, sur la colline, autour d'une de ces vieilles fermes à toiture plate et larges hangars, comme il s'en trouve dans ce pays, brillaient les uniformes de l'état-major.

C'était l'armée de réserve, commandée par le maréchal Ney ; son aile gauche communiquait avec Marmont, posté sur la route de Hall, et son aile droite avec la grande armée, commandée par l'Empereur en personne ; de sorte que nos troupes formaient pour ainsi dire un grand cercle autour de Leipzig, et que les ennemis, arrivant de tous les côtés à la fois, cherchaient à se donner la main pour faire un cercle encore

---

172. *Eylau* était considérée comme la bataille la plus meurtrière.

plus grand autour de nous et nous enfermer dans la ville comme dans une souricière.

En attendant, trois terribles batailles se livraient en même temps : l'une contre les Autrichiens et les Russes à Wachau ; l'autre contre les Prussiens à Mockern, sur la route de Hall, et la troisième sur la route de Lutzen, pour défendre le pont de Lindenau, attaqué par le général Giulay.

Ces choses, je ne les ai sues que plus tard ; mais chacun doit raconter ce qu'il a vu lui-même ; de cette façon, le monde connaîtra la vérité. **(12)**

XVIII

Le bataillon commençait à descendre la colline en face de Leipzig, pour rejoindre notre division, lorsque nous vîmes un officier d'état-major traverser la grande prairie au-dessous et venir de notre côté ventre à terre. En deux minutes il fut près de nous ; le colonel Lorain courut à sa rencontre, ils échangèrent quelques mots, puis l'officier repartit. Des centaines d'autres allaient ainsi dans la plaine porter des ordres.

« Par file à droite ! » cria le colonel, et nous prîmes la direction d'un bois en arrière qui longe la route de Duben environ une demi-lieue. C'était une forêt de hêtres, mais il s'y trouvait aussi des bouleaux et des chênes. Une fois sur la lisière, on nous fit renouveler l'amorce de nos fusils, et le bataillon fut déployé dans le bois en tirailleurs. Nous étions échelonnés à vingt-cinq pas l'un de l'autre, et nous avancions en ouvrant les yeux, comme on peut s'imaginer. Le sergent Pinto disait à chaque minute :

« Mettez-vous à couvert ! »

Mais il n'avait pas besoin de tant nous prévenir ; chacun dressait l'oreille et se dépêchait d'attraper un gros arbre pour regarder à son aise avant d'aller plus loin. — À quoi pourtant des gens paisibles peuvent être exposés dans la vie !

Enfin nous marchions ainsi depuis dix minutes, et, comme on ne voyait rien, cela commençait à nous rendre de la

QUESTIONS

12. LIGNES 536 À 538
Pourquoi une telle remarque ?

confiance, lorsqu'un coup de feu part... puis encore un, puis deux, trois, six, de tous les côtés, le long de notre ligne, et dans le même instant je vois mon camarade de gauche qui tombe en cherchant à se retenir contre un arbre. Cela me réveille... Je regarde de l'autre côté, et qu'est-ce que je découvre à cinquante ou soixante pas ? un vieux soldat prussien, — avec son petit chapeau à chaînette, le coude replié, ses grosses moustaches rousses penchées sur la batterie de son fusil, — qui m'ajuste en clignant de l'œil. Je me baisse comme le vent. À la même seconde j'entends la détonation, et quelque chose craque sur ma tête ; j'avais mon fourniment, la brosse, le peigne et le mouchoir dans mon shako : la balle de ce gueux avait tout cassé. Je me sentais tout froid. **(1)**

« Tu viens d'en échapper d'une belle ! » me cria le sergent en se mettant à courir ; et moi qui ne voulais pas rester seul dans un pareil endroit, je le suivis bien vite.

Le lieutenant Bretonville, son sabre sous le bras, répétait : « En avant ! en avant !... »

Plus loin sur la droite, on tirait toujours.

Mais voilà que nous arrivons au bord d'une clairière où se trouvaient cinq ou six gros troncs de chênes abattus, une petite mare pleine de hautes herbes, et pas un seul arbre pour nous couvrir. Malgré cela, plusieurs s'avançaient hardiment, quand le sergent nous dit :

« Halte !... les Prussiens sont, bien sûr, en embuscade aux environs ; ouvrons l'œil. »

Il avait à peine dit cela, qu'une dizaine de balles sifflaient dans les branches et que les coups retentissaient ; en même temps, un tas de Prussiens allongeaient les jambes et entraient plus loin dans le fourré.

« Les voilà partis. En route ! » dit Pinto.

Mais le coup de fusil de mon shako m'avait rendu bien attentif, je voyais en quelque sorte à travers les arbres ; et comme le sergent voulait traverser la clairière, je le retins par le bras en lui montrant le bout d'un fusil qui dépassait une grosse broussaille, de l'autre côté de la mare, à cent pas devant nous.

Les camarades, s'étant approchés, le virent aussi ; c'est pourquoi le sergent dit à voix basse :

QUESTIONS

1. SUR L'ENSEMBLE DU CHAPITRE

La cruauté et l'indifférence à travers les divers épisodes.

« Toi, Bertha, reste ici... ne le perds pas de vue. Nous autres, nous allons tourner la position. »

Aussitôt ils s'éloignèrent à droite et à gauche, et moi, la crosse à l'épaule, derrière mon arbre, j'attendis comme un chasseur à l'affût. Au bout de deux ou trois minutes, le Prussien, qui n'entendait plus rien, se leva doucement ; il était tout jeune, avec de petites moustaches blondes et une haute taille mince bien serrée. J'aurais pu l'abattre pour sûr ; mais cela me fit une telle impression de tuer cet homme ainsi découvert, que j'en tremblais. Tout à coup il m'aperçut et sauta de côté ; alors je lâchai mon coup, et je respirai de bon cœur en voyant qu'il se sauvait à travers le taillis comme un cerf.

En même temps, cinq ou six coups de fusil partirent à droite et à gauche ; le sergent Pinto, Zébédé, Klipfel et les autres passèrent d'un trait, et cent pas plus loin, nous trouvâmes ce jeune Prussien par terre, la bouche pleine de sang. Il nous regardait tout effrayé, en levant le bras comme pour parer les coups de baïonnette. Le sergent lui dit d'un air joyeux :

« Va, ne crains rien, tu as ton compte ! »

Personne n'avait envie de l'achever ; seulement Klipfel prit une belle pipe qui sortait de sa poche de derrière, en disant :

« Depuis longtemps je voulais avoir une pipe, en voilà pourtant une !

— Fusilier Klipfel, s'écria Pinto vraiment indigné, voulez-bien remettre cette pipe ! C'est bon pour les Cosaques de dépouiller les blessés ! Le soldat français ne connaît que l'honneur[173] ! »

Klipfel jeta la pipe, et finalement nous repartîmes de là sans tourner la tête. Nous arrivâmes au bout de cette petite forêt, qui s'arrêtait aux trois quarts de la côte ; des broussailles assez touffues s'étendaient encore à deux cents pas jusqu'au haut. Les Prussiens que nous avions poursuivis se trouvaient cachés là-dedans. On les voyait se relever de tous les côtés pour tirer sur nous, puis aussitôt après ils se baissaient.

Nous aurions bien pu rester là tranquillement ; puisque nous avions l'ordre d'occuper le bois, ces broussailles ne nous regardaient pas ; derrière les arbres où nous étions, les coups de fusils des Prussiens ne nous auraient pas fait de mal. Nous entendions de l'autre côté de la côte une bataille terrible, les

---

173. À plusieurs reprises, on peut relever la volonté des responsables militaires d'empêcher le pillage. On peut douter des résultats réels.

coups de canon se suivaient à la file et tonnaient quelquefois avec ensemble comme un orage : c'était une raison de plus pour rester. Mais nos officiers s'étant réunis décidèrent que les broussailles faisaient partie de la forêt et qu'il fallait chasser les Prussiens jusque sur la côte. Cela fut cause que bien des gens perdirent la vie en cet endroit. **(2)**

Nous reçûmes donc l'ordre de chasser les tirailleurs ennemis, et comme ils tiraient à mesure que nous approchions, et qu'ils se cachaient ensuite, tout le monde se mit à courir sur eux pour les empêcher de recharger. **(3)** Nos officiers couraient aussi, pleins d'ardeur. Nous pensions qu'au haut de la colline les broussailles finiraient, et qu'alors nous fusillerions les Prussiens par douzaines. Mais dans le moment où nous arrivons en haut, tout essoufflés, voilà que le vieux Pinto s'écrie :

« Les hussards ! »

Je lève la tête, et je vois des colbacks qui montent et qui grandissent derrière cette espèce de dos d'âne : ils arrivaient sur nous comme le vent. À peine avais-je vu cela, que sans réfléchir je me retourne et je commence à redescendre, en faisant des bonds de quinze pieds, malgré la fatigue, malgré mon sac et malgré tout. Je voyais devant moi le sergent Pinto, Zébédé et les autres, qui se dépêchaient et qui sautaient en allongeant les jambes tant qu'ils pouvaient. Derrière, les hussards en masse faisaient un tel bruit que cela vous donnait la chair de poule : les officiers commandaient en allemand, les chevaux soufflaient, les fourreaux de sabre sonnaient contre les bottes, et la terre tremblait. **(4)**

J'avais pris le chemin le plus court pour arriver au bois ; je croyais presque y être, quand, tout près de la lisière, je rencontre un de ces grands fossés où les paysans vont chercher de la terre glaise pour bâtir. Il avait plus de vingt pieds de large et quarante ou cinquante de long ; la pluie qui tombait depuis quelques jours en rendait les bords très glissants ; mais

QUESTIONS

2. SUR L'ENSEMBLE DU CHAPITRE
Le manque d'information et de compréhension des événements pour les soldats.

3. SUR L'ENSEMBLE DU CHAPITRE
Noter les passages où Joseph s'exprime en disant « je », ceux où il emploie le pronom « nous » ; pourquoi ces différents emplois ?

4. SUR L'ENSEMBLE DU CHAPITRE
La découverte de la peur et de la mort.

comme j'entendais les chevaux souffler de plus en plus, et que les cheveux m'en dressaient sur la nuque, sans faire attention à rien, je prends un élan et je tombe dans ce trou sur les reins, la giberne et la capote retroussées presque par-dessus la tête ; un autre fusilier de ma compagnie était déjà là qui se relevait ; il avait aussi voulu sauter. Dans la même seconde, deux hussards, lancés à fond de train, glissaient le long de cette pente grasse sur la croupe de leurs chevaux. Le premier de ces hussards, la figure toute rouge, allongea d'abord un coup de sabre sur l'oreille de mon pauvre camarade, en jurant comme un possédé ; et comme il relevait le bras pour l'achever, je lui enfonçais ma baïonnette dans le côté de toutes mes forces. Mais en même temps, l'autre hussard me donnait sur l'épaule un coup qui m'aurait fendu en deux sans l'épaulette ; il allait me percer, si, par bonheur, un coup de fusil d'en haut ne lui avait cassé la tête. Je regardai, et je vis un de nos soldats enfoncé dans la terre glaise jusqu'à mi-jambes. Il avait entendu les hennissements des chevaux et les jurements des hussards, et s'était avancé jusqu'au bord du trou pour voir ce qui se passait.

« Eh bien ! camarade, me dit-il en riant, il était temps ! »

Je n'avais pas la force de lui répondre ; je tremblais comme une feuille. Il ôta sa baïonnette, et me tendit le bout de son fusil pour m'aider à remonter. Alors je pris la main de ce soldat, et je lui dis :

« Vous m'avez sauvé !... Comment vous appelez-vous ? »

Il me dit que son nom était Jean-Pierre Vincent. J'ai souvent pensé depuis que, s'il m'arrivait de rencontrer cet homme, je serais heureux de lui rendre service ; mais le surlendemain eut lieu la seconde bataille de Leipzig, ensuite la retraite de Hanau, et je ne l'ai jamais revu.

Le sergent Pinto et Zébédé vinrent un instant plus tard. Zébédé me dit :

« Nous avons eu de la chance cette fois, nous deux, Joseph ; nous sommes les derniers Phalsbourgeois au bataillon à cette heure... Klipfel vient d'être haché par les hussards !

— Tu l'as vu ? lui dis-je tout pâle.

— Oui, il a reçu plus de vingt coups de sabre ; il criait : « Zébédé ! Zébédé ! »

Un instant après, il ajouta :

« C'est terrible tout de même d'entendre appeler au secours un vieux camarade d'enfance sans pouvoir l'aider... Mais ils étaient trop... ils l'entouraient ! »

Cela nous rendit tristes, et les idées du pays nous revinrent encore une fois. Je me figurais la grand-mère Klipfel, lorsqu'elle apprendrait la nouvelle, et cette pensée me fit songer à Catherine !

Depuis la charge des hussards jusqu'à la nuit, le bataillon resta dans la même position, à tirailler contre les Prussiens. Nous les empêchions d'occuper le bois ; mais ils nous empêchaient de monter sur la côte. Nous avons su le lendemain pourquoi. Cette côte domine tout le cours de la Partha, et la grande canonnade que nous entendions venait de la division Dombrowski, qui attaquait l'aile gauche de l'armée prussienne, et qui voulait porter secours au général Marmont à Mockern : là vingt mille Français, postés sur un ravin, arrêtaient les quatre-vingt mille hommes de Blücher ; et du côté de Wachau, cent quinze mille Français livraient bataille à deux cent mille Autrichiens et Russes ; plus de quinze cents pièces de canon tonnaient. Notre pauvre petite fusillade sur la côte de Witterich était comme le bourdonnement d'une abeille au milieu de l'orage. Et même quelquefois nous cessions de tirer de part et d'autre pour écouter... Cela me paraissait quelque chose d'épouvantable et pour ainsi dire de surnaturel ; l'air était plein de fumée de poudre, la terre tremblait sous nos pieds ; les vieux soldats comme Pinto disaient qu'ils n'avaient jamais rien entendu de pareil.

Vers six heures, un officier d'état-major remonta sur notre gauche porter un ordre au colonel Lorain, et presque aussitôt on sonna la retraite. Le bataillon avait perdu soixante hommes, par la charge des hussards prussiens et la fusillade.

Il faisait nuit lorsque nous sortîmes de la forêt, et, sur le bord de la Partha, — parmi les caissons, les convois de toute sorte, les corps d'armée en retraite, les détachements, les voitures de blessés qui défilaient sur deux ponts, — il nous fallut attendre plus de deux heures pour arriver à notre tour. Le ciel était sombre, la canonnade grondait encore de loin en loin, mais les trois batailles étaient finies. On entendait bien dire que nous avions battu les Autrichiens et les Russes à Wachau, de l'autre côté de Leipzig ; mais ceux qui revenaient de Mockern étaient sombres, personne ne criait : *Vive l'Empereur !* comme après une victoire. **(5)**

QUESTIONS

5. SUR L'ENSEMBLE DU CHAPITRE

Le sort des hommes de troupe, la coupure qui existe entre eux et leurs chefs.

Une fois sur l'autre rive, le bataillon descendit la Partha d'une bonne demi-lieue, jusqu'au village de Schoenfeld ; la nuit était humide ; nous marchions d'un pas lourd, le fusil sur l'épaule, les yeux fermés par le sommeil et la tête penchée.

Derrière nous, le grand défilé des canons, des caissons, des bagages et des troupes en retraite de Mockern prolongeait son roulement sourd ; et, par instants, les cris des soldats du train et des conducteurs d'artillerie, pour se faire place, s'élevaient au-dessus du tumulte. Mais ces bruits s'affaiblissaient insensiblement, et nous arrivâmes enfin près d'un cimetière, où l'on nous fit rompre les rangs et mettre les fusils en faisceau.

Alors seulement je relevai la tête et je reconnus Schœnfeld au clair de lune. Combien de fois j'étais venu manger là de bonnes fritures et boire du vin blanc avec Zimmer, au petit bouchon de *la Gerbe d'Or,* sous la treille du père Winter, quand le soleil chauffait l'air et que la verdure brillait autour de nous !... Ces temps étaient passés !

On plaça les sentinelles ; quelques hommes entrèrent au village chercher du bois et des vivres. Je m'assis contre le mur du cimetière et je m'endormis. Vers trois heures du matin, je fus éveillé.

« Joseph, me disait Zébédé, viens donc te chauffer ; si tu restes là, tu risques d'attraper les fièvres. »

Je me levait comme ivre de fatigue et de souffrance. Une petite pluie fine tremblotait dans l'air. Mon camarade m'entraîna près du feu, qui fumait sous la pluie. Ce feu n'était que pour la vue, il ne donnait point de chaleur ; mais Zébédé m'ayant fait boire une goutte d'eau-de-vie, je me sentis un peu moins froid et je regardai les feux de bivac qui brillaient de l'autre côté de la Partha.

« Les Prussiens se chauffent, me dit Zébédé ; ils sont maintenant dans notre bois.

— Oui, lui répondis-je, et le pauvre Klipfel est aussi là-bas ; il n'a plus froid, lui ! »

Je claquais des dents. Ces paroles nous rendirent tristes. Quelques instants après, Zébédé me demanda :

« Te rappelles-tu, Joseph, le ruban noir qu'il avait à son chapeau le jour de la conscription ? Il criait : « Nous sommes tous condamnés à mort comme ceux de la Russie... Je veux un ruban noir... Il faut porter notre deuil ! » Et son petit frère disait : « Non, Jacob, je ne veux pas ! » Il pleurait ; mais Klipfel mit tout de même le ruban : il avait vu les hussards dans un rêve ! »

À mesure que Zébédé parlait, je me rappelais ces choses, et je voyais aussi ce gueux de Pinacle, sur la place de l'Hôtel-de-Ville, qui me criait, en agitant un ruban noir au-dessus de sa tête : « Hé ! boiteux, il te faut un beau ruban à toi..., le ruban de ceux qui gagnent... Arrive ! »

Cette idée, avec le froid terrible qui m'entrait jusque dans la moelle, me faisait frémir. Je pensais : « Tu n'en reviendras pas... Pinacle avait raison... C'est fini ! » Je songeais à Catherine, à la tante Grédel, au bon M. Goulden, et je maudissais ceux qui m'avaient forcé de venir là. **(6)**

Sur les quatre heures du matin, comme le jour commençait à blanchir le ciel, quelques voitures de vivres arrivèrent ; on nous fit la distribution du pain, et nous reçûmes aussi de l'eau-de-vie et de la viande.

La pluie avait cessé. Nous fîmes la soupe en cet endroit ; mais rien ne pouvait me réchauffer ; c'est là que j'attrapai les fièvres. J'avais froid à l'intérieur et mon corps brûlait. Je n'étais pas le seul au bataillon dans cet état, les trois quarts souffraient et dépérissaient aussi ; depuis un mois, ceux qui ne pouvaient plus marcher s'étendaient par terre en pleurant, et appelaient leur mère comme de petits enfants. Cela vous déchirait le cœur. La faim, les marches forcées, la pluie et le chagrin de savoir qu'on ne reverra plus son pays ni ceux qu'on aime, vous causaient cette maladie. Heureusement, les parents ne voient pas leurs enfants périr le long des routes ; s'ils les voyaient, ce serait trop terrible : bien des gens croiraient qu'il n'y a de miséricorde ni sur la terre ni dans le ciel.

À mesure que le jour montait, nous découvrions à gauche, — de l'autre côté de la rivière et d'un grand ravin rempli de saules et de trembles, — les villages brûlés, les tas de morts, les caissons et les canons renversés, et la terre ravagée aussi loin que pouvait s'étendre la vue sur les routes de Hall, de Lindenthal et de Dolizch : c'était pire qu'à Lutzen. Nous voyions aussi les Prussiens se déployer dans cette direction et s'avancer par milliers sur le champ de bataille. Ils allaient donner la main aux Autrichiens et aux Russes, et fermer le grand cercle autour de nous ; personne maintenant ne pouvait les en empêcher, d'autant plus que Bernadotte et le général

QUESTIONS

6. LIGNES 248 À 265
Quelle impression produit cette évocation ?

russe Beningsen, restés en arrière, arrivaient avec cent vingt mille hommes de troupes fraîches. Ainsi notre armée, après avoir livré trois batailles en un seul jour, et réduite à cent trente mille combattants, allait être prise dans un cercle de trois cent mille baïonnettes, sans compter cinquante mille chevaux et douze cents canons !

De Schœnfeld, le bataillon se remit en marche pour rejoindre la division à Kohlgarten. Sur toute la route, on voyait s'écouler lentement les convois de blessés ; toutes les charrettes du pays avaient été mises en réquisition pour ce service, et, dans les intervalles, marchaient encore des centaines de malheureux, le bras en écharpe, la figure bandée, pâles, abattus, à demi morts. Tout ce qui pouvait se traîner ne montait pas en charrette et tâchait pourtant de gagner un hôpital.

Nous avions mille peines à traverser cet encombrement, lorsque tout à coup, en approchant de Kohlgarten, une vingtaine de hussards arrivant ventre à terre et le pistolet levé firent rebrousser la foule à droite et à gauche dans les champs. Ils criaient d'une voix éclatante :

« L'empereur ! l'Empereur ! »

Aussitôt le bataillon se rangea, présentant les armes au bas de la chaussée, et, quelques secondes après, les grenadiers à cheval de la garde, — de véritables géants, avec leurs grandes bottes, et leurs immenses bonnets à poil qui descendaient jusqu'aux épaules, ne laissant voir que le nez, les yeux et les moustaches, — passèrent au galop, la poignée du sabre serrée sur la hanche. Chacun était content de se dire : « Ceux-là sont avec nous... ce sont de rudes gaillards ! »

À peine avaient-ils défilé, que l'état-major parut... Figurez-vous cent cinquante à deux cents généraux, maréchaux, officiers supérieurs ou d'ordonnance, — montés sur de véritables cerfs, et tellement couverts de broderies d'or, qu'on voyait à peine la couleur de leurs uniformes ; — les uns grands et maigres, la mine hautaine ; les autres courts, trapus, la face rouge ; d'autres plus jeunes, tout droits sur leurs chevaux comme des statues, avec des yeux luisants et de grands nez en bec d'aigle : c'était quelque chose de magnifique et de terrible !

Mais ce qui me frappa le plus, au milieu de tous ces capitaines qui faisaient trembler l'Europe depuis vingt ans, c'est Napoléon avec son vieux chapeau et sa redingote grise ; je le vois encore passer devant mes yeux, son large menton serré et le cou dans les épaules. Tout le monde criait : *« Vive l'Empereur ! »* — Mais il n'entendait rien... il ne faisait pas plus attention à nous qu'à la petite pluie fine qui tremblotait dans l'air... et regardait, les sourcils froncés, l'armée prussienne s'étendre le long de la Partha, pour donner la main aux Autrichiens. Tel je l'ai vu ce jour-là, tel il m'est resté dans l'esprit[174].

Le bataillon s'était remis en marche depuis un quart d'heure quand Zébédé me dit :

« Est-ce que tu l'as vu, Joseph ?

— Oui, lui répondis-je, je l'ai vu, et je m'en souviendrai toute ma vie. (7)

— C'est drôle, fit mon camarade, on dirait qu'il n'est pas content... À Wurtschen, le lendemain de la bataille, il paraissait si joyeux en nous entendant crier : *« Vive l'Empereur ! »* et les généraux avaient aussi des figures riantes ! Aujourd'hui, tous font des mines du diable... Le capitaine disait pourtant, ce matin, que nous avons remporté la victoire de l'autre côté de Leipzig. »

Bien d'autres pensaient la même chose sans rien dire ; l'inquiétude vous gagnait...

Nous trouvâmes le régiment au bivac, à deux portées de fusil de Kohlgarten. Le bataillon prit sa position à droite de la route, sur une colline.

Dans toutes les directions, on voyait les feux innombrables des armées dérouler leur fumée dans le ciel. Il tombait toujours de la bruine, et les hommes assis sur leurs sacs en face des petits feux, les bras croisés, semblaient tout rêveurs. Les officiers se réunissaient entre eux. On entendait répéter de tous les côtés qu'on n'avait jamais vu de guerre pareille... que c'était une guerre d'extermination... que cela ne faisait rien à l'ennemi d'être battu, et qu'il voulait seulement nous tuer du monde, sachant bien qu'à la fin il lui resterait quatre ou cinq fois plus d'hommes qu'à nous, et qu'il serait le maître.

---

174. Encore une fois, l'indifférence de l'Empereur à l'égard des soldats est indiquée, de même que la magnificence des généraux de l'état-major.

QUESTIONS

7. LIGNES 308 À 345

Étudier le passage de l'Empereur. Comment cette scène est-elle organisée ? Comment les différents portraits sont-ils effectués de manière à dégager une dominante ?

On disait aussi que l'Empereur avant gagné la bataille à Wachau contre les Autrichiens et les Russes ; mais que cela ne servait à rien, puisque les autres ne s'en allaient pas et qu'ils attendaient des masses de renforts. Du côté de Mockern, on savait que nous avions perdu, malgré la belle défense de Marmont : l'ennemi nous avait écrasés sous le nombre. Nous n'avions eu qu'un seul véritable avantage en ce jour, c'était d'avoir conservé notre point de retraite sur Erfurt ; car Giulay n'avait pu s'emparer des ponts de l'Elster et de la Pleisse. Toute l'armée, depuis le simple soldat jusqu'au maréchal, pensait qu'il fallait battre en retraite le plus tôt possible, et que notre position était très mauvaise. Malheureusement l'Empereur pensait le contraire : il fallait rester ! **(8)**

Tout ce jour du 17, nous demeurâmes en position sans tirer un coup de fusil. Quelques-uns parlaient de l'arrivée du général Reynier avec seize mille Saxons ; mais la défection des Bavarois nous avait appris quelle confiance on pouvait avoir dans nos alliés.

Vers le soir, on annonça que l'on commençait à découvrir l'armée du Nord sur le plateau de Breitenfeld : c'étaient soixante mille hommes de plus pour l'ennemi. Je crois entendre encore les malédictions qui s'élevaient contre Bernadotte, les cris d'indignation de tous ceux qui l'avaient connu simple officier du temps de la République et qui disaient : « Il nous doit tout ; nous l'avons fait roi de notre propre sang, et maintenant il vient nous donner le coup de grâce ! »

La nuit, il se fit un mouvement général en arrière ; notre armée se resserra de plus en plus autour de Leipzig ensuite tout revint calme. Mais cela ne vous empêchait pas de réfléchir ; au contraire, chacun pensait dans le silence :

« Que va-t-il arriver demain ? Est-ce qu'à cette même heure je verrai la lune monter entre les nuages, comme je la vois ? Est-ce que les étoiles brilleront encore pour mes yeux ? »

Et quand on regardait, dans la nuit sombre, ce grand cercle de feu qui nous entourait sur une étendue de près de six lieues, on s'écriait en soi-même :

QUESTIONS

8. LIGNES 358 À 381
Pourquoi ce passage au style indirect ? Ce passage est placé entre un dialogue et un récit au passé simple, quel effet en résulte sur le lecteur ?

« Maintenant tout l'univers est contre nous, tous les peuples demandent notre extermination... ils ne veulent plus de notre gloire ! »

On songeait ensuite qu'on avait pourtant l'honneur d'être Français, et qu'il fallait vaincre ou mourir[175]. **(9)**

XIX

C'est au milieu de ces pensées que le jour arriva. **(1)** Rien ne bougeait encore, et Zébédé me dit :

« Quelle chance, si l'ennemi n'avait pas le courage de nous attaquer ! » **(2)**

Les officiers causaient entre eux d'un armistice. Mais tout à coup, vers neuf heures, nos coureurs entrèrent à bride abattue, criant que l'ennemi s'ébranlait sur toute la ligne, et presque aussitôt le canon gronda sur notre droite, le long de l'Elster. Nous étions déjà sous les armes, et nous marchions à travers champs, du côté de la Partha, pour retourner à Schœnfeld. Voilà le commencement de la bataille. **(3)**

Sur les collines, en avant de la rivière, deux ou trois divisions, leurs batteries dans les intervalles et la cavalerie sur les flancs, attendaient l'ennemi ; plus loin, par-dessus les pointes des baïonnettes, nous voyions les Prussiens, les Suédois et les Russes s'avancer en masses profondes de tous les côtés : cela n'en finissait plus.

Vingt minutes après, nous arrivions en ligne, entre deux collines, et nous apercevions devant nous cinq ou six mille

---

175. Les personnages du peuple, qu'ils soient allemands ou français, témoignent régulièrement de sentiments patriotiques, sentiments qui vont jusqu'à l'exaspération dans certains cas.

QUESTIONS

9. LIGNES 399 À 410
Que penser de ces réflexions ?

XIX-1. Est-il possible de dater ce moment de l'histoire ?

2. LIGNES 3 ET 4
Que montre une telle remarque ?

3. SUR L'ENSEMBLE DU CHAPITRE
Les différents moments de la bataille.

Prussiens qui traversaient la rivière en criant tous ensemble : *« Faterland ! Faterland ! »* **(4)** Cela formait un tumulte immense, semblable à celui de ces nuées de corbeaux qui se réunissent pour gagner les pays du Nord. **(5)**

Dans le même moment, la fusillade s'engagea d'une rive à l'autre, et le canon se mit à gronder. Le ravin où coule la Partha se remplit de fumée ; les Prussiens étaient déjà sur nous, que nous les voyions à peine avec leurs yeux furieux, leurs bouches tirées et leur air de bêtes sauvages. Alors nous ne poussâmes qu'un cri jusqu'au ciel : *« Vive l'Empereur ! »* et nous courûmes sur eux. La mêlée devint épouvantable ; en deux secondes nos baïonnettes se croisèrent par milliers : on se poussait, on reculait, on se lâchait des coups de fusil à bout portant, on s'assommait à coups de crosse, tous les rangs se confondaient... ceux qui tombaient, on marchait dessus, la canonnade tonnait ; et la fumée qui se traînait sur cette eau sombre entre les collines, le sifflement des balles, le pétillement de la fusillade, faisaient ressembler ce ravin à un four, où s'engouffraient les hommes comme des bûches pour être consumés. **(6)**

Nous, c'était le désespoir qui nous poussait, la rage de nous venger avant de mourir ; les Prussiens, c'était l'orgueil de se dire : « Nous allons vaincre Napoléon cette fois ! » Ces Prussiens sont les plus orgueilleux des hommes ; leurs victoires de Gross-Beeren et de la Katzbach les avaient rendus comme fous. Mais il en resta dans la rivière... oui, il en resta ! Trois fois ils passèrent l'eau et coururent sur nous en masse. Nous étions bien forcés de reculer, à cause de leur grand nombre, et quels cris ils poussaient alors ! On aurait dit qu'ils voulaient nous manger... C'est une vilaine race... Leurs officiers, l'épée en l'air entre les baïonnettes serrées, répétaient cent fois : *« Forwertz ! Forwertz ! »* et tous s'avançaient comme un mur, avec un grand courage, on ne peut pas dire le contraire. Nos

QUESTIONS

4. SUR L'ENSEMBLE DU CHAPITRE
Les nationalismes et leurs manifestations.

5. SUR L'ENSEMBLE DU CHAPITRE
Analyser le rôle des nombres et des noms propres.

6. LIGNES 30 À 38
Dans cette description de la mêlée, étudier les séries de verbes ou d'expressions. Comment sont-elles organisées ? Faut-il parler de gradation ou d'accumulation ? Analyser la nature des propositions, leur enchaînement ? Comment l'effet de kaléidoscope est-il obtenu ?

canons les fauchaient, ils avançaient toujours ; mais au haut de la colline nous reprenions un nouvel élan et nous les bousculions jusque dans la rivière. Nous les aurions tous massacrés sans une de leurs batteries, en avant de Mockern, qui nous prenait en écharpe et nous empêchait de les poursuivre trop loin.

Cela dura jusqu'à deux heures ; la moitié de nos officiers étaient hors de combat ; le commandant Gémeau était blessé, le colonel Lorain tué, et tout le long de la rivière on ne voyait que des morts entassés et des blessés qui se traînaient pour sortir de la bagarre, quelques-uns, furieux, se relevaient sur les genoux pour donner encore un coup de baïonnette ou lâcher un dernier coup de fusil. On n'a jamais rien vu de pareil. Dans la rivière nageaient les morts à la file, les uns montrant leur figure, les autres le dos, d'autres les pieds. Ils se suivaient comme des flottes de bois, et personne n'y faisait seulement attention. On aurait dit que la même chose ne pouvait pas nous arriver d'une minute à l'autre.

Ce grand carnage se passait tout le long de la Partha, depuis Schœnfeld, jusqu'à Grossdorf.

Les Suédois et les Prussiens finirent par remonter la rivière pour nous tourner plus haut, et des masses de Russes vinrent remplacer ces Prussiens, qui n'étaient pas fâchés d'aller voir ailleurs.

Les Russes se formèrent sur deux colonnes ; ils descendirent au ravin l'arme au bras, dans un ordre admirable, et nous donnèrent l'assaut deux fois avec une grande bravoure, mais sans pousser des cris de bêtes comme les Prussiens. Leur cavalerie voulait enlever le vieux pont au-dessus de Schœnfeld ; la canonnade allait toujours en augmentant. De tous les côtés où s'étendaient les yeux, à travers la fumée, on ne voyait que des ennemis qui se resserraient ; quand nous avions repoussé une de leurs colonnes, il en arrivait une autre de troupes fraîches : c'était toujours à recommencer.

Entre deux ou trois heures, on apprit que les Suédois et la cavalerie prussienne avaient passé la rivière au-dessus de Grossdorf, et qu'ils venaient nous prendre à revers ; ça leur plaisait beaucoup mieux que de nous attaquer en face. Aussitôt le maréchal Ney fit un changement de front, l'aile droite en arrière. Notre division resta toujours appuyée sur Schœnfeld ; mais toutes les autres se retirèrent de la Partha pour s'étendre dans la plaine, et toute l'armée ne forma plus qu'une ligne autour de Leipzig.

Les Russes, derrière la route de Mockern, préparaient leur troisième attaque vers trois heures ; nos officiers prenaient de nouvelles dispositions pour les recevoir, lorsqu'une sorte de frisson passa d'un bout de l'armée à l'autre, et tout le monde apprit en quelques minutes que les seize mille Saxons et la cavalerie wurtembergeoise, — au centre de notre ligne, — venait de passer à l'ennemi, et que, même avant d'arriver à distance, ils avaient eu l'infamie de tourner les quarante pièces de canon qu'ils emmenaient avec eux contre leurs anciens frères d'armes de la division Durutte.

Cette trahison, au lieu de nous abattre, augmenta tellement notre fureur que, si l'on nous avait écoutés, nous aurions traversé la rivière pour tout exterminer.

Ces Saxons-là disent qu'ils défendaient leur patrie ; eh bien ! c'est faux. Ils n'avaient qu'à nous quitter sur la route de Duben ; qui les en empêchait ? Ils n'avaient qu'à faire comme les Bavarois et se déclarer avant la bataille. Ils pouvaient rester neutres, ils pouvaient aussi refuser le service ; mais ils nous trahissaient parce que la chance tournait contre nous. S'ils avaient vu que nous allions gagner, ils auraient toujours été nos bons amis pour avoir leur part, comme après Iéna et Friedland. Voilà ce que chacun pensait, et voilà pourquoi ces Saxons seront des traîtres dans les siècles des siècles. Non seulement ils abandonnèrent leurs amis dans le malheur, mais ils les assassinèrent pour se faire bien venir des autres. Dieu est juste : leurs nouveaux alliés eurent un tel mépris d'eux qu'ils partagèrent la moitié de leur pays après la bataille. Les Français ont ri de la reconnaissance des Prussiens, des Autrichiens et des Russes. (7)

Depuis ce moment jusqu'au soir, ce n'était plus une guerre humaine qu'on se faisait, c'était une guerre de vengeance. Le nombre devait nous écraser, mais les alliés devaient payer chèrement leur victoire.

À la nuit tombante, pendant que deux mille pièces de canon tonnaient ensemble, nous recevions notre septième attaque dans Schœnfeld : d'un côté les Russes et de l'autre côté les Prussiens nous refoulaient dans ce grand village. Nous tenions dans chaque maison, dans chaque ruelle ; les murs tombaient sous

QUESTIONS

7. SUR L'ENSEMBLE DU CHAPITRE
L'évolution des sentiments de Joseph Bertha.

les boulets, les toits s'affaissaient. On ne criait plus comme au commencement de la bataille ; on était froid et pâle à force de rage. Les officiers avaient ramassé des fusils et remis la vieille giberne ; ils déchiraient la cartouche comme le soldat.

Après les maisons, on défendit les jardins et le cimetière où j'avais couché la veille ; il y avait alors plus de morts dessus que dessous terre. Ceux qui tombaient ne se plaignaient pas ; ceux qui restaient se réunissaient derrière un mur, un tas de décombres, une tombe. Chaque pouce de terrain coûtait la vie à quelqu'un. **(8)**

Il faisait nuit lorsque le maréchal Ney amena, de je ne sais où, du renfort : ce qui restait de la division Ricard et de la deuxième de Souham. Tous les débris de nos régiments se réunirent, et l'on rejeta les Russes de l'autre côté du vieux Pont, qui n'avait plus de rampe à force d'avoir été mitraillé. On plaça sur ce pont six pièces de douze, et jusqu'à sept heures on se canonna dans cet endroit. Les restes du bataillon et quelques autres en arrière soutenaient les pièces, et je me rappelle que leur feu s'étendait sous le pont comme des éclairs, et qu'on voyait alors les chevaux et les hommes tués s'engouffrer pêle-mêle sous les arches sombres. Cela ne durait qu'une seconde, mais c'étaient de terribles visions !

À sept heures et demie, comme des masses de cavalerie s'avançaient sur notre gauche, et qu'on les voyait tourbillonner autour de deux grands carrés qui se retiraient pas à pas, nous reçûmes enfin l'ordre de la retraite. Il ne restait plus que deux ou trois mille hommes à Schœnfeld avec les six pièces. Nous revînmes à Kohlgarten sans être poursuivis, et nous allâmes bivaquer autour de Rendnitz. Zébédé vivait encore ; comme nous marchions l'un près de l'autre en silence depuis vingt minutes, écoutant la canonnade qui continuait du côté de l'Elster malgré la nuit, tout à coup il me dit :

« Comment sommes-nous encore là, Joseph, quand tant de milliers d'autres près de nous sont morts ? Maintenant nous ne pouvons plus mourir. »

Je ne répondais rien. **(9)**

QUESTIONS

8. SUR L'ENSEMBLE DU CHAPITRE

Noter les expressions telles que « chaque pouce de terrain coûtait la vie à quelqu'un ». Où sont-elles placées ? Pour quel effet ?

9. SUR L'ENSEMBLE DU CHAPITRE

Quels sont les deux dialogues rapportés ? Pourquoi une si faible quantité de dialogues ?

« Quelle bataille ! fit-il. Est-ce qu'on s'est jamais battu de cette façon avant nous ? C'est impossible. »

Il avait raison, c'était une bataille de géants. Depuis dix heures du matin jusqu'à sept heures du soir, nous avions tenu tête à trois cent soixante mille hommes sans reculer d'une semelle, et nous n'étions pourtant que cent trente mille ! On n'avait jamais rien vu de pareil. — Dieu me garde de dire du mal des Allemands, ils combattaient pour l'indépendance de leur patrie ; mais je trouve qu'ils ont tort de célébrer tous les ans l'anniversaire de la bataille de Leipzig : quand on était trois contre un, il n'y a pas de quoi se vanter.

En approchant de Rendnitz, nous marchions sur des tas de morts ; à chaque pas nous rencontrions des canons démontés, des caissons renversés, des arbres hachés par la mitraille. C'est là qu'une division de la jeune garde et les grenadiers à cheval, conduits par Napoléon lui-même, avaient arrêté les Suédois qui s'avançaient dans le vide formé par la trahison des Saxons. — Deux ou trois vieilles baraques qui finissaient de brûler en avant du village éclairaient ce spectacle. Les grenadiers à cheval étaient encore à Rendnitz ; mais une foule d'autres troupes débandées allaient et venaient dans la grande rue. On n'avait pas fait la distribution des vivres ; chacun cherchait à manger et à boire[176]. **(10)**

Comme nous défilions devant une grande maison de poste, nous vîmes derrière le mur d'une cour deux cantinières qui versaient à boire du haut de leurs charrettes. Il y avait là des chasseurs, des cuirassiers, des lanciers, des hussards, de l'infanterie de ligne et de la garde, tous pêle-mêle, déchirés, les shakos et les casques défoncés, sans plumets, criblés de coups. Tous ces gens semblaient affamés.

Deux ou trois dragons, debout sur le petit mur, près d'un pot rempli de poix qui brûlait, les bras croisés sous leurs longs manteaux blancs, étaient couverts de sang comme des bouchers.

Aussitôt Zébédé, sans rien dire, me poussa du coude, et nous

---

176. Lorsqu'ils n'ont pas à défendre leur existence, le principal problème des soldats est de trouver à se nourrir. Joseph Bertha se plaint d'ailleurs régulièrement de toutes les heures ou de toutes les journées passées sans nourriture.

QUESTIONS

10. SUR L'ENSEMBLE DU CHAPITRE

La répartition des pronoms ON et NOUS dans l'ensemble du chapitre.

entrâmes dans la cour, pendant que les autres poursuivaient leur chemin. Il nous fallut un quart d'heure pour arriver près de la charrette. Je levai un écu de six livres ; la cantinière, à genoux derrière sa tonne, me tendit un grand verre d'eau-de-vie avec un morceau de pain blanc, en prenant mon écu. Je bus, puis je passai le verre à Zébédé, qui le vida.

Nous eûmes ensuite de la peine à sortir de cette foule, on se regardait d'un air sombre, on se faisait place des épaules et des coudes, et c'est là qu'on pouvait dire, — en voyant ces faces dures, ces yeux creux, ces mines terribles d'hommes qui viennent de traverser mille morts et qui recommencent demain : « Chacun pour soi... Dieu pour tous ! »

En remontant le village, Zébédé me dit :

« Tu as du pain ?

— Oui. »

Je cassai le pain en deux et je lui en donnai la moitié. Nous mangions en allongeant le pas. On entendait encore tirer dans le lointain. Au bout de vingt minutes nous avions rattrapé la queue de la colonne, et nous reconnûmes le bataillon au capitaine adjudant-major Vidal, qui marchait auprès. Nous entrâmes dans les rangs sans que personne eût remarqué notre absence.

Plus on approchait de la ville, plus on rencontrait de détachements, de canons, et de bagages, qui se dépêchaient d'arriver à Leipzig.

Vers dix heures nous traversions le faubourg de Rendnitz. Le général de brigade Fournier prit notre commandement et nous donna l'ordre d'obliquer à gauche. À minuit nous arrivâmes dans les grandes promenades qui longent la Pleisse, et nous fîmes halte sous les vieux tilleuls dépouillés. On forma les faisceaux. Une longue file de feux tremblotaient dans le brouillard jusqu'au faubourg de Ranstadt. Quand la flamme montait, elle éclairait des groupes de lanciers polonais, des lignes de chevaux, des canons et des fourgons, et, de loin en loin, quelques sentinelles immobiles dans la brume comme des ombres. De grandes rumeurs s'élevaient en ville, elles semblaient augmenter toujours, et se confondaient avec le roulement sourd de nos convois sur le pont de Lindenau. C'était le commencement de la retraite. Alors chacun mit son sac au pied d'un arbre et s'étendit dessus, le bras replié sous l'oreille. Un quart d'heure après, tout le monde dormait. **(11)**

QUESTIONS

11. LIGNES 197 ET SUIVANTES
Que montre ce passage ?

SOLDATS FRANÇAIS AU BIVOUAC VERS 1806.
Gravure attribuée à Benjamin Zix.

Phot. © Musée de l'Armée, Paris

XX (1)

Ce qui se passa jusqu'au petit jour, je n'en sais rien, — les bagages, les blessés et les prisonniers continuèrent sans doute de défiler sur le pont ; mais alors une détonation épouvantable nous éveilla, pas un homme ne resta couché, car on prenait cela pour une attaque, lorsque deux officiers de hussards arrivèrent en criant qu'un fourgon de poudre venait de sauter par hasard dans la grande avenue de Ranstadt, au bord de l'eau. La fumée, d'un rouge sombre, tourbillonnait encore dans le ciel en se dissipant ; la terre et les vieilles maison frémissaient.

Le calme se rétablit. Quelques-uns se recouchèrent pour tâcher de se rendormir ; mais le jour venait ; en jetant les yeux sur la rivière grisâtre, on voyait déjà nos troupes s'étendre à perte de vue sur les cinq ponts de l'Elster et de la Pleisse qui se suivent à la file, et n'en font pour ainsi dire qu'un. Ce pont, sur lequel tant de milliers d'hommes devaient défiler, vous rendait tout mélancolique. Cela devait prendre beaucoup de temps, et l'idée venait à tout le monde qu'il aurait mieux valu jeter plusieurs ponts sur les deux rivières, puisque, d'un instant à l'autre, l'ennemi pouvait nous attaquer, et qu'alors la retraite deviendrait bien difficile. Mais l'Empereur avait oublié de donner des ordres, et l'on n'osait rien faire sans ordre ; pas un maréchal de France n'aurait osé prendre sur lui de dire que deux ponts valaient mieux qu'un seul ! Voilà pourtant à quoi la discipline terrible de Napoléon avait réduit tous ces vieux capitaines ; ils obéissaient comme des machines et ne s'inquiétaient de rien d'autre, dans la crainte de déplaire au maître[177] !...

Moi, tout de suite, en voyant ce pont qui n'en finissait plus, je pensai : « Pourvu qu'on nous laisse défiler maintenant, car, Dieu merci, nous avons assez de batailles et de carnage ! Une

---

177. Il est vrai que Napoléon était particulièrement autoritaire. Depuis 1805, son caractère s'était d'ailleurs aigri, ses colères étaient plus violentes et plus fréquentes. On a d'ailleurs vu que Moreau avait connu des ennuis parce que les victoires qu'il avait remportées gênaient l'Empereur.

QUESTIONS

1. SUR L'ENSEMBLE DU CHAPITRE
Lui donner un titre. Quel jour ce déroule cet épisode ?

fois de l'autre côté, nous serons sur la bonne route de France, je pourrai revoir peut-être encore Catherine, la tante Grédel et le père Goulden ! » En songeant à cela, je m'attendrissais, je regardais d'un œil d'envie ces milliers d'artilleurs à cheval et de soldats du train qui s'éloignaient là-bas comme des fourmis, et les grands bonnets à poil de la vieille garde, immobiles de l'autre côté de la rivière sur la colline de Linderneau, l'arme au bras. — Zébédé, qui pensait la même chose, me dit :

« Hein ! Joseph, si nous étions à leur place ! »

Aussi, vers sept heures, lorsque nous vîmes s'approcher trois fourgons pour nous distribuer des cartouches et du pain, cela me parut bien amer. Il était clair maintenant que nous serions à l'arrière-garde, et, malgré la faim, j'aurais voulu jeter mon pain contre un mur. Quelques instants après, passèrent deux escadrons de lanciers polonais qui remontaient la rivière ; puis derrière ces lanciers cinq ou six généraux, et dans le nombre Poniatowski. C'était un homme de cinquante ans, assez grand, mince et l'air triste. Il passa sans nous regarder. Le général Fournier se détacha de son état-major en nous criant :

« Par file à gauche ! »

Je n'ai jamais eu de crève-cœur pareil, j'aurais donné ma vie pour deux liards ; mais il fallait bien emboîter le pas et tourner le dos au pont. **(2)**

Au bout des promenades, nous arrivâmes à un endroit appelé Hinterthôr, c'est une vieille porte sur la route de Caunewitz ; à droite et à gauche s'étendent les anciens remparts, et derrière s'élèvent les maisons. On nous posta dans les chemins couverts, près de cette porte que des sapeurs avaient solidement barricadée. Le capitaine Vidal commandait alors le bataillon, réduit à trois cent vingt-cinq hommes. Quelques vieilles palissades vermoulues nous servaient de retranchements, et sur toutes les routes en face s'avançait l'ennemi. Cette fois, c'étaient des vestes blanches et des shakos plats sur la nuque, avec une espèce de haute plaque devant, où se voyait l'aigle à deux têtes des *kreuzers.* — Le vieux Pinto, qui les reconnut tout de suite, nous dit : **(3)**

QUESTIONS

2. SUR L'ENSEMBLE DU CHAPITRE
Les sentiments qui animent Joseph Bertha ; peut-on parler d'une transformation du héros, en particulier à la fin du chapitre ?

3. SUR L'ENSEMBLE DU CHAPITRE
Analyser le comportement des différents chefs.

« Ceux-là sont des *Kaiserlicks !* nous les avons battus plus de cinquante fois depuis 1793 ; mais c'est égal, si le père de Marie-Louise avait un peu de cœur, ils seraient avec nous tout de même. » **(4)**

Depuis quelques instants on entendait la canonnade ; de l'autre côté de la ville, Blücher attaquait le faubourg de Hall. Bientôt après, le feu s'étendit à droite. Bernadotte attaquait le faubourg de Kohlgartenthôr, et presque en même temps les premiers obus des Autrichiens tombèrent dans nos chemins couverts ; ils se suivaient à la file ; plusieurs passant au-dessus du Hinterthôr éclataient dans les maisons et dans les rues du faubourg.

À neuf heures, les Autrichiens se formèrent en colonnes d'attaque sur la route de Caunewitz. De tous les côtés ils nous débordaient ; malgré cela, le bataillon tint jusque vers dix heures. Alors il fallut nous replier derrière les vieux remparts, où les *Kaiserlicks* nous poursuivirent par les brèches, sous le feu croisé du 29e et du 14e de ligne. Ces pauvres diables n'avaient pas la fureur des Prussiens ; ils montrèrent pourtant un vrai courage, car à dix heures et demie ils couronnaient les remparts, et nous, de toutes les fenêtres environnantes, nous les fusillions sans pouvoir les forcer à redescendre. **(5)** Six mois avant ces choses m'auraient fait horreur, mais j'en avais vu tant d'autres ! J'étais alors insensible comme un vieux soldat, et la mort d'un homme ou de cent ne me paraissait plus rien. **(6)**

Jusqu'à ce moment tout avait bien marché ; mais comment sortir des maisons ? l'ennemi couvrait toutes les avenues, et à moins de grimper sur les toits, il n'y avait plus de retraite possible. C'est encore un des mauvais moments dont j'ai gardé le souvenir. Tout à coup l'idée me vint que nous serions pris là comme des renards qu'on enfume dans leur trou ; je m'approchai d'une fenêtre de derrière, et je vis qu'elle donnait dans une cour, et que cette cour n'avait de porte que sur le devant. Je me figurais que les Autrichiens, après tout le mal

QUESTIONS

4. LIGNES 67 À 70
Que veut dire cette réflexion du sergent Pinto.

5. SUR L'ENSEMBLE DU CHAPITRE
Les diverses manifestations de courage ou de panique.

6. LIGNES 89 À 92
Que veut suggérer cette remarque ?

que nous venions de leur faire, nous passeraient au fil de la baïonnette ; c'était assez naturel. En songeant à cela, je rentrai dans la chambre où nous étions une dizaine, et j'aperçus le sergent Pinto assis tout pâle contre le mur, les bras pendants. Il venait de recevoir une balle dans le ventre, et disait au milieu de la fusillade :

« Défendez-vous, conscrits, défendez-vous !... Montrez à ces *Kaiserlicks* que nous valons encore mieux qu'eux !... Ah ! les brigands ! » **(7)**

En bas, contre la porte, retentissaient comme des coups de canon. Nous tirions toujours, mais sans espoir, lorsqu'il se fit dehors un grand bruit de piétinement de chevaux. Le feu cessa, et nous vîmes, à travers la fumée, quatre escadrons de lanciers passer comme une bande de lions au milieu des Autrichiens. Tout cédait. **(8)** Les *Kaiserlicks* allongeaient les jambes ; mais les grandes lances bleuâtres, avec leurs flammes rouges, filaient plus vite qu'eux et leur entraient dans le dos comme des flèches. Ces lanciers étaient des Polonais, les plus terribles soldats que j'aie vus de ma vie, et pour dire les choses comme elles sont, nos amis et nos frères. Ceux-là n'ont pas tourné casaque au moment du danger, ils nous ont donné jusqu'à la dernière goutte de leur sang... Et nous, qu'est-ce que nous avons fait pour leur malheureux pays ?... Quand je pense à notre ingratitude, cela me crève le cœur ! **(9)**

Enfin cette fois encore les Polonais nous dégageaient[178]. En les voyant si fiers et si braves, nous sortîmes de partout, courant sur les Autrichiens à la baïonnette, et nous les rejetâmes dans les fossés. Nous eûmes la victoire, mais il était temps de battre en retraite, car l'ennemi remplissait déjà Leipzig : les portes de Hall et de Grimma étaient forcées, et celle de Péters-Thôr

---

178. La fidélité des Polonais s'explique par le fait que Napoléon avait rétabli, en 1807, un État polonais : un grand-duché de Varsovie avait été constitué, alors que la Pologne, la Russie et l'Autriche se partageaient l'administration de ce pays depuis 1795.

QUESTIONS

7. SUR L'ENSEMBLE DU CHAPITRE
Les bruits et les cris.

8. SUR L'ENSEMBLE DU CHAPITRE
Les revirements de situation.

9. LIGNES 111 À 125
Les différents temps verbaux employés, leurs valeurs respectives.

livrée par nos amis les Badois et nos autres amis les Saxons. Soldats, étudiants et bourgeois tiraient sur nous des fenêtres !

Nous n'eûmes que le temps de nous reformer et de reprendre le chemin de la grande avenue qui longe la Pleisse. Les lanciers nous attendaient là ; nous défilâmes derrière eux, et comme les Autrichiens nous serraient de près, ils firent encore une charge pour les refouler. Quels braves gens et quels magnifiques cavaliers que ces Polonais ! Ah ! tous ceux qui les ont vus pousser une charge sont dans l'admiration, surtout dans un moment pareil.

La division, réduite de huit mille hommes à quinze cents, se retirait donc devant plus de cinquante mille ennemis, non sans se retourner et répondre encore au feu des *Kaiserlicks.*

Nous nous rapprochions du pont, avec quelle joie ! je n'ai pas besoin de le dire. Mais il n'était pas facile d'y arriver, car sur toute la longueur de l'avenue, tant d'hommes à pied et à cheval se précipitaient pour passer, arrivant de toutes les rues environnantes, que cette foule ne formait en quelque sorte qu'un seul bloc, où toutes les têtes se touchaient et s'avançaient lentement avec des soupirs et des espèces de cris sourds qu'on entendait d'un quart de lieue malgré la fusillade. Malheur à ceux qui se trouvaient sur le bord du pont ; ils tombaient, et personne n'y faisait attention ! Au milieu, les hommes et même les chevaux étaient portés ; ils n'avaient pas besoin de bouger, ils avançaient tout seuls... — Mais comment arriver là ? L'ennemi faisait des progrès à chaque seconde. On avait bien placé quelques canons sur les deux côtés pour balayer les promenades et en face la rue principale. Il y avait bien encore des troupes en ligne pour repousser les premières attaques ; mais les Prussiens, les Autrichiens et les Russes avaient aussi des canons pour balayer le pont, et ceux qui resteraient les derniers, après avoir protégé la retraite des autres, devaient recevoir tous les obus, tous les boulets et la mitraille ; il ne fallait pas beaucoup de bon sens pour comprendre cela, c'était assez clair : voilà pourquoi tout le monde voulait passer à la fois. **(10)**

À deux ou trois cents pas de ce pont, l'idée me vint de courir me perdre dans la foule, et de me faire porter de l'autre côté ;

QUESTIONS

10. À PARTIR DES CHAPITRES XVIII, XIX ET XX
Peut-on parler du courage des soldats ?

mais le capitaine Vidal, le lieutenant Bretonville et d'autres vieux disaient :

« Le premier qui s'écarte des rangs, qu'on tire dessus[179] ! »

Quelle terrible malédiction d'être si près, et de penser : « Il faut que je reste ! »

Cela se passait entre onze heures et midi. Je vivrais cent ans, qu'il me serait impossible de rien oublier de ce moment ; la fusillade se rapprochait à droite et à gauche, quelques boulets commençaient à ronfler dans l'air, et du côté du faubourg du Hall, on voyait les Prussiens déboucher pêle-mêle avec nos soldats. — Aux environs du pont, des cris épouvantables s'élevaient ; les cavaliers, pour se faire place, sabraient les fantassins, qui leur répondaient à coups de baïonnette : c'était un sauve-qui-peut général ! — À chaque pas de la foule, quelqu'un tombait du pont, et, cherchant à se retenir, en entraînait cinq ou six par grappes !

Et comme la confusion, les hurlements, la fusillade, le clapotement de ceux qui tombaient augmentaient de seconde en seconde, comme ce spectacle devenait tellement abominable, qu'on aurait cru qu'il ne pouvait rien arriver de pire... voilà qu'une espèce de coup de tonnerre part, et que la première arche du pont s'écroule avec tous ceux qui se trouvaient dessus : des centaines de malheureux disparaissent, des masses d'autres sont estropiés, écrasés, mis en lambeaux par les pierres qui tombent.

Un sapeur du génie venait de faire sauter le pont ! **(11)**

À cette vue, le cri de trahison retentit jusqu'au bout des promenades : « Nous sommes perdus !... trahis !... » On n'entendait que cela... c'était une clameur immense, épouvantable. Les uns, saisis de la rage du désespoir, retournent à l'ennemi comme des bêtes fauves acculées, qui ne voient plus rien et qui n'ont plus que l'idée de la vengeance ; d'autres brisent leurs armes, en accusant le ciel et la terre de leur malheur. Les officiers à cheval, les généraux sautent dans la

---

179. Ce détail montre combien la débâcle est grande.

QUESTIONS

11. SUR L'ENSEMBLE DU CHAPITRE

Dégager les éléments qui contribuent à la montée de la tension dramatique, puis à sa brusque rupture.

rivière pour traverser à la nage ; bien des soldats font comme eux, ils se précipitent sans prendre le temps d'ôter leurs sacs. L'idée qu'on avait pu s'en aller, et que maintenant, à la dernière minute, il fallait se faire massacrer, vous rendait fous... J'avais vu bien des cadavres la veille, entraînés par la Partha ; mais alors c'était encore plus terrible ; tous ces malheureux se débattaient avec des cris déchirants, ils s'accrochaient les uns aux autres ; la rivière en était pleine : — on ne voyait que des bras et des têtes grouiller à la surface.

En ce moment, le capitaine Vidal, un homme calme et qui par sa figure et son coup d'œil nous avait retenus dans le devoir, — en ce moment, le capitaine lui-même parut découragé ; il remit son sabre dans le fourreau en riant d'un air étrange, et dit :

« Allons... c'est fini !... »

Et comme je lui posais la main sur le bras, il me regarda avec une grande douceur :

« Que veux-tu, mon enfant[180] ? me demanda-t-il.

— Capitaine, lui répondis-je, — car cette pensée me revenait alors, — j'ai passé quatre mois à l'hôpital de Leipzig, et je me suis baigné dans l'Elster, et je connais un endroit où l'on a pied.

— Où cela !

— À dix minutes au-dessus du pont. »

Aussitôt il tira son sabre en criant d'une voix de tonnerre :

« Enfants, suivez-moi, et toi, marche devant. »

Tout le bataillon, qui ne comptait plus que deux cents hommes, se mit en marche ; une centaine d'autres, qui nous voyaient partir d'un pas ferme, se mirent avec nous sans savoir où nous allions[181]. Les Autrichiens étaient déjà sur la terrasse de l'avenue ; plus bas s'étendaient les jardins séparés par des haies jusqu'à l'Elster. Je reconnus ce chemin, que Zimmer et moi nous avions parcouru en juillet, quand tout cela n'était qu'un bouquet de fleurs. Des coups de fusil partaient sur nous, mais nous n'y répondions plus. J'entrai le premier dans la rivière, le capitaine Vidal ensuite, puis les autres deux à deux. L'eau nous arrivait jusqu'aux épaules, parce qu'elle était grossie par les pluies d'automne ; malgré cela, nous passâmes

---

180. C'est le seul mouvement de bonté d'un officier à l'égard d'un soldat dans le roman. On notera également le grand courage manifesté par les anciens, officiers ou soldats ;
181. Les chefs jouent un rôle essentiel dans le maintien ou la perte de l'ordre.

heureusement, il n'y eut personne de noyé. Nous avions encore presque tous nos fusils en arrivant sur l'autre rive, et nous prîmes tout droit à travers champs. Plus loin nous trouvâmes le petit pont de bois qui mène à Schleissig, et de là nous tournâmes vers Lindenau[182].

Nous étions tous silencieux ; de temps en temps nous regardions au loin, de l'autre côté de l'Elster, la bataille qui continuait dans les rues de Leipzig. Longtemps les clameurs furieuses et le rebondissement sourd de la canonnade nous arrivèrent ; ce n'est que vers deux heures lorsque nous découvrîmes l'immense file de troupes, de canons et de bagages qui s'étendait à perte de vue sur la route d'Erfurt, que ces bruits se confondirent pour nous avec le roulement des voitures.

XXI

J'ai raconté jusqu'à présent les grandes choses de la guerre : des batailles glorieuses pour la France, malgré nos fautes et nos malheurs. Quand on a combattu seul contre tous les peuples de l'Europe, — toujours un contre deux et quelquefois trois, — et qu'on a fini par succomber, non sous le courage des autres, ni sous leur génie, mais sous la trahison et le nombre, on aurait tort de rougir d'une pareille défaite, et les vainqueurs auraient encore plus tort d'en être fiers. Ce n'est pas le nombre qui fait la grandeur d'un peuple ni d'une armée, c'est sa vertu. Je pense cela dans la sincérité de mon âme, et je crois que les hommes de cœur, les hommes sensés de tous les pays du monde penseront comme moi[183].

Mais il faut maintenant que je raconte les misères de la retraite, et voilà ce qui me paraît le plus pénible. **(1)**

---

182. Joseph Bertha a gagné en maturité : sans perdre la tête, il prend une initiative essentielle, à un moment critique. Au début de son récit, il était très souvent passif ;
183. Le pacifique Joseph Bertha montre cependant de l'orgueil devant les conquêtes françaises, et pas seulement des sentiments patriotiques. On peut d'ailleurs penser que ces sentiments sont ceux de Joseph Bertha conteur de sa vie. Il est douteux que le conscrit Bertha ait eu le temps d'analyser.

QUESTIONS

1. SUR L'ENSEMBLE DU CHAPITRE
L'emploi très fréquent de la première personne, que traduit-il ? Quand apparaît-il ?

On dit que la confiance donne la force, et c'est vrai surtout pour les Français. Tant qu'ils marchent en avant, tant qu'ils espèrent la victoire, ils sont unis comme les doigts de la main, la volonté des chefs est la loi de tous ; ils sentent qu'on ne peut réussir que par la discipline. Mais aussitôt qu'ils sont forcés de reculer, chacun n'a plus de confiance qu'en soi-même, et l'on ne connaît plus le commandement. Alors ces hommes sont si fiers, — ces hommes qui s'avançaient gaiement à l'ennemi pour combattre, — s'en vont les uns à droite, les autres à gauche, tantôt seuls, tantôt en troupeaux. Et ceux qui tremblaient à leur approche s'enhardissent ; ils s'avancent d'abord avec crainte, ensuite, voyant qu'il ne leur arrive rien, ils deviennent insolents. Ils fondent sur les traînards à trois ou quatre pour les enlever, comme on voit les corbeaux, en hiver, tomber sur un pauvre cheval abattu, qu'ils n'auraient pas osé regarder d'une demi-lieue lorsqu'il marchait encore.

J'ai vu ces choses... J'ai vu de misérables Cosaques, — de véritables mendiants avec de vieilles guenilles pendues aux reins, un vieux bonnet de peau râpé tiré sur les oreilles, des gueux qui ne s'étaient jamais fait la barbe et tout remplis de vermine, assis sur de vieilles biques maigres, sans selle, le pied dans une corde en guise d'étrier, un vieux pistolet rouillé pour arme à feu, un clou de latte au bout d'une perche pour lance, — j'ai vu des gueux pareils, qui ressemblaient à de vieux juifs jaunes et décrépits, arrêter des dix, quinze, vingt soldats, et les emmener comme des moutons[184] !

Et les paysans, ces grands flandrins qui tremblaient quelques mois auparavant comme des lièvres, lorsqu'on les regardait de travers... eh bien ! je les ai vus traiter d'un air d'arrogance de vieux soldats, des cuirassiers, des canonniers, des dragons d'Espagne, des gens qui les auraient renversés d'un coup de poing ; je les ai vus soutenir qu'ils n'avaient pas de pain à vendre, lorsqu'on sentait l'odeur du four dans tous les environs, et qu'ils n'avaient ni vin, ni bière, ni rien, lorsqu'on entendait les pots tinter à droite et à gauche comme des cloches de leurs villages. Et l'on n'osait pas les secouer, on n'osait pas les mettre à la raison, ces gueux qui riaient de nous voir battre en retraite, parce qu'on n'était plus en nombre, parce que chacun marchait

184. On trouve là des traces de mépris, venant d'un artisan, ayant un travail stable, une vie rangée et qui rejette les mendiants, les vagabonds (d'ailleurs nombreux à l'époque).

pour soi, qu'on ne reconnaissait plus de chefs et qu'on n'avait plus de discipline. **(2)**

Et puis la faim, la misère, les fatigues, la maladie, tout vous accablait à la fois ; le ciel était gris, il ne finissait plus de pleuvoir, le vent d'automne vous glaçait. Comment de pauvres conscrits encore sans moustaches, et tellement décharnés qu'on aurait vu le jour entre leurs côtes comme à travers une lanterne, comment ces pauvres êtres pouvaient-ils résister à tant de misères ? Ils périssaient par milliers ; on ne voyait que cela sur les chemins. La terrible maladie qu'on appelait le *typhus* nous suivait à la piste : les uns disent que c'est une sorte de peste, engendrée par les morts qu'on n'enterre pas assez profondément ; les autres, que cela vient des souffrances trop grandes qui dépassent les forces humaines ; je n'en sais rien, mais les villages d'Alsace et de Lorraine, où nous avons apporté le typhus, s'en souviendront toujours ; sur cent malades, dix ou douze au plus en revenaient[185] ! **(3)**

Enfin, puisqu'il faut continuer cette triste histoire, le soir du 19 nous allâmes bivaquer à Lutzen, où les régiments se reformèrent comme ils purent. Le lendemain, de bonne heure, en marchant sur Weissenfels, il fallut tirailler contre les Westphaliens, qui nous suivirent jusqu'au village d'Eglaystadt. Le 22, nous bivaquions sur les glacis d'Erfurt, où l'on nous donna des souliers neufs et des effets d'habillement. Cinq ou six compagnies débandées se réunirent à notre bataillon ; c'étaient presque tous des conscrits qui n'avaient plus que le souffle. Nos habits neufs et nos souliers nous allaient comme des guérites[186] ; mais cela ne nous empêchait pas

185. À la suite des combats menés en Allemagne en 1813, une terrible épidémie de typhus se développa, en provenance de ce pays ; **186.** Les *guérites* sont habituellement des abris en bois qui protègent les sentinelles. L'expression de Joseph Bertha est pittoresque et souligne probablement le fait que les habits sont beaucoup trop amples.

QUESTIONS

2. SUR L'ENSEMBLE DU CHAPITRE

Peut-on parler de nouveau d'une nouvelle montée de la tension dramatique dans ce chapitre et de sa brusque rupture, à la fin ?

3. LIGNES 1 À 69

Quels rôles jouent ces lignes ? (Par rapport à l'établissement d'une tension dramatique, dans le récit des événements, dans le passage d'une histoire collective à une histoire individuelle...)

de sentir la bonne chaleur de ces habits : nous croyions revivre. **(4)**

Il fallut repartir le 22, et les jours suivants nous passâmes près de Gotha, de Teitlèbe, d'Eisenach, de Salmunster. Les Cosaques nous observaient du haut de leurs biques ; quelques hussards leur donnaient la chasse, ils se sauvaient comme des voleurs et revenaient aussitôt après.

Beaucoup de nos camarades avaient la mauvaise habitude de marauder le soir pendant que nous étions au bivac, ils attrapaient souvent quelque chose ; mais il en manquait toujours à l'appel du lendemain, et les sentinelles eurent la consigne de tirer sur ceux qui s'écartaient.

Moi, j'avais les fièvres depuis notre départ de Leipzig ; elles allaient en augmentant et je grelottais jour et nuit. J'étais devenu si faible, que je pouvais à peine me lever le matin pour me remettre en route. Zébédé me regardait d'un air triste, et me disait quelquefois :

« Courage, Joseph, courage ! nous reviendrons tout de même au pays. »

Ces paroles me ranimaient ; je sentais comme un feu me monter à la figure.

« Oui, oui, nous reviendrons au pays, disais-je ; il faut que je revoie le pays !... »

Et je pleurais. Zébédé portait mon sac ; quand j'étais trop fatigué, il me disait :

« Soutiens-toi sur mon bras... Nous approchons chaque jour maintenant, Joseph... Une quinzaine d'étapes, qu'est-ce que c'est ? » **(5)**

Il me remontait le cœur ; mais je n'avais plus la force de porter mon fusil, il me paraissait lourd comme du plomb. Je ne pouvais plus manger, et mes genoux tremblaient, malgré cela, je ne désespérais pas encore, je me disais en moi-même : « Ce n'est rien... Quand tu verras le clocher de Phalsbourg, tes fièvres passeront. Tu auras un bon air, Catherine te soignera... Tout ira bien... vous vous marierez ensemble. »

J'en voyais d'autres comme moi qui restaient en route, mais j'étais bien loin de me trouver aussi malade qu'eux.

QUESTIONS

4. LIGNES 70 À 82
Comment le retour au récit est-il marqué ?

5. SUR L'ENSEMBLE DU CHAPITRE
L'amitié et ses manifestations.

J'avais toujours bonne confiance, lorsque à trois lieues de Fulde, sur la route de Salmunster, pendant une halte, on apprit que cinquante mille Bavarois venaient se mettre en travers de notre retraite, et qu'ils étaient postés dans de grandes forêts où nous devions passer. Cette nouvelle me porta le dernier coup, parce que je ne me sentais plus la force d'avancer ni d'ajuster, ni de me défendre à la baïonnette, et que toutes mes peines pour venir de si loin étaient perdues. Je fis pourtant encore un effort lorsqu'on nous ordonna de marcher, et j'essayai de me lever.

« Allons, Joseph, me disait Zébédé, voyons... du courage !... »

Mais je ne pouvais pas, et je me mis à sangloter en criant :

« Je ne peux pas !

— Lève-toi, faisait-il.

— Je ne peux pas... mon Dieu... je ne peux pas ! »

Je me cramponnais à son bras... des larmes coulaient le long de son grand nez... Il essaya de me porter, mais il était aussi trop faible. Alors je le retins en lui criant :

« Zébédé, ne m'abandonne pas ! »

Le capitaine Vidal s'approcha, et me regardant avec tristesse :

« Allons, mon garçon, dit-il, les voitures de l'ambulance vont passer dans une demi-heure... on te prendra. »

Mais je savais bien ce que cela voulait dire, et j'attirai Zébédé dans mes bras pour le serrer. Je lui dis à l'oreille :

« Écoute, tu embrasseras Catherine pour moi... tu me le promets !... Tu lui diras que je suis mort en l'embrassant et que tu lui portes ce baiser d'adieu !

— Oui !... fit-il en sanglotant tout bas, oui... je lui dirai !... Ô mon pauvre Joseph ! »

Je ne pouvais plus le lâcher ; il me posa lui-même à terre et s'en alla bien vite sans tourner la tête. La colonne s'éloignait... je la regardai longtemps, comme on regarde la dernière espérance de vie qui s'en va... Les traînards du bataillon entrèrent dans un pli de terrain... Alors je fermai les yeux, et seulement une heure après, ou même plus longtemps, je me réveillai au bruit du canon, et je vis une division de la garde passer sur la roue au pas accéléré, avec des fourgons et de l'artillerie. Sur les fourgons j'apercevais quelques malades et je criais.

« Prenez-moi !... prenez-moi !... »

Mais personne ne faisait attention à mes cris... on passait toujours... et le bruit de la canonnade augmentait. Plus de dix mille hommes passèrent ainsi, de la cavalerie et de l'infanterie ; je n'avais plus la force d'appeler.

Enfin la queue de tout ce monde arriva ; je regardai les sacs et les shakos s'éloigner jusqu'à la descente, puis disparaître, et j'allais me coucher pour toujours, lorsque j'entendis encore un grand bruit sur la route. C'étaient cinq ou six pièces qui galopaient, attelées de solides chevaux, — les canonniers à droite et à gauche, le sabre à la main ; — derrière venaient les caissons. Je n'avais pas plus d'espérance dans ceux-ci que dans les autres, et je regardais pourtant, quand, à côté d'une de ces pièces, je vis s'avancer un grand maigre, roux, décoré, un maréchal des logis, et je reconnus Zimmer, mon vieux camarade de Leipzig. Il passait sans me voir, mais alors de toutes mes forces, je m'écriai :

« Christian !... Christian !... »

Et malgré le bruit des canons il s'arrêta, se retourna, et m'aperçut au pied d'un arbre; il ouvrait de grands yeux.

« Christian, m'écriai-je, aie pitié de moi ! »

Alors il revint, me regarda et pâlit :

« Comment, c'est toi, mon bon Joseph ! » fit-il en sautant à bas de son cheval.

Il me prit dans ses bras comme un enfant, en criant aux hommes qui menaient le dernier fourgon :

« Halte !... arrêtez ! »

Et, m'embrassant, il me plaça dans ce fourgon, la tête sur un sac. Je vis aussi qu'il étendait un gros manteau de cavalerie sur mes jambes et sur mes pieds, en disant :

« Allons... en route... Ça chauffe là-bas ! » **(6)**

C'est tout ce que je me rappelle, car, aussitôt après, je perdis tout sentiment. Il me semble bien avoir entendu depuis comme un roulement d'orage, des cris, des commandements, et même avoir vu défiler dans le ciel la cime de grands sapins au milieu de la nuit ; mais tout cela pour moi n'est qu'un rêve. Ce qu'il y a de sûr, c'est que derrière Salmunster, dans les bois de Hanau, fut livrée ce jour-là une grande bataille contre les Bavarois, et qu'on leur passa sur le ventre. **(7)**

QUESTIONS

6. SUR L'ENSEMBLE DU CHAPITRE
Peut-on dire que l'œuvre se réduise à une critique de la guerre ?

7. LIGNES 188 À 195
Quelles sont les informations que le jeune soldat Bertha ne pouvait connaître dans son état ? Pourquoi sont-elles pourtant données ?

XXII

Le 14 janvier 1814, deux mois et demi après la bataille de Hanau, je m'éveillai dans un bon lit, au fond d'une petite chambre bien chaude ; et, regardant les poutres du plafond au-dessus de moi, puis les petites fenêtres, où le givre étendait ses gerbes blanches, je me dis : « C'est l'hiver ! » En même temps, j'entendais comme un bruit de canon qui tonne, et le pétillement du feu sur un âtre. Au bout de quelques instants, m'étant retourné, je vis une jeune femme pâle assise près de l'âtre, les mains croisées sur les genoux, et je reconnus Catherine. Je reconnus aussi la chambre où je venais passer de si beaux dimanches, avant de partir pour la guerre. Le bruit du canon seul, qui revenait de minute en minute, me faisait peur de rêver encore. **(1)**

Et longtemps je regardai Catherine, qui me paraissait bien belle ; je pensais : « Où donc est la tante Grédel ? Comment suis-je revenu au pays ? Est-ce que Catherine et moi nous sommes mariés ? Mon Dieu ! pourvu que ceci ne soit pas un rêve ! »

À la fin, prenant courage, j'appelai tout doucement :

« Catherine ! »

Alors elle, tournant la tête, s'écria :

« Joseph... tu me reconnais ?

— Oui », lui dis-je en étendant la main.

Elle s'approcha toute tremblante, et je l'embrassai longtemps. Nous sanglotions ensemble. **(2)**

Et comme le canon se remettait à gronder, tout à coup cela me serra le cœur.

« Qu'est-ce que j'entends, Catherine ? demandai-je.

— C'est le canon de Phalsbourg », fit-elle en m'embrassant plus fort.

QUESTIONS

1. SUR L'ENSEMBLE DU CHAPITRE

Apprécier la valeur de ce dénouement : peut-on se limiter à dire que l'histoire a une fin heureuse ou malheureuse ? Que penser ? Peut-on parler d'un apprentissage de la vie ? Lequel ?

2. LIGNES 1 À 25

L'effet de ces lignes après la tension dramatique des deux chapitres précédents ? Pourquoi les auteurs n'ont-ils pas créé une nouvelle tension dramatique ?

— Le canon ?

— Oui, la ville est assiégée.

— Phalsbourg ?... Les ennemis sont en France !... »

Je ne pus dire un mot de plus... Ainsi, tant de souffrances, tant de larmes, deux millions d'hommes sacrifiés sur les champs de bataille, tout cela n'avait abouti qu'à faire envahir notre patrie !... Durant plus d'une heure, malgré la joie que j'éprouvais de tenir dans mes bras celle que j'aimais, cette pensée affreuse ne me quitta pas une seconde, et même aujourd'hui, tout vieux et tout blanc que je suis, elle me revient encore avec amertume... Oui, nous avons vu cela, nous autres vieillards, et il est bon que les jeunes le sachent : nous avons vu l'Allemand, le Russe, le Suédois, l'Espagnol, l'Anglais, maîtres de la France, tenir garnison dans nos villes, prendre dans nos forteresses ce qui leur convenait, insulter nos soldats, changer notre drapeau et se partager non seulement nos conquêtes depuis 1804, mais encore celles de la République : C'était payer cher dix ans de gloire[187] !

Mais ne parlons pas de ces choses, l'avenir les jugera : il dira qu'après Lutzen et Bautzen les ennemis offraient de nous laisser la Belgique, une partie de la Hollande, toute la rive gauche du Rhin jusqu'à Bâle, avec la Savoie et le royaume d'Italie, et que l'Empereur a refusé d'accepter ces conditions, — qui étaient pourtant très belles, — parce qu'il mettait la satisfaction de son orgueil avant le bonheur de la France[188] !

Pour en revenir à mon histoire, quinze jours après la bataille de Hanau, des milliers de charrettes couvertes de blessés et de malades s'étaient mises à défiler sur la route de Strasbourg à Nancy. Elles s'étendaient d'une seule file du fond de l'Alsace en Lorraine.

La tante Grédel et Catherine, à leur porte, regardaient s'écouler ce convoi funèbre ; leurs pensées, je n'ai pas besoin de les dire ! Plus de douze cents charrettes étaient passées, je n'étais dans aucune. Des milliers de pères et de mères, accourus de vingt lieues à la ronde, regardaient ainsi le long de la route... Combien retournèrent chez eux sans avoir trouvé leur enfant !

---

187. Les réflexions du vieillard se mélangent au souvenirs du jeune homme, et dominent même en ce dernier chapitre ; **188.** Encore une réflexion antibonapartiste, qui fait allusion à des faits que Joseph Bertha (même âgé) ne pouvait guère connaître : les informations ne circulaient pas facilement à l'époque. On peut être tenté d'y trouver la trace d'un jugement historique porté par les auteurs.

Le troisième jour, Catherine me reconnut dans une de ces voitures à panier du côté de Mayence, au milieu de plusieurs autres misérables comme moi, les joues creuses, la peau collée sur les os et mourant de faim.

« C'est lui... c'est Joseph ! » cria-t-elle de loin.

Mais personne ne voulait le croire ; il fallut que la tante Grédel me regardât longtemps pour dire :

« Oui, c'est lui !... Qu'on le sorte de là... C'est notre Joseph ! »

Elle me fit transporter dans leur maison, et me veilla jour et nuit. Je ne voulais que de l'eau, je criais toujours :

« De l'eau ! de l'eau ! »

Personne au village ne croyait que j'en reviendrais : pourtant le bonheur de respirer l'air du pays et de revoir ceux que j'aimais me sauva.

C'est environ six mois après, le 8 juillet 1814, que nous fûmes mariés, Catherine et moi. M. Goulden, qui nous aimait comme ses enfants, m'avait mis de moitié dans son commerce ; nous vivions tous ensemble dans le même nid ; enfin nous étions les plus heureux du monde[189]. **(3)**

Alors les guerres étaient finies, les alliés retournaient chez eux d'étape en étape, l'Empereur était parti pour l'île d'Elbe, et le roi Louis XVIII nous avait donné des libertés raisonnables. C'était encore une fois le bon temps de la jeunesse, le temps de l'amour, le temps du travail et de la paix. On pouvait espérer en l'avenir, on pouvait croire que chacun, avec de la conduite et de l'économie, arriverait à se faire une position, à gagner l'estime des honnêtes gens, et à bien élever sa famille, sans crainte d'être repris par la conscription sept ou huit ans après avoir gagné[190].

M. Goulden, qui n'était pas trop content de voir revenir les anciens rois et les anciens nobles, pensait pourtant que ces gens

189. M. Goulden tient dans cette œuvre la place d'un père qui n'a jamais été présent. Il est vrai qu'on a vu dans le portrait de ce personnage une image du père d'Émile Erckmann ; **190.** Il s'agit d'une allusion à la Charte constitutionnelle, octroyée aux Français par Louis XVIII, le 4 juin 1814. Ce texte proclamait le catholicisme religion d'État, mais, par contre, maintenait l'organisation sociale et administrative issue de l'Empire.

QUESTIONS

3. LIGNES 61 À 86

Pourquoi ce passage dramatique prend-il place après les lignes où nous apprenons que Joseph et Catherine se sont retrouvés et vont être heureux ?

avaient souffert dans les pays étrangers pour comprendre qu'ils n'étaient pas seuls au monde et respecter nos droits ; il pensait aussi que l'empereur Napoléon aurait le bon sens de se tenir tranquille... mais il se trompait : les Bourbons étaient revenus avec leurs vieilles idées, et l'Empereur n'attendait que le moment de prendre sa revanche. **(4)**

Tout cela devait nous amener encore bien des misères, et je vous les raconterais avec plaisir si cette histoire ne me paraissait assez longue pour une fois. Nous en resterons donc ici jusqu'à nouvel ordre. Si des gens raisonnables me disent que j'ai bien fait d'écrire ma campagne de 1813, que cela peut éclairer la jeunesse sur les vanités de la gloire militaire, et lui montrer qu'on n'est jamais plus heureux que par la paix, la liberté et le travail, eh bien, alors, je reprendrai la suite de ces événements et je vous raconterai Waterloo[191] ! **(5)**

191. On notera la volonté clairement affirmée de délivrer un message.

QUESTIONS

4. LIGNES 82 À 104

Ces lignes contiennent-elles des éléments qui n'ajoutent rien au simple récit des aventures d'un conscrit ? Quelles fonctions leur attribuer ?

5. LIGNES 105 À 113

Quelles indications apportent ces lignes ? Peut-on limiter la « leçon » de cet ouvrage au seul but que lui attribuent les dernières lignes ?

CARICATURE D'ERCKMANN-CHATRIAN PAR GILL
pour *l'Éclipse* (mai 1868). Bibl. des Arts décoratifs, Paris.

Ph. L.L.

DOCUMENTATION THÉMATIQUE

1. Les armées de l'Empire :
  - **1.1.** L'armement ;
  - **1.2.** Le service médical ;
  - **1.3.** La bataille de Leipzig.

2. La conscription :
  - **2.1.** Le tirage au sort ;
  - **2.2.** Combien étaient-ils ?
  - **2.3.** Combien sont morts ?

3. Erckamnn-Chatrian, *Waterloo* (extraits).

1. LES ARMÉES DE L'EMPIRE

(d'après l'ouvrage de Georges Blond, *la Grande Armée,* Laffont, 1979)

1.1. L'ARMEMENT

Le fusil ordinaire du fantassin de l'Empire, modèle 1777, modifié en 1800 et 1803, est long de 1,52 m et pèse 4,375 kg, calibre : 17,5 millimètres. La garniture de l'arme est en fer ; les balles, sphériques, en plomb, pèsent chacune 29 grammes. La cartouche est faite d'un sachet de papier contenant la balle plus 12,5 g de poudre. Voici ce que doit faire le fantassin pour tirer un coup de feu. Ouvrir le bassinet ; déchirer la cartouche avec les dents, remplir de poudre le bassinet et le refermer ; verser le restant de la poudre dans le canon, bourrer la poudre en employant l'enveloppe de papier comme tampon ; cracher la balle dans le canon et la pousser jusqu'à la bourre, enfin armer le chien. L'instruction prévoit que la charge du fusil se fait en douze temps. Un soldat expert fait feu toutes les trente secondes ; si le tir se prolonge, il faut décrasser le canon après quarante ou cinquante coups et déboucher la lumière avec l'épinglette attachée à la banderole de la giberne... Le feu est cependant un peu moins lent, un peu plus nourri que le pourrait laisser penser la description ci-dessus, parce que souvent les officiers commandent le feu dit « de deux rangs » qui occupe en réalité trois rangs de tireurs. Il commence par un « feu de file » roulant de la droite à la gauche et continue par « feu à volonté », le premier rang étant à genoux et le troisième se bornant à passer ses fusils au deuxième et à recharger ceux du deuxième rang. Les fusils n'ont pas de hausse, le soldat la remplace en usant de son pouce gauche, avec l'approximation qu'on imagine. Le tir est précis jusqu'à deux cents mètres, relativement efficace jusqu'à cinq cents, ensuite rien. D'ailleurs, après quelques minutes, le champ de bataille est couvert d'une épaisse fumée noire, les soldats tirent au jugé et foncent jusqu'au contact de l'ennemi, et alors à la baïonnette. La baïonnette, 56 cm de long, lame triangulaire, se fixe au fusil par une douille. C'est souvent elle qui emporte la décision.

La marche en avant de l'infanterie à la rencontre de l'ennemi n'est pas, malgré la fumée, une marche d'aveugles, et elle n'est pas non plus une manœuvre précise...

Les occasions de voir charger les cavaliers de la Grande Armée ne nous manqueront pas. Disons ici que les charges et contre-charges héroïques n'étaient pas des ouragans ; elles aussi étaient lentes, dix-sept km/heure au maximum pour une charge au galop, plus souvent quinze. Les cavaliers étaient armés du sabre droit ou

courbe... Outre le sabre, deux pistolets. Les dragons possédaient encore un fusil, la cavalerie légère une carabine ; mais la carabine tirée à cheval était imprécise et même un danger pour les copains.
Avant et pendant les batailles, les canons tiraient. Il y avait de l'artillerie à pied et de l'artillerie à cheval. Les canons étaient dits de 4, de 8, de 12, selon le poids du boulet plein, en livres ; ils tiraient de ces boulets pleins et aussi des boîtes à mitraille... La vitesse du tir était en moyenne de deux coups par minute pour le 4 et le 8 et de un coup pour le 12. Les canons de campagne de Gribeauval ne comportaient aucun appareil de pointage, on ne connaissait guère les lois de la balistique, la dispersion était énorme... Les pertes au combat étaient cependant très lourdes, à cause de l'emploi de l'arme blanche en fin de combat et aussi parce que les projectiles des canons étaient dangereux au-delà des portées indiquées : sur sol dur, ils rebondissaient, ricochaient, cassaient les jambes des hommes et des chevaux. Enfin, une épouvantable proportion de blessés mouraient des suites de leurs blessures.

Extrait du chapitre III,
« Le brouillard d'Austerlitz ».

1.2. LE SERVICE MÉDICAL

Pendant des siècles, la notion même de service de santé aux armées n'a pas existé. Les blessés sur les champs de bataille se tiraient d'affaire comme ils pouvaient, parfois secourus par de bonnes âmes, religieux ou autres, le plus souvent attendant tout simplement la mort en regardant les corbeaux tournoyer au-dessus d'eux, chassant les mouches tant qu'ils avaient la force de remuer une main. En France, c'est au siège d'Amiens en 1597 qu'un premier service de santé, créé par Sully, a fonctionné. Il était composé, comme il devait toujours l'être par la suite, d'hôpitaux fixes et d'ambulances qui suivaient les armées. Les résultats furent tout de suite excellents ; autrement dit un blessé cessa d'être presque fatalement un homme mort. Louvois, qui pourtant n'était pas un tendre, accorda attention au service de santé, disant avec bon sens : « On gagne des soldats en les disputant à la gangrène des plaies comme à la fièvre typhoïde. » Ce ministre créa le premier corps permanent d'officiers de santé et il voulut que la ceinture de forteresses imaginée par Vauban fut doublée d'une ceinture d'hôpitaux militaires... Le principal défaut du système restait celui-ci : pratiquement pas de secours aux blessés sur le champ de bataille. Louis XVI avait réglé par une ordonnance très précise les attributions des différentes branches des services sanitaires. On y lisait notamment que les ambulances mobiles équipées pour amputer ou panser d'urgence devaient se tenir à une lieue en arrière de la ligne de bataille ; le personnel ne ramassait les blessés qu'après la cessation des combats ; il devait « les réunir dans un local où l'ambulance se rendrait le plus rapidement possible ». En réalité, ces ambulances dites mobiles étaient des fourgons si lourds qu'il fallait y atteler trois ou quatre douzaines de chevaux ; après s'être traînées dans les bagages des armées, elles se traînaient vers ces locaux où l'on avait rassemblé les blessés ; elles y arrivaient vingt-quatre ou trente-six heures ou davantage après la fin des combats ; la moitié des blessés avaient alors cessé de vivre.

La première réforme de la Révolution concernant le service de santé allait être désastreuse : elle consista à faire des officiers de ce corps des civils contractuels payés seulement en temps de guerre, congédiés ensuite. Et ils furent placés sous les ordres de l'administration de la Guerre. Louvois en son temps avait créé cette administration pour éliminer les entrepreneurs civils qui étaient presque tous des forbans. Les commissaires des guerres déjà chargés des subsistances et du ravitaillement des armées — nous avons vu comment brillait l'intendance — reçurent aussi la direction générale et la gestion de tous les hôpitaux militaires et ambulances.

Dès lors chirurgiens et médecins exerçant aux armées allaient être, pour les commissaires des guerres, des gêneurs presque des ennemis, parce qu'ils protestaient contre la mauvaise gestion et la malhonnêteté ; parce qu'après chaque bataille sanglante ils se plaignaient de n'avoir pas assez d'instruments, pas de charpie, pas de médicaments, tout ce matériel toujours en queue du train de l'armée. Les médecins et chirurgiens demandèrent vainement un minimum d'autonomie. La Grande Armée disposait de dizaines de milliers de chevaux, mais l'administration de la Guerre n'accordait pas un seul cheval aux chirurgiens et médecins. Seuls les chirurgiens en chef pouvaient s'en procurer un en le payant. Les jeunes s'en passaient, faute de moyens, d'ailleurs un tel « faste » eût été mal vu. Ils allaient à pied, sac au dos, comme des fantassins mais derrière eux. Ils arrivaient sur leurs lieux de travail épuisés, couverts de boue ou de poussière, quelles bonnes conditions pour opérer ! Les commissaires des guerres disaient que les chirurgiens et médecins « deviendraient insolents » si on leur donnait des chevaux. On tenait ces hommes pour quasiment inutiles parce qu'ils ne combattaient pas.

Cette mentalité était la même à tous les degrés de la hiérarchie et même ailleurs. Stendhal et Paul-Louis Courier ont parlé sans bienveillance du corps médical de la Grande Armée : « gueules de bandits calabrais », ivrognerie, etc. Certes ces méprisés n'étaient pas tous la fleur de leur profession, comment l'eussent-ils été ? Recrutés parmi les médecins sans succès et sans espoir, très mal

payés, sans prestige et sans avenir dans l'armée (licenciés, je l'ai dit, à la fin de chaque campagne), leur condition était en elle-même déprimante. On doit faire exception, nous le verrons, pour le service de santé de la Garde, privilégiée comme tout ce corps chéri du souverain.
Sur les champs de bataille, pas de brancardiers.
« Nous n'avons pas assez d'hommes », disaient les grands chefs, pour permettre que les soldats abandonnent le fusil.
Les blessés en état de se traîner se dirigeaient péniblement vers l'arrière ; parfois des copains les secouraient. J'ai vu des volontaires, a écrit Percy, chirurgien en chef de la Grande Armée, qui portaient leurs camarades sur des fusils liés ensemble avec des mouchoirs, canon contre canon ; ils passaient deux fusils ainsi liés sous les jarrets et, avec deux autres pareillement attachés, ils portaient le tronc, moyennant d'autres mouchoirs ou un sac passé sous les aisselles et dans l'axe duquel ils avaient enfilé leur fusil. D'autres utilisaient un brancard de branches. On voyait plusieurs variantes du système D, quel confort pour les blessés ! Ce secourisme amical était d'ailleurs très mal vu parce que souvent occasion de fuire le combat.
Les ambulances d'« avant garde » vers lesquelles on transportait les blessés disposaient théoriquement de caissons contenant de la literie, du linge coupé, des médicaments, plus une ou deux caisses d'amputation ou de trépan. Neuf fois sur dix, ce matériel n'était pas arrivé au moment de la bataille, ou introuvable au milieu de la pagaille des chariots et des canons. Il est à peine besoin de dire qu'en cas de défaite n'importe quel blessé du camp vaincu avait une chance sur mille d'être recueilli avant de mourir.

Extrait du chapitre IV,
« Une plainte immense ».

1.3. LA BATAILLE DE LEIPZIG

On a appelé Leipzig la « bataille des Nations ». À huit heures, le 18 (octobre 1813), plus de 1 500 canons tonnaient. Comme l'avant-veille, l'ennemi avait commencé par s'avancer sur trois colonnes. L'artillerie de Drouot ouvrait de terribles saignées dans ces rangs serrés, mais les Austro-Russes hachaient pareillement les rangs français. Napoléon voyait tout du haut de son observatoire de Thonberg. Les troupes d'Augereau reculaient, puis la cavalerie française chargeait ouvrant les carrés ennemis, mais derrière ceux-ci d'autres s'avançaient.
Jusqu'à midi, la bataille reste indécise. Aucun accord absolu n'existe entre les mémorialistes, chroniqueurs et historiens sur le chiffre des

combattants engagés dans la bataille à partir de cet instant, mais celui-ci ne me paraît pas très éloigné de la réalité : 160 000 Français contre 320 000 ennemis.

L'arc de cercle ennemi s'étendait du nord à l'est, au sud et au sud-ouest et l'on entendait aussi à l'ouest les canons de Bertrand. La bataille d'infanterie la plus acharnée se déroulait au village de Probstheyda (5 km au sud-est de Leipzig), disons plutôt dans ses ruines incendiées, entre les Russo-Prussiens et les troupes de Murat. Drouot avait établi là plusieurs batteries contre lesquelles des vagues successives d'infanterie ennemie se jetaient comme à l'abattoir. Il n'était plus question pour les coalisés de reculer bien qu'en face Napoléon commandât en chef. Pourtant la tuerie était si cruelle à Probstheyda (plus de 12 000 hommes en trois heures) que Schwarzenberg donna l'ordre de reculer de quelques centaines de pas et fit canonner l'infanterie française qui s'avançait à son tour.

On eut soudain conscience que la seconde canonnade du nord se rapprochait à une vitesse inquiétante. Blücher avait franchi la Partha ; ses troupes et celles de Bernadotte maintenant étroitement jointes fonçaient sur celles de Ney et de Marmont.

Trois heures de l'après-midi. Le général Reynier commande à la cavalerie de sa division saxonne d'aller soutenir les régiments durement pressés. Les escadrons saxons s'élancent, dépassant les rangs français, les rangs ennemis s'ouvrent pour les accueillir. L'infanterie et l'artillerie saxonne se jettent à leur tour sur l'ennemi et sont pareillement reçues.

« J'ai brûlé la moitié de mes munitions pour les Français, je vais retourner le reste contre eux », s'écrie le chef de l'artillerie saxonne.

[...] La défection a obligé tout le corps de Marmont à reculer. Dans ce secteur du village de Schönfeld, au nord-est de Leipzig, environ 28 000 Français vont maintenant subir la pression d'au moins 90 000 Suédois et Prussiens. Les Suédois ont là 150 canons bien approvisionnés. Marmont en a trois fois moins et il doit donner l'ordre à ses bataillons d'économiser les munitions. L'infanterie française reçoit tout le choc. [...]

À la nuit tombante, Schönfeld recevait son septième assaut des Russes et des Prussiens. Chaque maison était défendue comme un fortin. Les officiers déchiraient la cartouche comme les soldats et faisaient le coup de feu. Il fallait reculer et défendre, après les maisons, les jardins. Puis le cimetière... Les clairons sonnèrent la retraite.

Les défenseurs de Schönfeld revinrent aux faubourgs de Leipzig sans être poursuivis. Des maisons en flamme éclairaient leur retraite. Ils marchaient sur des morts, butaient sur des canons démontés, des caissons renversés. Des troupes débandées allaient et venaient dans les rues. Chacun cherchait à manger et à boire. Des cantinières vendaient au prix fort du vin et de l'eau-de-vie.

À sept heures du soir, Napoléon avait convoqué les généraux Sorbier et Dulauloy, commandant l'artillerie de l'armée et de la Garde.

« Que nous reste-t-il comme munitions ?

— Sire, 95 000 coups de feu ont été tirés aujourd'hui. Il nous reste 16 000 coups, soit deux heures de feu. Nous ne pourrons nous réapprovisionner qu'aux dépôts de Magdebourg ou à celui d'Erfurt.

— Nous irons à Erfurt... »

[...] Napoléon traversa l'Elster, puis il voulut entrer dans un moulin qui se trouvait là. Il était si fatigué qu'il s'endormit dans un fauteuil malgré le bruit du passage des troupes sur le pont et la canonnade dans les faubourgs.

C'est là que maintenant on se battait. Plusieurs régiments ennemis avaient contourné la ville et pressaient les troupes qui s'efforçaient de maintenir libre l'accès du pont. Dans le désordre et l'encombrement, les lanciers de Poniatowski chargeaient, faisaient demi-tour et encore demi-tour et chargeaient de nouveau, leur bravoure faisait l'admiration des autres défenseurs, qui n'en menaient pas large. [...]

L'énorme bataille des Nations en ordre serré avait tenu ses promesses. Les coalisés avaient perdu plus de 80 000 combattants : 35 000 tués, dont huit généraux ; 45 000 blessés et (seulement) 1 500 prisonniers, dont le général de Merveldt, relâché ensuite. Parmi les soldats de la Grande Armée, 20 000 hommes avaient perdu la vie, dont un maréchal (Poniatowski) et trois généraux ; 7 000 blessés dont deux maréchaux (Marmont et Ney) et 5 généraux ; 23 000 combattants français avaient été faits prisonniers, dont une douzaine de généraux. Total : 50 000 hommes.

Extrait du chapitre XIII,
« Les conscrits de 1813 ».

2. LA CONSCRIPTION

D'après l'ouvrage de Jean Tulard, *la Vie quotidienne des Français sous Napoléon,* Hachette, 1978.

Un événement vient bouleverser la vie des campagnes en 1798 : la conscription... C'est de la conscription à laquelle la répétition a bien vite ôté son caractère exceptionnel qu'est née, après 1809, la légende de l'ogre. Un ogre qui, tel le Minotaure de l'Antiquité,

réclame son contingent de jeunes hommes à dévorer... Même s'il existe une poste aux armées et des écrivains publics, les conscrits écrivent peu. Ils laisseront sans nouvelles leurs familles. Pour le village, celui qui a tiré un mauvais numéro est un homme mort. Dès son entrée en vigueur la loi se heurta à des résistances. S'il n'y eut pas de révoltes violentes en France, il n'en fut pas de même en Flandre et dans le Luxembourg. En Belgique francophone, l'inquiétude n'était pas moins grande... L'ouest de la France, même ménagé, accueillit fraîchement le nouveau système de levée. Lors de la levée de l'an VII, 77 500 conscrits sur les 150 000 prévus auraient rejoint les armées du Directoire. D'emblée l'insoumission s'installait dans le pays et prenait des proportions considérables. [...]
L'impopularité de la conscription fut en partie atténuée par la paix de Lunéville, puis par celle d'Amiens. L'annonce de la fin des hostilités, largement répandue dans les campagnes, fut reçue avec enthousiasme.

2.1. LE TIRAGE AU SORT

[...] Le chiffre global des conscrits est fixé par la loi et la répartition rendue publique par voie d'affiche dans toutes les communes. Chaque mairie dresse pour sa commune la liste des individus concernés qui sont domiciliés dans cette commune. Doivent y figurer même les détenus. Une liste générale est établie, à partir de ces indications, pour chaque canton et affichée dans tous les villages. Un registre, ouvert dans chaque mairie, peut accueillir les réclamations. On procède dans un premier temps à la fixation du rang des conscrits. L'opération se déroule au chef-lieu du canton, sous la présidence du sous-préfet, assisté des officiers et sous-officiers du recrutement et en présence du maire ou de l'adjoint de chaque commune. La date du tirage au sort est fixée huit jours à l'avance, par voie d'affiche, à charge pour le maire de prévenir par écrit les conscrits de sa municipalité. Une fois les listes corrigées, si elles ont fait l'objet de réclamations justifiées, « en présence des conscrits, des maires, de l'officier de gendarmerie et de l'officier du recrutement, il est jeté dans une urne autant de bulletins qu'il y a de noms sur la liste générale vérifiée ; ces bulletins portent un numéro différent, en commençant par le n° 1 ». Chaque conscrit, suivant l'ordre dans lequel il figure sur la liste, est appelé à tirer un bulletin ; si le conscrit est absent, le maire de la commune tire à sa place. Le nom de chaque conscrit, ses prénoms, son domicile, celui de ses parents, sa profession sont inscrits vis-à-vis du numéro obtenu. Ce numéro est lu par le sous-préfet à haute voix ; plus le chiffre est élevé, plus le conscrit a des chances de demeurer civil. Un n° 1 voue immanquablement au départ ; celui qui dépasse la centaine autorise l'espoir de rester au village. Immédiatement après le tirage au sort, les conscrits sont placés nus sur le marchepied d'une toise à deux montants dont la traverse est fixée à 1,54 m. « Si le conscrit n'atteint pas la traverse, on inscrira vis-à-vis de son nom : incapable à cause de sa taille. » On interroge ensuite les hommes déclarés aptes par la taille sur leurs infirmités. Dans certains cas, ne souffrant pas contestation, les hommes sont déclarés réformés sur-le-champ. Pour les autres doit se tenir le conseil de recrutement, composé du préfet qui préside, de l'officier général commandant le département et d'un major. L'examen est public, sauf « lorsque l'exige la décence ».

Seule solution possible pour échapper au service si l'on a tiré un mauvais numéro et satisfait aux conditions physiques exigées : le remplacement. [...]

Le remplacement est limité aux conscrits d'un même canton et de la même classe. Tout cas de désertion d'un suppléant impose pour le remplacé l'obligation de fournir un autre suppléant dans un délai de quinze jours et de le faire conduire à ses frais au corps auquel appartenait le déserteur sous peine « d'être contraint de marcher lui-même ». Un acte notarié est généralement passé entre les deux parties. [...]

On mesure l'injustice sociale que représente un tel système. Non seulement certaines régions (Paris ou la Vendée) étaient ménagées dans la répartition du contingent au détriment d'autres départements (et certains provinciaux venaient chercher dans la capitale un refuge plus sûr que dans les forêts de leur région natale), mais le remplacement introduisait une autre injustice, celle de l'argent. [...] Souvent ce sont les petits artisans qui se saignent pour éviter à leur fils le service militaire. [...]

2.2. COMBIEN ÉTAIENT-ILS ?

Effectif des armées napoléoniennes

1805 Camp de Boulogne et campagne d'Autriche	La Grande Armée compte 200 000 hommes.
1806-1807 Campagne de Prusse et de Pologne	Novembre 1806, l'armée est portée à 500 000 hommes par la levée anticipée de 1807.
1808-1809 Campagne d'Espagne et du Portugal	Au début de 1809, 300 000 hommes sont dans la péninsule, ils s'y battront jusqu'en 1813.
1809 Campagne d'Autriche	Formation d'une nouvelle Grande Armée de 350 000 hommes dont 100 000 hommes de la Confédération du Rhin et, en Italie, une armée de 100 000 hommes comprenant environ 25 000 Italiens
1812 Campagne de Russie	La Grande Armée compte 400 000 hommes (dont 125 000 Français de France). Près de 300 000 hommes se battent encore en Espagne ; 130 bataillons sont dans les dépôts et 120 000 hommes non encore enrôlés. Total : un million d'hommes sont sous les armes.
1813 Campagne d'Allemagne	500 000 hommes ; conscrits de 1813 et 1814, rappel des classes antérieures, et 100 000 hommes des cohortes de la Garde nationale, incorporés dans l'armée ; 250 000 hommes sont encore en Espagne.
1814 Campagne de France	300 000 hommes sont dispersés en Europe, dont 190 000 bloqués pour 6 mois dans les places fortes. Il ne reste que 56 000 hommes sur le Rhin lorsque les coalisés le franchissent.
1815 Campagne de Belgique	180 000 hommes sont sous les armes. Dès la fin de mars, les forces sont d'environ 300 000 hommes, auxquels s'ajoutent 200 000 gardes nationaux destinés à la défense des places fortes.
Total de 1802 à 1815	1 600 000 Français ont servi sous les drapeaux. À ce chiffre s'ajoutent les effectifs alliés.

2.3. COMBIEN SONT MORTS ?

Trop de soldats de la Grande Armée ont disparu sans laisser de traces pour que le nombre des tués ou mortellement blessés sur les champs de bataille de l'Europe puisse être évalué autrement qu'avec une approximation assez grossière. On convient généralement que les guerres de la Révolution et de l'Empire ont coûté à la France 850 000 tués et 550 000 disparus.
Voici les chiffres les moins incertains des pertes de la Grande Armée au cours des principales grandes batailles.

Austerlitz 2 décembre 1805	Forces engagées : 71 000 hommes. Les pertes, tant en tués qu'en blessés, s'élèvent à 7 000 ou 8 000 hommes.
Eylau 7-8 février 1807	Forces engagées : les chiffres varient de 54 000 hommes à 75 000. On compte environ 15 000 morts et 20 000 blessés.
Friedland 14 juin 1807	Forces engagées : de 80 000 à 120 000 hommes. Pertes : 7 000 hommes. Pertes des Russes : 25 000 hommes.
Essling 21 mai 1809	Napoléon dispose de 80 000 hommes. 18 000 sont mis hors de combat, contre 27 000 chez les Autrichiens.
Wagram 5-6 juillet 1809	L'armée compte 150 000 hommes. L'évaluation des pertes françaises va de 17 000 tués ou blessés à 50 000. Pertes autrichiennes : environ 23 000 hommes.
La Moskowa 7 septembre 1812	120 000 ou 130 000 Français sont opposés à 140 000 ou 160 000 Russes. Les pertes françaises sont d'environ 10 000 morts et 14 000 blessés. Chez les Russes, 45 000 hommes hors de combat.
Leipzig 16-19 octobre 1813	Environ 185 000 Français contre 320 000 coalisés. Pertes françaises : 20 000 tués, 7 000 blessés, 23 000 prisonniers. Coalisés : 35 000 tués, 45 000 blessés, 1 500 prisonniers.
Ligny 16 juin 1815 et **Waterloo** 18 juin 1815	124 000 hommes engagés au cours des deux journées. Le 18 juin : 74 000 Français contre (au début) 84 000 soldats de Wellington. Pertes, évaluations diverses ; de 30 000 à 45 000 Français tués ou blessés, y compris les pertes de Ligny. Pertes anglaises et prussiennes à Waterloo : 22 000 hommes environ.

3. ERCKMANN-CHATRIAN, *WATERLOO* (EXTRAITS)

LE RETOUR DE JOSEPH

Nous avions repris nos vieilles habitudes ; c'est moi qui dressais la table et qui faisais le pot-au-feu. J'étais aussi rentré dans ma petite chambre, et je rêvais à Catherine jour et nuit. Seulement, au lieu d'avoir peur de la conscription, comme en 1813, alors c'était autre chose. Les hommes ne sont jamais tout à fait heureux ; il faut toujours des misères qui les tracassent ; combien de fois n'ai-je pas vu cela dans ma vie ! Enfin, voici ce qui me donnait du chagrin :

Vous saurez que je devais me marier avec Catherine ; nous étions d'accord, et la tante Grédel ne demandait pas mieux. Malheureusement on avait bien licencié les conscrits de 1815, mais ceux de 1813 restaient toujours soldats. Ce n'était plus aussi dangereux d'être soldat que sous l'Empire. Beaucoup de ceux qui s'étaient retirés dans les villages vivaient tranquillement sans voir arriver les gendarmes ; mais cela n'empêchait pas que, pour me marier, il fallait une permission. Le nouveau maire, M. Jourdan, n'aurait jamais voulu m'inscrire sur les registres sans avoir cette permission, et voilà ce qui me troublait.

Tout de suite, à l'ouverture des portes, le père Goulden avait écrit au ministre de la Guerre, qui s'appelait Dupont, que je me trouvais à Phalsbourg, encore un peu malade, et que je boitais depuis ma naissance, comme un malheureux, mais qu'on m'avait pris tout de même dans la presse ; — que j'étais un mauvais soldat, qui ferait un très bon père de famille, et que ce serait un véritable meurtre de m'empêcher de me marier, parce qu'on n'avait jamais vu d'homme plus mal bâti ni plus criblé de défauts ; qu'il faudrait me mettre dans un hôpital, etc.

C'était une très belle lettre et qui disait aussi la vérité. Rien que l'idée de repartir m'aurait rendu malade.

Enfin, de jour en jour, nous attendions la réponse du ministre, la tante Grédel, le père Goulden, Catherine et moi. J'avais une impatience qu'on ne peut pas se figurer. [...]

LE MARIAGE

Le lendemain, il fallut remonter les horloges en ville ; M. Goulden, qui se faisait vieux, m'avait chargé de ce soin, et je sortis de bonne heure. Un coup de vent, pendant la nuit, avait chassé les feuilles le long des murs ; chacun venait reprendre aux reposoirs, l'un ses flambeaux, l'autre ses vases de fleurs. Ce spectacle me rendait triste et je pensais : « Maintenant ils ont fait leur service funèbre, ils doivent être contents ! Pourvu que la permission arrive, tout sera bien ; mais si ces gens croient nous amuser avec des cantiques, ils se trompent. Du temps de l'Empereur, on partait pour la Russie ou pour l'Espagne, c'est vrai, mais au moins les ministres ne faisaient pas languir la jeunesse. Je voudrais bien savoir à quoi sert la paix, si ce n'est pas pour se marier. »

Ces idées me mettaient en colère ; j'en voulais à Louis XVIII, au comte d'Artois, aux émigrés, à tout le monde et je m'écriais : « Les nobles se moquent du peuple ! »

En rentrant chez nous, je trouvais M. Goulden qui venait de dresser la table ; pendant le déjeuner, je lui dis tout ce que je pensais ; il m'écoutait en souriant et disait :

« Prends garde, Joseph, prends garde ! ne te laisse pas emporter, tu m'as l'air de devenir jacobin ! »

Il s'était levé pour ouvrir l'armoire ; je le regardais, pensant qu'il allait prendre une bouteille, lorsqu'il me tendit une grosse lettre carrée, avec un large timbre rouge.

« Tiens, Joseph, me dit-il, voici quelque chose que le brigadier Werner m'a chargé de te remettre. »

En ce moment, je sentis mon cœur remuer, et je regardais la lettre avec les yeux troubles.

« Allons ; ouvre donc ! » me disait le père Goulden.

J'ouvris et j'essayai de lire, mais il me fallut du temps, et tout à coup je m'écriais :

« Monsieur Goulden, c'est la permission !

— Tu crois ? dit-il.

— Oui, c'est la permission ! m'écriai-je les deux mains en l'air.

— Ah ! le gueux de ministre, il n'en fait pas d'autres », dit M. Goulden.

Mais je lui répondis :

« Écoutez-moi je ne connais rien à la politique ; puisque la permission est venue, eh bien ! le reste ne me regarde pas. »

Il riait tout haut et s'écriait :

« Ah ! bon Joseph ! bon Joseph ! »

Je voyais bien qu'il se plaignait un peu de moi, mais cela m'était égal.

« Maintenant il faut tout de suite prévenir Catherine et la tante Grédel, m'écriai-je dans la joie de mon cœur ; il faut bien vite envoyer le fils Chardron.

— Hé ! vas-y toi-même, cela vaudra mieux, me dit cet excellent homme.

— Et le travail, Monsieur Goulden ?

— Bah ! bah ! dans une occasion pareille, on oublie le travail. Va, mon enfant, dépêche-toi. Comment voudrais-tu travailler à cette heure ? Tu ne vois plus clair !

— C'est vrai, je n'aurais rien pu faire. » Je me levai tellement content que j'en pleurais. J'embrassai même M. Goulden ; puis, sans prendre le temps de changer d'habit, je partis en courant. Et voyez ce que fait la joie, j'avais déjà dépassé depuis longtemps la porte d'Allemagne, le pont, l'avancée, l'auberge de la roulette et la poste aux chevaux sans rien voir, et ce n'est qu'en découvrant, à deux ou trois cents pas, le village, notre cheminée et les petites fenêtres, que je me rappelai tout comme un rêve, et que je me remis à relire la permission et à me répéter : « c'est vrai ! oui, c'est vrai !... Quel bonheur !... Qu'est-ce qu'elles vont dire ? »

Voilà comment j'arrivai devant chez nous. Je poussai la porte en criant :

« La permission ! »

La tante Grédel, en sabots, balayait justement la cuisine, et Catherine descendait le vieil escalier de bois à droite, les bras nus, le mouchoir bleu en croix autour des seins. Elle venait de chercher des copeaux dans le grenier, et toutes deux, en me voyant et m'entendant crier : « La permission ! » restèrent comme saisies. Mais je répétais :

« La permission ! »

Et la tante Grédel, d'un seul coup, se mit à lever les deux mains, comme j'avais fait, en criant :

« VIVE LE ROI ! »

Catherine, toute pâle, s'appuyait sur la rampe. Dans le même instant, je fus près d'elle, et je me mis à l'embrasser tellement, qu'elle finit par se reposer sur mon épaule en pleurant comme une Madeleine, et que je la portai pour ainsi dire en bas, pendant que la tante sautait, tournait autour de nous et criait :

« VIVE LE ROI ! VIVE LE MINISTRE ! »

[...]

LE RETOUR DE L'EMPEREUR

[...] Nous en étions là quand, au commencement du mois de mars, le bruit se répandit comme un coup de vent que l'Empereur venait de débarquer à Cannes. D'où venait ce bruit ? Personne n'a jamais pu le dire : Phalsbourg est à deux cents lieues de la mer ; bien des plaines et des montagnes le séparent du Midi ; moi-même je me rappelle une chose extraordinaire. Le 5 mars, en me levant, j'avais poussé la fenêtre de notre petite chambre qui s'ouvrait au bord du toit ; je regardais en face les vieilles cheminées noires du boulanger Spitz, il restait encore un peu de neige derrière ; le froid était vif, pourtant le soleil donnait, et je pensais : « Voilà ce qui s'appelle un bon temps pour la marche ! » Je me souvenais comme nous étions en Allemagne, après avoir éteint les feux le matin au petit jour, de partir par un temps pareil, le fusil sur l'épaule, et d'entendre les semelles du bataillon retentir sur la terre durcie. Et je ne sais comment, tout à coup l'idée de l'Empereur me vint ; je le vis avec sa capote grise, le dos rond, la tête enfoncée dans son chapeau, qui marchait, la vieille garde derrière lui. Catherine balayait notre petite chambre. C'était comme un rêve par ce temps clair et sec. Pendant que j'étais là, nous entendîmes quelqu'un monter l'escalier, et Catherine en s'arrêtant dit :

« C'est M. Goulden. »

Aussitôt je reconnus le pas de M. Goulden, ce qui me surprit, car il ne venait pour ainsi dire jamais chez nous. Il ouvrit la porte et nous dit tout bas :

« Mes enfants, l'Empereur a débarqué le premier mars à Cannes, près de Toulon ; il marche sur Paris. »

Il n'en dit pas plus et s'assit pour respirer. On pense comme nous nous regardions l'un l'autre ; seulement au bout d'un instant Catherine demanda :

« C'est dans la gazette, monsieur Goulden ?

— Non, fit-il, on ne sait rien encore là-bas, ou bien on nous cache tout. Mais, au nom du ciel, pas un mot de tout cela, ou nous serions arrêtés ! Ce matin, Zébédé, qui montait la garde à la porte de France, est venu me prévenir vers cinq heures ; il frappait en bas, vous l'avez entendu ?

— Non, monsieur Goulden, nous dormions.

— Eh bien ! j'ai ouvert la fenêtre pour savoir ce que c'était et je suis descendu tirer le verrou. Zébédé m'a raconté la chose comme tout à fait sûre, le régiment reste consigné à la caserne jusqu'à nouvel ordre. Il paraît qu'on a peur des soldats ; mais alors comment arrêter Bonaparte ? Ce ne sont pas non plus les paysans, auxquels on veut ôter les biens, qu'on peut envoyer contre lui, ni les bourgeois qu'on traite de jacobins. Voilà maintenant une bonne occasion pour les émigrés de se montrer. Mais surtout le plus grand silence... le plus grand silence ! ... »

LES PREMIÈRES RÉACTIONS

[...] Mais une chose bien plus forte, c'est vers la fin, quand le commandant se mit à lire les ordonnances. La première marquait le mouvement des troupes, et la seconde ordonnait à tous les Français de courir sur Buonaparte, de l'arrêter et de le livrer mort ou vif... parce qu'il s'était mis lui-même hors la loi. En ce moment le commandant, qui jusqu'alors s'était contenté de rire en prononçant le nom de Buonaparte — et dont la figure osseuse, près du quinquet, avait eu seulement de petits frémissements, tandis que les autres en dessous l'écoutaient ; — en ce moment sa figure changea, je n'ai rien vu de plus terrible ; ce n'était plus que pli sur pli, ses petits yeux brillaient comme ceux d'un chat, ses moustaches et ses favoris se dressaient. Il prit la gazette et se mit à la déchirer en mille morceaux ; puis il devint tout pâle et se dressant, ses deux longs bras étendus, il poussa un cri de : VIVE L'EMPEREUR ! d'une voix tellement forte, que cela nous donna la chair de poule. À peine avait-il poussé ce cri, que tous les officiers en demi-solde levèrent leurs grands chapeaux, les uns à la main, les autres au bout de leurs cannes à épée, en répétant d'un seul coup : VIVE L'EMPEREUR ! — On aurait dit que le plafond allait tomber. Moi, c'était comme si l'on m'avait versé de l'eau froide dans le dos. « À cette heure, me dis-je en moi-même, tout est fini... Allez donc prêcher l'amour de la paix à des gens pareils. » Dehors, au milieu des groupes de bourgeois, les soldats du poste de l'hôtel de ville répétaient le cri de : VIVE L'EMPEREUR ! Et comme je regardais dans un grand trouble ce que les gendarmes allaient faire, ils se retirèrent sans rien dire, étant aussi de vieux soldats.

[...]

LE TRIOMPHE PROVISOIRE

[...] Personne ne parlait, car chacun savait bien qu'on allait apprendre le sort de la France.

« Portez arme !... Arme bras !... » cria le capitaine Vidal.

Après le bruit des armes, on n'entendit plus que la voix du commandant, cette voix claire que j'avais entendue de l'autre coté du Rhin, à Lutzen, à Leipzig, celle qui nous criait : « Serrez les rangs ! » Elle me traversait jusqu'à la moelle des os.

« Soldats, dit-il, S. M. Louis XVIII a quitté Paris le 20 mars, et l'empereur Napoléon a fait son entrée dans la capitale le même jour. » Une sorte de frémissement s'étendit partout, mais ceci ne dura qu'une seconde, et le commandant poursuivit :

« Soldats, le drapeau de la France, c'est le drapeau d'Arcole, de Rivoli, d'Alexandrie, de Chébreisse, des Pyramides, d'Aboukir, de Marengo, d'Austerlitz, d'Iéna, d'Eylau, de Friedland, de Sommo-Sierra, de Madrid, d'Abensberg, d'Eckmühl, d'Esseling, de Wagram, de Smolensk, de la Moskowa, de Weissenfelz, de Lutzen, de Bautzen, de Wurtschen, de Dresde, de Bischofswarda, de Hanau, de Brienne, de Saint-Dizier, de Champaubert, de Château-Thierry, de Joinvilliers, de Méry-sur-Seine, de Montereau, de Montmirail... — C'est ce drapeau que nous avons teint de notre sang... c'est celui qui fait notre gloire. »

Le vieux sergent avait sorti le drapeau tricolore tout déchiré de son étui. Le commandant le prit :

« Ce drapeau, le voilà !... vous le reconnaissez... c'est celui de la

nation... C'est celui que les Russes, les Prussiens, les Autrichiens, tous ceux que nous avions épargnés cent fois, nous ont ôté le jour de leur victoire parce qu'il en avaient peur. »
Un grand nombre de vieux soldats, en entendant ces paroles, détournaient leur tête pour cacher leurs larmes ; d'autres, tout pâles, regardaient avec des yeux terribles.
« Moi, cria le commandant en levant son épée, je n'en connais pas d'autre. VIVE LA FRANCE... VIVE L'EMPEREUR ! »
À peine avait-il poussé ce cri, que tout éclatait, on ne s'entendait plus ; de toutes les fenêtres, sur la place, dans les rues, partout des cris de : VIVE L'EMPEREUR ! VIVE LA FRANCE ! partaient comme des coups de trompette. Les gens et les soldats s'embrassaient, on aurait dit que tout était sauvé, que nous avions retrouvé tout ce que la France avait perdu en 1814.

WATERLOO

La position de ces Anglais me parut encore plus forte que le matin ; et comme nous n'avions déjà pas réussi contre leur aile gauche, comme les Prussiens nous attaquaient en flanc, l'idée me vint pour la première fois, que nous n'étions pas sûrs de gagner la bataille, je me figurai notre déroute épouvantable, — si par malheur nous perdions, — entre deux armées, l'une en tête et l'autre en flanc, la seconde invasion, les contributions forcées, le siège des places, le retour des émigrés et les vengeances.
Je sentis que cette pensée me rendait tout pâle.
Dans le même temps, des cris de : VIVE L'EMPEREUR ! s'élevaient par milliers derrière nous. Buche se trouvait près de moi dans le coin du grenier ; il criait avec tous les camarades : VIVE L'EMPEREUR ! et m'étant penché sur son épaule, je vis toute notre cavalerie de l'aile droite : les cuirassiers de Milhaud, les lanciers et les chasseurs de la garde, plus de cinq mille hommes qui s'avançaient au trot ; il traversèrent la chaussée en écharpe, et descendirent le vallon entre Hougoumont et la Haie-Sainte. Je compris qu'ils allaient attaquer les carrés anglais et que notre sort était en jeu.
Ce fut un moment terrible, lorsque nos cuirassiers passèrent dans le vallon ; je crus voir un torrent à la fonte des neiges, quand le soleil brille sur les glaçons par milliards. Les chevaux, avec leurs gros portemanteau bleu sur la croupe, allongeaient tous la hanche comme des cerfs, en défonçant la terre, les trompettes sonnaient d'un air sauvage au milieu du roulement sourd ; et, dans l'instant qu'ils passaient, la première décharge à mitraille faisait trembler notre vieux hangar. Le vent soufflait de Hougoumont et remplissait de fumée toutes les ouvertures ; nous nous penchions

au-dehors ; la seconde décharge, puis la troisième arrivaient coup sur coup.

À travers la fumée, je voyais les canonniers anglais abandonner leurs pièces et se sauver avec leurs attelages ; et presque aussitôt nos cuirassiers étaient sur les carrés dont les feux se dessinaient en zigzags le long de la côte. On n'entendait plus qu'une grande rumeur, des plaintes, des cliquetis sans fin, des hennissements, de temps en temps une décharge ; puis de nouveaux cris, de nouvelles rumeurs, de nouveaux gémissements.

Et, dans cette épaisse fumée qui s'amassait contre la ferme, des vingtaines de chevaux passaient comme des ombres, la crinière droite, d'autres traînant leur cavalier la jambe prise dans l'étrier.

Cela dura plus d'une heure !

Après les cuirassiers de Milhaud arrivèrent les lanciers de La Febvre-Desnoëttes ; après les lanciers, les cuirassiers de Kellermann ; après ceux-ci, les grenadiers à cheval de la garde ; après les grenadiers, les dragons... Tout cela montait la côte au trot et courait sur les carrés le sabre en l'air, en poussant des cris de : VIVE L'EMPEREUR ! qui s'élevaient jusqu'au ciel.

À chaque nouvelle charge, on aurait cru qu'ils allaient tout enfoncer ; mais, quand les trompettes sonnaient le ralliement, quand les escadrons pêle-mêle revenaient au galop, — poursuivis par la mitraille, — se reformer au bout du plateau, on voyait toujours les grandes lignes rouges, immobiles dans la fumée comme des murs.

Ces Anglais sont de bons soldats. — Il faut dire aussi qu'ils savaient que Blücher venait à leur secours avec soixante mille hommes, et naturellement cette idée leur donnait un grand courage.

Malgré cela, vers six heures nous avions détruit la moitié de leurs carrés ; mais alors les chevaux de nos cuirassiers, épuisés par vingt charges dans ces terres grasses détrempées par la pluie, ne pouvaient plus avancer au milieu des tas de morts.

Et la nuit approchait... Le grand champ de bataille derrière nous se vidait !... À la fin, la grande plaine où nous avions campé la veille était déserte, et là-bas la vieille garde restait seule en travers de la route, l'arme au bras : tout était parti, à droite contre les Prussiens, en face contre les Anglais !

Nous nous regardions dans l'épouvante.

Il faisait déjà sombre, lorsque le capitaine Florentin parut au haut de l'échelle, les deux mains sur le plancher, en nous criant d'une voix grave :

« Fusiliers, l'heure est venue de vaincre ou de mourir ! »

Je me rappelai que ces paroles étaient dans la proclamation de l'Empereur, et nous descendîmes tous à la file. — Il ne faisait pas encore tout à fait nuit, mais dans la cour dévastée tout était gris et les morts déjà roides sur le fumier et le long des murs. Le capitaine nous rangea sur la droite de la cour, le commandant de l'autre bataillon rangea ses hommes sur la gauche ; nos tambours résonnèrent pour la dernière fois dans la vieille bâtisse, et nous défilâmes par la petite porte de derrière dans le jardin ; il fallut nous baisser l'un après l'autre.

Dehors, les murs du jardin étaient balayés. Les blessés, le long des décombres, se bandaient l'un la tête, l'autre la jambe ou le bras ; une cantinière, avec sa charrette et son âne, un grand chapeau de paille aplati sur le dos, se tenait aussi dans ce recoin ; je ne sais pas ce que cette malheureuse était venue faire là. Plusieurs chevaux abattus de fatigue, la tête pendante, couverts de boue et de sang, ressemblaient à de vieilles rosses.

Quelle différence avec le matin ! Alors les compagnies arrivaient bien à moitié détruites, mais c'étaient des compagnies. Maintenant la confusion approchait ; il n'avait fallu que trois jours pour nous réduire au même état qu'à Leipzig au bout d'un an. Le restant de notre bataillon et de l'autre formait seul encore une ligne en bon ordre ; et, puisqu'il faut que je vous le dise, l'inquiétude nous gagnait.

Quand des hommes n'ont pas mangé depuis la veille, quand ils se sont battus tout le jour, et qu'à la nuit, après avoir épuisé toutes leurs forces, le tremblement de la faim les prend, la peur vient aussi, les plus courageux perdent l'espoir : — toutes nos grandes retraites si malheureuses viennent de là.

Et pourtant, malgré tout, nous n'étions pas vaincus, les cuirassiers tenaient encore sur le plateau ; de tous les côtés, au milieu du grondement de la canonnade et du tumulte, on n'entendait qu'un cri :

« La garde arrive ! »

Ah ! oui, la garde arrivait... elle arrivait à la fin ! Nous voyions de loin, sur la grande route, ses hauts bonnets à poil s'avancer en bon ordre.

Ceux qui n'ont pas vu la garde arriver sur un champ de bataille ne sauront jamais la confiance que les hommes peuvent avoir dans un corps d'élite, l'espèce de respect que vous donnent le courage et la force. Les soldats de la vieille garde étaient presque tous d'anciens paysans d'avant la République, des hommes de cinq pieds six pouces au moins, secs, bien bâtis ; ils avaient conduit la charrue dans le temps pour le couvent et le château ; plus tard, ils s'étaient levés en masse avec tout le peuple ; ils étaient partis pour l'Allemagne, la Hollande, l'Italie, l'Égypte, la Pologne, l'Espagne, la Russie, d'abord sous Kléber, sous Hoche, sous Marceau ; ensuite sous Napoléon, qui les ménageait, qui leur faisait une haute paye. Ils se regardaient en quelque sorte comme des propriétaires d'une grosse ferme, qu'il fallait défendre et même agrandir de plus en plus. Cela leur attirait de la considération. C'était leur propre bien qu'ils défendaient. Ils ne connaissaient plus les parents, les cousins, les gens du pays ; ils ne connaissaient plus que l'Empereur qui était leur Dieu ; et finalement ils avaient adopté le roi de Rome pour hériter de tout avec eux, pour les entretenir et honorer leur vieillesse. On n'a jamais rien vu de pareil ; ils étaient tellement habitués à marcher, à s'aligner, à charger, à tirer, à croiser la baïonnette, que cela se faisait en quelque sorte tout seul, selon le besoin. Quand ils s'avançaient l'arme au bras, avec leurs grands bonnets, leurs gilets blancs, leurs guêtres, ils se ressemblaient tous ; on voyait bien que c'était le bras droit de l'Empereur qui s'avançait. Quand on disait dans les rangs : « La garde va donner ! » c'était comme si on avait dit : « La bataille est gagnée ! »

Mais en ce moment, après ce grand massacre, ces terribles attaques repoussées, en voyant les Prussiens nous tomber en flanc, on se disait bien :

« C'est le grand coup ! »

Mais on pensait :

« S'il manque tout est perdu ! »

Voilà pourquoi nous regardions tous la garde venir au pas sur la route. — C'est encore Ney qui la conduisait, comme il avait conduit l'attaque des cuirassiers. L'Empereur savait bien que personne ne pouvait conduire la garde mieux que Ney, il aurait dû seulement l'employer une heure plus tôt, lorsque nos cuirassiers étaient dans les carrés ; alors tout aurait été gagné. Mais l'Empereur tenait à sa garde comme à la chair de sa chair ; s'il avait eu la garde cinq jours après à Paris, Lafayette et les autres ne seraient pas restés longtemps dans leur chambre pour le destituer ; mais il ne l'avait plus !

C'est donc à cause de cela qu'il avait attendu si longtemps pour l'envoyer. Il espérait que la cavalerie emporterait tout avec Ney, ou que les trente-deux mille hommes de Grouchy viendraient à la place de sa garde, parce qu'on peut toujours remplacer trente ou quarante mille hommes par la conscription, au lieu que, pour avoir une garde pareille, il faut commencer à vingt-cinq ans et remporter cinquante victoires ; ce qui reste de meilleur, de plus solide, de plus dur, c'est la garde.

Eh bien ! elle arrivait... nous la voyions. Ney, le vieux Friant et trois ou quatre autres marchaient devant. On ne voyait plus que cela ; le reste, les coups de canon, la fusillade, les cris des blessés, tout était comme oublié. Mais cela ne dura pas longtemps, car les Anglais avaient aussi compris que c'était le grand coup ; ils se dépêchaient de réunir toutes leurs forces pour le recevoir.

On aurait dit que, sur notre gauche, le champ de bataille était vide ;

on ne tirait plus, soit à cause de l'épuisement des munitions, ou parce que l'ennemi se formait dans un nouvel ordre. À droite, au contraire, du côté de Frichemont, la canonnade redoublait, toute l'affaire semblait s'être portée là-bas, et l'on n'osait pas se dire : « Ce sont les Prussiens qui nous attaquent... une armée de plus qui vient nous écraser ! » Non, cette idée nous paraissait trop épouvantable, quand tout à coup un officier d'état-major passa comme un éclair, en criant :

« Grouchy !... le maréchal Grouchy arrive ! »

C'était dans le moment où les quatre bataillons de la garde prenaient à gauche de la chaussée pour remonter derrière le verger et commencer l'attaque.

Combien de fois depuis cinquante ans, je me suis représenté cette attaque à la nuit, et combien de fois je l'ai entendu raconter par d'autres ! En écoutant ces histoires on croirait que la garde était seule, qu'elle s'avançait comme des rangs de palissade et qu'elle supportait seule la mitraille. Mais tout cela se passait dans la plus grande confusion ; cette attaque terrible, c'était toute notre armée, tous les débris de l'aile gauche et du centre qui donnaient, tout ce qui restait de cavalerie épuisée par six heures de combat, tout ce qui pouvait encore tenir debout et lever le bras ; c'était l'infanterie de Reille qui se concentrait sur la gauche, c'était nous autour de la Haie-Sainte, c'était tout ce qui vivait encore et qui ne voulait pas être massacré.

Et qu'on ne vienne pas nous dire que nous avons eu des terreurs paniques, et que nous voulions nous sauver comme des lâches, ce n'est pas vrai ! Quand le bruit courut que Grouchy venait, les blessés eux-mêmes se relevèrent et se remirent en rang ; on aurait cru qu'un souffle faisait marcher les morts ; tous ces misérables étendus derrière la Haie-Sainte, la tête, le bras, la jambe bandée, les habits en lambeaux et pleins de sang, tout ce qui pouvait mettre un pied devant l'autre se joignit à la garde qui passait devant les brèches du jardin, et chacun déchira sa dernière cartouche.

La charge battait, nos canons s'étaient remis à tonner. Sur la côte, tout se taisait ; des files de canons anglais restaient abandonnées, on aurait cru les autres partis, et seulement lorsque les bonnets à poil commencèrent à s'élever au-dessus du plateau, cinq ou six volées de mitraille nous avertirent qu'ils nous attendaient.

Alors on comprit que ces Anglais, ces Allemands, ces Belges, ces Hanovriens, tous ces gens que nous avions sabrés et massacrés depuis le matin, s'étaient reformés en arrière, et qu'il fallait leur passer sur le ventre. Bien des blessés se retirèrent en ce moment, et la garde, sur qui tombait le gros de l'averse, s'avança presque seule à travers la fusillade et la mitraille, en culbutant tout ; mais elle se resserrait de plus en plus et diminuait à vue d'œil. Au bout

de vingt minutes, tous ses officiers à cheval étaient démontés ; elle s'arrêta devant un feu de mousqueterie tellement épouvantable, que nous n'entendions plus nos propres coups de feu, nous croyions brûler des amorces.
Finalement toute cette masse d'ennemis, en face à droite et à gauche, se leva, sa cavalerie sur les flancs, et tomba sur nous. Les quatre bataillons de la garde, réduits de trois mille hommes à douze cents ne purent supporter une charge pareille, ils reculèrent lentement ; et nous reculâmes aussi en nous défendant à coups de fusil et de baïonnette.
Nous avions vu des combats plus terribles mais celui-ci était le dernier.
Comme nous arrivions au bord du plateau pour redescendre, toute la plaine au-dessous, déjà couverte d'ombre, était dans la confusion de la déroute ; tout se débandait et s'en allait, les uns à pied, les autres à cheval ; un seul bataillon de la garde, en carré près de la ferme, et trois autres bataillons de la garde, à l'embranchement de Planchenois, restaient immobiles comme des bâtisses, au milieu d'une inondation qui entraîne tout le reste ! — Tout s'en allait : hussards, chasseurs, cuirassiers, artillerie, infanterie, pêle-mêle sur la route, à travers champs, comme une armée de barbares qui se sauve. Le long du ravin de Planchenois, le ciel sombre était éclairé par la fusillade ; le seul carré de la garde tenait encore contre Bulow et l'empêchait de nous couper la route ; mais plus près de nous, d'autres Prussiens — de la cavalerie — descendaient dans le vallon comme un fleuve qui passe au-dessus de ses écluses. Le vieux Blücher venait aussi d'arriver avec quarante mille hommes ; il repliait notre aile droite et la dispersait devant lui.
Qu'est-ce que je peux vous dire encore ? C'était le débordement... Nous étions entourés partout ; les Anglais nous repoussaient dans le vallon, et dans le vallon Blücher arrivait. Nos généraux, nos officiers, l'Empereur lui-même n'avaient plus d'autre ressource que de se mettre dans un carré ; et l'on a dit que nous autres, pauvres malheureux, nous avions la terreur panique ! On n'a jamais vu d'injustice pareille.
[...]

JUGEMENTS

Le réalisme d'Erckmann

On a pu remarquer, surtout dans les œuvres du début, qu'Erckmann ne recule pas devant certains détails chers aux réalistes : confection des boudins, vue d'un animal écorché, ou spectacle d'opération chirurgicale. On s'imagine très bien avec quelle truculence d'abattoir un réaliste orthodoxe nous eût présenté de telles scènes. Sans les atténuer, Erckmann nous les présente sous un jour plus lumineux, un peu sec, avec sa rapidité coutumière et sans y insister... Mais au contraire des romans réalistes qui, n'ayant que les petits détails de la vie humaine à conter, s'y attardent et ne nous en épargnent aucun, l'action des romans d'Erckmann, débarrassée dès le premier chapitre du souci d'éclairer le lecteur, se hâte rapidement vers sa fin, néglige les détails dans leur ensemble et n'en retiennent généralement qu'un seul, qui achève de peindre d'un seul coup de pinceau et met le point sur l'i à l'idée ou à la description. [...]

L. Schoumacker,
Erckmann-Chatrian.

*L'*Histoire d'un conscrit de 1813, *jugé par Lamartine dans le* Cours familier de littérature, *135ᵉ entretien, 1867 :*

Un phénomène, c'est-à-dire un nouveau genre de beauté en littérature, inventé comme par accident, sorti du néant, ne répondant à rien de ce qui a été conçu jusqu'ici, n'ayant été ni prédit, ni annoncé, ni vanté d'avance, mais né de soi-même, comme un instinct irréfléchi, et s'emparant de l'attention comme par une force de la nature, vient de se produire inopinément chez nous. *Nouveauté* et *Vérité* sont les noms de ce chef-d'œuvre, ce sont deux beaux noms. Le genre littéraire vieillissait, il va se rajeunir !

[...]

Mais est-ce un roman.

Non. [...]

...Une légende du bas peuple pour lui apprendre à détester la guerre et à aimer la justice, la paix, le travail et l'honnête contentement. Mais les détails de ce simple roman sont vrais comme l'histoire et mille fois plus vrais que les histoires de l'Empire, dont les hommes de grand talent flattent la gloire pour grandir leur héros.

Une chose même m'étonne profondément en lisant et en relisant cette légende du vrai peuple de 1813, c'est que ces jeunes gens (car on m'assure que MM. Erckmann et Chatrian sont très jeunes), c'est que ces jeunes gens, dis-je, aient pu avoir, à distance, une connaissance si vraie, si précise et si complète, et pour ainsi dire l'impression photographiée et toute vivante d'un souvenir personnel de ces événements. J'avoue moi-même que moi, qui vivais, qui pensais et qui sentais déjà en ce temps-là, moi qui partageais les angoisses du peuple pauvre et sacrifié à la noblesse des barons d'Empire, je retrouve dans ce livre la mémoire minutieuse de cette époque de la grandeur d'un homme de guerre et de la servitude d'un peuple ébloui de ses chaînes ; il n'y a pas de plus grande leçon de dédain pour l'opinion de l'humanité que celle que l'humanité donne elle-même en divinisant quarante ans après le maître qui faisait de l'héroïsme avec le sang inutilement versé de quelques millions de ses pareils. [...]

J'ai souvent senti aussi que cette fidélité de mémoire et cette exactitude de détails n'étaient pas possibles à d'autres qu'à des témoins oculaires et que les pères de MM. Erckmann et Chatrian étaient, en effet, les véritables auteurs de ce récit. Dieu sait si j'ai tort ou raison dans mon opinion ; mais en tout cas, elle est le plus sincère hommage à ce duo de talent des fils qui les grandit par leurs pères. [...]

Le roman est l'épopée domestique, le poème épique du foyer. À présent que l'époque semi-fabuleuse de l'épopée est passée pour les nations, le roman est devenu presque la seule littérature. Mais il y a un roman imaginaire dont les lecteurs se lassent bientôt parce qu'il ne laisse rien dans l'esprit que des situations forcées et des combinaisons fantaisistes. [...]

Mais il y a maintenant une autre espèce de roman qui n'invente rien, parce que le seul inventeur, c'est Dieu, mais qui raconte avec la fidélité de la vérité ce que l'histoire véridique nous a transmis par ses acteurs secondaires ; qui prend ses héros non parmi les grands hommes et les héros, mais dans les rangs les plus obscurs du peuple, et qui montre l'influence de l'ambition et de ce qu'on nomme la gloire d'un seul sur le sort de tous. Le mérite de ce roman, c'est la *vérité vraie* des sentiments et des situations, c'est, si voulez, la naïveté de la vie.

Chacun se reconnaît dans son image et l'intérêt qui s'attache à l'événement n'a aucun besoin de rien faire pour être touché. C'est de son propre cœur qu'on tire des larmes. Seulement, il faut que la simplicité de détails et la naïveté des récits forcent le lecteur à reconnaître qu'on ne le trompe pas. [...] C'est là le mérite singulièrement difficile de ces livres. L'auteur n'est plus un auteur, c'est un homme ! Il faut, pour les écrire, autant de talent qu'il faut de génie naturel pour les concevoir. Le naturel n'est-il pas le chef-d'œuvre du talent ? [...]

Voici ce roman, vrai comme la nature ; le roman photographique, si j'ose me servir de cette expression. Quand on le ferme, on n'a dans les yeux, ni héros, ni héroïne, ni amour, ni aventures qui s'effacent avec le temps. On ne voit que le pauvre apprenti de dix-huit ans, le bon hologer Goulden à son établi, la tante Grédel justement indignée, et la nièce Catherine assise le dimanche sur la même chaise que son cousin Joseph, quatre cœurs où l'empire de 1813, ses victoires, sa gloire, et ses grandeurs retentissent dans un petit groupe de ce pauvre peuple et où toute les *Te Deum* se changent tout bas en larmes et en malédictions !

Ce n'est pas là un roman, c'est la nature ! [...]

Erckmann-Chatrian et le réalisme visuel

[...] L'aventure, pour être acceptée par la sensibilité enfantine, doit-elle toujours déboucher sur son contraire : la sécurité. Pour entrer de plain-pied dans le monde de l'aventure, c'est-à-dire du jamais vu, il faut pouvoir oublier, pour un temps, son environnement immédiat et, en fin de compte, s'oublier soi-même. Or l'enfant veut toujours voir, il veut voir ce qui l'entoure et il veut se voir. Il ne saurait supporter l'idée de se perdre de vue. Aussi ce qui l'attache à cette littérature réaliste, c'est qu'elle le ramène toujours au monde, dont il est le centre et qu'il peut embrasser d'un regard, c'est-à-dire à lui-même. Et s'il faut porter sur elle un jugement de valeur, la pierre de touche serait sans doute la qualité de la vision.

Il est intéressant de noter que les romanciers populaires du siècle dernier, et les plus grands particulièrement, sont des visuels. À des titres divers, dans des registres différents, il est bien certain que Hugo, Dickens, Erckmann-Chatrian donnent à voir. Il y a même souvent chez eux une exaspération de la vue qui s'attache au moindre détail concret de la vie quotidienne et dessine, d'un trait inoubliable, définitif, silhouettes, costumes, attitudes. Pensons aux repas, aux somptueuses descriptions de mangeaille chez Dickens et Erckmann-Chatrian. Et cette expression assez outrée du réalisme visuel exerce une grande fascination sur l'enfant. [...]

Isabelle Jan,

la *Littérature enfantine* (coll. « Enfance heureuse », Éditions ouvrières, 1969).

Quelques caractères du « roman national »

L'heure est venue de romans qui romancent l'Histoire de la France et que leur auteur baptisera lui-même « romans nationaux ». Écrits à la première personne et souhaitant enseigner un public populaire, ce sont des confidences qu'aux braves gens font de braves gens... La clarté du jour n'a pas dissipé la poésie, mais les images directes — le mot *comme* est rare dans Erckmann — ne profitent plus des commodités de l'irrationnel : elles s'appliquent désormais au *vrai*. Les lieux, leurs noms ne sont plus transposés. La limpidité du style récompense de longs efforts...

Cette difficile clarté ne peut sembler indigente qu'à des critiques superficiels. Qu'Erckmann décrive un paysage, une beuverie, la peur d'un jeune soldat, ou l'intérieur d'un bourgeois cossu, il est « réel jusqu'à la minutie » dira Zola. C'est de savante simplicité, de bienveillante malice, d'émotion et de poésie qu'est fait l'art inimitable de celui qui allait se baptiser « le vieux conteur ». [...]

A. Wurmser,

in *Histoire littéraire de la France,* (t. 9, Éditions sociales).

SUJETS DE DEVOIRS ET D'EXPOSÉS

NARRATIONS

- Essayez de relater un événement public important à la manière dont Erckmann-Chatrian relatent certaines batailles (Lutzen par exemple).

- Racontez le même événement à travers le regard que posent sur lui divers personnages (pensez, par exemple, à la manière dont Joseph ou les vieux soldats considèrent les batailles).

- Racontez la vie scolaire en imitant la manière dont Erckmann-Chatrian usent pour présenter la vie militaire.

EXPOSÉS - DISCUSSIONS

- La vie militaire, d'après l'*Histoire d'un conscrit de 1813.*

- La vie quotidienne en 1813, d'après l'*Histoire d'un conscrit de 1813.*

- Comparer la présentation de Napoléon, telle qu'elle figure dans un manuel d'histoire, dans une notice de dictionnaire ou dans l'*Histoire d'un conscrit de 1813.*

- L'œuvre d'Erckmann-Chatrian est-elle seulement un beau plaidoyer contre la guerre, comme le soulignait Zola, ou bien peut-on dire qu'il y a une « histoire » ?

- Comparer divers récits de batailles napoléoniennes : par exemple Waterloo selon Erckmann-Chatrian, ou *la Chartreuse de Parme* de Stendhal, ou encore *les Misérables* de Hugo. Quelles différences apparaissent ?

- Étudier le personnage de Joseph Bertha.

TABLE DES MATIÈRES

Imprimerie Mame. — 37000 Tours.
Dépôt légal : janvier 1987. N° d'Éditeur 13839.
Imprimé en France *(Printed in France)*. — 870405 — janvier 1987.